JN298453

価値づくりマーケティング

需要創造のための実践知

上原征彦・大友 純［著］

丸善出版

まえがき

> 学説が変わり，そして崩壊するときにも，学派や思想，それからまた，国民的，宗教的，経済的思想の狭く暗い横道が成長しては解体するときにも，人間は，いたましく，ときには誤りをおかしながらも，つまずきながら前進する．一歩前に踏みだして，あるいはすべってあとずさりするかもしれないが，しかし，それは，ほんの半歩だけで，けっして完全に一歩後退することはないのだ．
>
> （スタインベック，J.『怒りの葡萄』より）

　本書は第Ⅰ部と第Ⅱ部から構成され，前者を上原が，後者を大友が執筆を担当した．本書は大胆にもマーケティング理論の再構築を狙ったものであるが，それがよって立つ基本思想は以下のように要約することができる．

　マーケティングは，多くの場合，市場で経済的成果を極大化するための代表的な経営機能として位置づけられ，特に経営学では，R＆D，生産，財務などの他の諸機能と一体化すべき主たる要素の一つとしてマーケティングが論じられてきた．我々も，マーケティングが他の経営諸機能と一体化して企業の経済的成果を極大化することに一役買っていることを十分認めてはいるが，本書では，マーケティングがこれを超えた重要な役割を担っていることが強調される．こうした強調こそが上原と大友が本書でコラボレーションする共通基盤となったといえる．

　マーケティングは，確かに市場で企業が儲けるために展開されるが，一方で，それは顧客との関係性の構築を通じて，社会との相互作用を展開する役割を担っている，ということに目を向けるべきだ．企業が，こうした役割を遂行しなければ，市場メカニズムに翻弄され，無機質な経済的数値を追いかけるだけであり，社会に向けて自律性とか固有性を確保・訴求できなくなる．逆にいえば，社会との相互作用を担うマーケティングがなければ，企業の儲けの場たる市場そのものの存立が危うくなる．したがって，マーケティングは，市場と社会とが呼応し合って実現する進化（共進）に深くかかわっている，ということを確認しておく必要がある．本書は，この点を踏まえつつ，実践的なマーケティング理論の再構築を試みようとしている．

　第Ⅰ部（第1章～第5章）は上原が担当し，それは「マーケティングの展開論理

と実践的展望」というテーマで5つの章から構成されている．まず，第1章でマーケティングの理論的固有性について検討される．ここでは「市場に関係性を貫く」という点にマーケティングの本質を見いだし，そこからマーケティング理論の固有性を探ろうとしている．企業は，市場メカニズムの活用を無視できないものの，これにのみ依存していると自律性と固有性を失うため，顧客と独自の関係性を構築・維持するための行為を展開する．こうした行為こそがマーケティングそのものであることが強調される．そして，このことを理論展開の基本的枠組みとしつつ，第2章ではマーケティングが社会性を帯びる必然性が明らかにされ，第3章では情報化によってマーケティングの価値創造的側面がどう進化していくかが展望され，第4章ではブランド固有の性格を踏まえたニュー・カテゴリー創造戦略の重要性が提示され，第5章では流通の動学的論理と日本の流通の過去・現在・未来が論じられることになる．

　まず，第1章について述べておく．現在のマーケティングの基本潮流は，いわゆる関係性マーケティングというパラダイムの台頭によって特徴づけられる．しかしながら，見方によっては，マーケティングは，もともと関係性の構築を目指してきたといえる．たとえば，広告によって顧客のロイヤルティを得ようとするマーケティング行為は，昔から行なわれており，きわめて伝統的なものであるが，それは，顧客と「市場での一過的な売買を超えた関係」を築こうとする行為そのものである．と同時に，企業は，このような関係性を築くことによって，市場メカニズムから受ける影響を極小化し，独自の意思（固有性とか自律性の訴求）を顧客に受け入れてもらうことが可能となるのである．それゆえに，マーケティングの本質的性格は，市場に関係性を貫き通そうとする点にある，と考えることができる．しかしながら，こうした関係性は，市場から遮断されるものではなく，むしろ，それは市場と相互依存の関係にあり，市場と関係性は一方があるから他方が意味をもつ，という関係にあることに注意すべきだ．これを市場型関係性と呼ぶことができる．

　上述のごとき市場型関係性の構築は企業経営に社会的性格を具備させていく．このことが第2章で強調される．企業の自律性とか固有性は，社会的コミュニケーションを通じて獲得・訴求されるものであり，それは「市場に関係性を貫き通す」マーケティングを通じて実現される．そこにはその時代の社会倫理が反映されざるを得ない．というよりも，マーケティングは，これを積極的に取り込むことによって，自社の自律性・固有性を効果的に社会に訴えようとする．たとえば，関係性構築の伝統的手段である広告をみても時代の社会倫理に依拠したメッセージが訴求されていることがわかる．それは，マーケティングによって築かれ

る関係性が市場に晒されているため（言い換えれば，市場型関係性であるため），したがって，そこでのメッセージが社会的な広がりを有するため，企業は，社会倫理を積極的に取り込むことによって，自社のアイデンティティの強化を図ろうとするからである．

　第3章では，マーケティングの史的展開に触れつつ，市場型関係性の位置づけがいままでどう変わってきたか，また，情報化の進展等によって，そうしたマーケティングが将来どう進化するか，ということが明らかにされる．ここでは，価値や文化がどのように創造されるか，ということに力点をおいた論述がなされる．価値とか文化は，何らかの交流によって伝播し，かつ創造され，活性化する．商人の活躍や市場の発達がこうした交流に大きな役割を果たしてきたことは歴史が物語っている．しかし，市場は，そこに提供されるモノやコトが選択される場であって，市場それ自体は，参加主体の選択行為によって，価値や文化を伝播・普及させるだけである．一方，価値や文化は主体同士が直接・間接に関係し合うことから創発され，また，そうした関係性を基礎として価値創造行為が展開される．したがって，市場で価値や文化が交流するだけでなく，これが創造されるとしたら，それは，市場の中に主体同士の関係性が築かれるからだ，と考えることができる．マーケティングは，こうした関係性を通じて価値・文化の創造に深くかかわっているのである．この章では，そうした価値創造戦略がどう進化するかが語られる．

　ブランド戦略をどう展開すべきか，ということはマーティング固有の論点であるが，第4章において，このことが新たな視野から論じられる．ここで，ブランド固有の事象をどう捉えるべきかについて，2つの次元が示される．一つは，ブランドは売り手と買い手を繋ぐ絆であり，それは市場型関係性を象徴する記号でもある．すなわち，売り手と買い手という垂直的関係にかかわる縦の関係である．いま一つ，ブランドは，誰もが無料で想いを込めることができる公共財である．このことが，買い手同士の水平的関係を築き，ブランドはこのことを象徴する記号ともなる．したがって，ブランド力をどう高めるかは，この縦横の関係から構成される共同体をどう強化していくか，ということに深く結びついている．ここでは，ブランド力は製品コンセプトのオリジナリティの強さに依存することが示され，そして，このオリジナリティを創出・訴求する戦略が論じられる．

　ところで，市場型関係性は，生産から消費に至る財の流れ（流通）を効率化する基盤ともなる．第5章では，このことを踏まえ，流通の過去・現在・未来が論じられる．これからの流通を変化させる潮流の一つは，情報化を背景として，メーカー，卸売，小売のいずれもが最終消費者に直接に対応することができ，しか

も，それらは一方で競争し，他方で互いに連携・統合しながら計画的サプライチェーンを形成していく，という垂直的再編成が顕著になる．ユニクロのようなSPAの台頭，ファンケルのようなR＆D型ダイレクトマーケティング企業の成長，有力スーパーによる農業法人の設立などをみても，こうした垂直的再編成が進んでいることがわかる．しかし，いま一つの再編成が始まっていることにも注意を向けるべきであろう．それは，異なる業種・業態を横串に連ねるような水平的再編成である．たとえばコンビニエンスチェーンでは，従来のATMや公共料金振り込みサービスなどの他にイートイン，宅配やケイタリングといったサービスに向けて業容を広げるところが増えてきているし，宅配業者もネットスーパー業務の一部を担うだけでなく，行政と組んで高齢者見回りサービスや配食などにも市場幾会を見いだそうとしている．この章では，垂直的再編成と水平的再編成の2つを機軸として流通が大きく変わっていくことが述べられる．

　第II部（第6章〜第9章）は大友が担当し，「資本主義経済下でのマーケティング概念の新認識」というテーマで4つの章から構成される．ここでの目的は，身近な事例に依りながら，第I部の論理的妥当性を明らかにし，消費価値の創造に役立つマーケティング実践のための新たな見方や考え方を提起することである．まず，第6章と第7章ではマーケティング戦略策定における欲望分析の重要性を取り上げる．一般に，企業レベルにおける利用価値の高さという観点から，これまでのマーケティング研究の理論的成果を見渡したとき，その発展に一定の成果がみられる流通研究分野に比べると，特に定量的な統計解析に依存したような消費者行動研究の分野においてはそれがかなり少ないのではないかと思われる．消費者の商品選択やその消費行為に関する問題の研究では，多くの場合，買い物行動や消費行動を観察したりアンケート手法などを用いたりして，消費行為の外面的情報を根底に据えた現時点での記述的な分析に主眼を向けてきた．結果として，それらがどれほど経験的な観察であれ，あるいはそうした情報を用いた数量的な解析モデルであれ，そこから消費行為の未来特質を予測的に具体的に示すという，企業にとって利用価値の高い情報に結びつくような成果が十分であったとは言い切れないであろう．ようするに，それは，個々の企業組織が真に求めるところの明日以降の未来に向けた斬新な新製品の開発や革新的なマーケティング戦略策定などに利用できるような理論的成果を生み出すまでには至らなかったということでもある．

　たとえば現実の世界では，まったく画期的な製品の登場が，特定の生活目的の達成のために必要とされてきたそれまでの製品やサービスの消費行為の仕組みを

突然不要化したり，まったく予想もつかなかったような生活の有り様が展開されたりすることが多々ある．それはまさに，それ以前の消費行動特質に関する分析結果を一夜にして利用不能な状態にしてしまうことでもある．そうした事実の連続こそが消費の歴史の実際を形づくってきたことを思えば，これまで無数の消費者分析の結果を現実の企業が誰も本気でそれを利用しようとしなかったのは無理のないことであったかもしれない．

　一方で，自然科学分野の理論的で応用的な研究成果は企業にとっても非常に利用価値が高く，そこから次々と便益性の高い新製品がたくさんこの世に送り出されてきた．それが多くの企業の発展を促し，結果として経済的消費社会的な発展に繋がってきたことを思えば，マーケティングの理論的応用的成果がどれほど個々の企業の発展を生み出してきたのかと問われたとき，非常に虚しい感情を抱く人々は少なくないのではないだろうか．

　しかし，ひとたび私たち人間が社会的な存在として常に夢や希望をもって日々生活をしていることを思えば，そこにこそ未来に向けた消費の本質的姿が見いだされるのではないだろうか．その人間の夢や希望というものが，家族を形成し社会を形成し，そしてこの中で人と人との関係を前提にしながら，それが抱かれるというのなら，太古の時代も中世の時代も，近代も現代も等しい願望の世界がそこに存在しているのではないかと思われる．その願望達成に必要と思われる手段を求める目の先に，それを叶えてくれるかもしれないその時代なりの商品やサービスという獲得可能な財の存在が認識されたとき，それを手に入れたいという財に向かう具体的な欲望が生じるというのは誰でもが理解できることであろう．

　この人間の願望とは何か，欲望とは何かを徹底的に見つめ直すことによって，その一端でもつかまえることができるのであれば，そこから消費者個々人のそれぞれの世代での未来に向けた消費の本質というものが何かということが導き出せるのではないかと思われる．それは，特定の消費行為に向かう"動因"とは何であるのかを暴き出すところに繋がるであろう．その情報こそが個々の企業の未来に向けたマーケティング戦略の構築に必要不可欠なものではないのか，という思いからこの2つの章での議論が展開されている．

　第8章では，第6章，第7章で論じた人間の消費行為における欲望の有り様が，単純に単一的に個人の内部で生じるわけではなく，それが社会的価値システムという概念のもとで展開されていることを論じている．そこから，既存の消費者の消費意識の連続性の先にある未来ではなく，それら意識とは不連続な画期的製品開発やサービス事業の発想に結びつく未来展開のためのアイディアの発露の一助に繋がるマーケティングの捉え方が見いだせるものと思われる．そしてこの

ようなシステム構造的な視点，すなわち構造主義的な考え方をさらに人々の消費生活の日常行為にまで拡張することによって，マーケティング戦略の社会的文化的な新しい価値認識を構築していく．特にそこでは構造が産出する価値の消費という見方とそこにおける協働型マーケティング概念の今日的重要性が強調される．

　第9章は，生き馬の目を抜くほどの競争環境下に日々晒されながら，現代資本主義経済社会の中で生き抜かざるを得ない企業経営者やマーケティング担当者に向けて，「企業というものは拡大・成長し続けなければ明日がない」との認識は単なる思い込みでしかないことを伝えたいという思いから考察されたものである．このためにまず章の前半では今日のような資本主義経済下で蠢（うごめ）かざるを得ないすべての企業やそこで働かざるを得ないすべての人々にとっての"本質的な危機"とは何かを探りながら，そこでの企業経営自体の問題点と常識的な競争概念への疑問を提示していく．

　章の後半では，そうした現代企業の経営概念やマーケティング概念を覆す考え方として，すなわち「ビジネスというものは拡大成長を目指さなくても長く生き続けることが可能である」ということを信ずるに足る思考原理を提示することにしたい．そのための手掛かりとしていわゆる「老舗」と呼ばれる企業の特質について明らかにしていくが，その分析目的は，巷間多数出回っている老舗関連文献に記されているような，たとえばいくつかの有名老舗企業にみられる観察可能な経営特質の共通項を探り出し，老舗とは「こういう経営の仕方をしているからこそ長く企業が続くのだ」として，それら諸特質について「それを一般企業も日常業務において模倣すると長くビジネスが続けられるはずだ」といったような経営手法に関する手練手管としての教科書規範的な結論を導き出すことではない．

　ここでの関心事は次のような点についてである．たとえば現代の企業人なら誰もが何よりも第1に志向する売上高や市場シェアの拡大・成長ということを事業運営上の最重要課題に据えないという意識が，なぜに老舗企業経営者には備わり，一般の経営者には備わらないのであろうか，あるいは「どの老舗企業も従業員を大切にしている」というのであれば，なぜに老舗経営者たちは一様にそうした価値認識をもつことができるのだろうか，ということについての関心である．すなわちそのような経営上の思考回路が老舗企業経営者にだけ醸成される理由を探りたいのである．そこからそうした認識あるいは価値観が何代にもわたって継承され続ける理由や事業規模の拡大を目指さずとも100年以上もの長きにわたって顧客の支持を得続けられるようなビジネスを行なうことが可能なのだ，という日々の経営やマーケティング活動のための思考原理を明らかにしたいのである．

この最後の章においてこれらの謎の一端でも解明できれば，その原理は大手企業であれ中小企業であれ，閉塞感漂う現代のビジネス環境を乗り越えていくための思考革命の一助になりうるのではないかと思われるし，そこにこそ市場型関係性の究極の姿が見いだせるであろう．今日のビジネス社会における過酷な労働の日常において，毎日のように唱えられる「対前年比，前月比，売上目標何 % 増を目指せ！」と強迫観念を抱かされながら馬車馬のように働かざるを得ない企業人たちに対して，あるいはそうした労働を納得し正当化(もしくは心理学でいうところの合理化)するために「市場シェアの拡大や売上高の増大こそが企業を存続させ，それによって自らの生活の未来が保証されるのだ」ということを信じ込むしかないと思い込んでいる人々に対して，この章を通じて，まったく異なるビジネス原理の存在価値を認めてもらえることを期待したい．そこにこそ，まさに働き甲斐のある仕事として満足のいくビジネス観が得られ，顧客に厚く信用・信頼され続けるような事業展開を可能とするマーケティングの真の方向性が見いだされるのではないかと思われる．ここに至り，実践的学問的認識としての「マーケティング」が，「モノを売るための単なる手練手管としての知識体系ではない」ということを理解されるであろう．

目　次

【第Ⅰ部　マーケティングの展開論理と実践的展望】

第1章　マーケティングの理論的固有性をどこに求めるか … 2

1　はじめに … 2
2　量的需給マッチングと経済学 … 2
3　質的需給マッチングと関係性の構築 … 3
4　市場に関係性を貫き通すマーケティング … 5
5　市場の概念とその限界 … 6
6　市場での契約と関係性の要請 … 8
7　関係性の概念に関する検討 … 9
8　市場型関係性の構築を目指すマーケティング … 10
9　実需基盤の構築を目指すマーケティング … 11
10　市場概念そのものに近い金融市場（仮儒の増幅を期待する市場） … 12
11　価値創造のための機能分担
　　――関係性の態様を決定づける最も具体的な変数 … 13
12　「モノづくり」の本質――物財とサービス財 … 15
13　マーケティングの一つの焦点――機能分担関係のデザイン … 16

第2章　マーケティングの社会性 … 18

1　はじめに … 18
2　社会に開いているマーケティング … 18
3　公共財としてのコミュニケーション投資 … 19
4　市場で利潤を得ることによる社会貢献――企業本来の社会的使命 … 20
5　市場を介さない社会貢献の要請 … 21
6　非営利活動としての社会貢献に関する論点 … 21
7　「市場の失敗」と「政府の失敗」に関して … 22
8　経営資源を生かしたCSR … 23
9　経営費用を高めるCSRの制度化 … 24

10　マーケティングが具備するモラル性 …………………………… 26
　11　「金づくり」重視型経済とCSRの制度化 …………………… 27
　12　結論と展望 ……………………………………………………… 28

第3章　価値創造とマーケティングの進化 ………………………… 29

　1　はじめに ………………………………………………………… 29
　2　市場型関係性およびマーケティングと価値創造 …………… 29
　3　取引コスト理論と市場型関係性概念との違い ……………… 30
　4　実需基盤としての関係性資産 ………………………………… 31
　5　関係性マーケティングの台頭 ………………………………… 32
　6　関係性マーケティングの具体的記述 ………………………… 34
　7　個別対応に向けて ……………………………………………… 36
　8　情報化の概念とコミュニケーション様式の革新 …………… 36
　9　情報化のマーケティングへの影響 …………………………… 37
　10　コミュニケーション手段の革新 ……………………………… 38
　11　操作型マーケティングとその概念 …………………………… 40
　12　協働型マーケティングとその概念 …………………………… 42
　13　協働型マーケティングの具体的記述 ………………………… 43
　14　2つのマーケティングの共存と相互作用 …………………… 43
　15　商人と民人との境界の変化
　　　　――我々のマーケティング史観のラフスケッチ ………… 44

第4章　ブランド力・共同体・文化創造 …………………………… 48

　1　はじめに ………………………………………………………… 48
　2　本章での主たる論点 …………………………………………… 48
　3　ブランドの象徴作用 …………………………………………… 50
　4　市場型関係性についての若干のレビュー …………………… 51
　5　縦の関係（売り手と買い手との関係）とブランド ………… 52
　6　横の関係（買い手同士の関係）とブランド ………………… 53
　7　共同体とブランド ……………………………………………… 53
　8　ブランドと文化創造力 ………………………………………… 54
　9　ブランド力とオリジナリティ ………………………………… 55

10　戦略的示唆と事例からみた検証 ……………………………………… 56

第5章　流通の新潮流と革新——動学的流通論のすすめ ………………… 60
　1　はじめに——最初に強調しておきたいこと ………………………… 60
　2　流通革命論の視座 ……………………………………………………… 63
　3　革命のプロセス ………………………………………………………… 63
　4　流通革命の変遷——第1次流通再編成から第2次流通再編成へ …… 64
　5　情報化に着目した流通の史的発展段階 ……………………………… 66
　6　卸売と小売の関係についての論理 …………………………………… 67
　7　卸売と小売の分化（第1段階：人力化時代） ………………………… 68
　8　卸売による小売の統合とマーケティングの展開
　　　（第2段階：動力化時代） ……………………………………………… 69
　9　ネット世界の利点を取り入れた流通ビジネスの台頭
　　　（第3段階：情報化時代） ……………………………………………… 70
　10　ネット店舗の有利性 …………………………………………………… 72
　11　ネット店舗とリアル店舗の共存 ……………………………………… 73
　12　リアル店舗の差別化方向とネット店舗への対抗策 ………………… 74
　13　流通における垂直的再編成と水平的再編成 ………………………… 75
　14　ロジスティクスの戦略的重要性 ……………………………………… 77
　15　取り揃えのための品揃え形成過程としての流通 …………………… 77
　16　「集客型流通」から「接客型流通」へ ……………………………… 78

【第Ⅱ部　資本主義経済下におけるマーケティング概念の新認識】

第6章　マーケティングにおける欲望分析再考 …………………………… 82
　1　我が国における消費社会の進展とその特質 ………………………… 82
　2　マーケティング研究における欲望問題の展開と消費社会の形成 … 86
　3　ニーズと欲望に関する概念規定 ……………………………………… 90
　4　ニーズ概念の再検討と願望概念の重要性 …………………………… 95
　5　マーケティングの役割認識と製品コンセプトの創造 ……………… 97
　6　消費社会におけるマーケティングの基本視点に関する再認識 …… 101

第7章　願望概念とマーケティング戦略への適応 ……………………… 105

1. 販売の困難性に関する認識の重要性とマーケティングの役割 ……… 105
2. 消費者市場における販売の困難性問題 ………………………………… 109
3. 財に対する需要の発生と欲望の存在 …………………………………… 111
4. 消費者の購買目的と願望概念の重要性 ………………………………… 112
5. マーケティング戦略における願望創造の重要性 ……………………… 116
6. 消費者の真の購買目的と生活戦略 ……………………………………… 119
7. 買い手における欲望認識の変化とマーケティング対応 ……………… 121
8. 買い手の願望充足に関する戦略的基本視点 …………………………… 123
9. マーケティング行為としての欲望創造 ………………………………… 126

第8章　社会的価値システム概念とマーケティング行為の本質 …… 128

1. 財のもつ価値効用の多様性 ……………………………………………… 128
2. 社会的価値システムの概念とそのマーケティング的重要性 ………… 134
3. 社会的価値システムにおける文化の表象化 …………………………… 136
4. 画期的な新製品がもたらす従来の社会的価値システムの変貌 ……… 137
5. マーケティング思考における構造主義的概念の重要性 ……………… 141
6. マーケティング戦略としての生活構造概念の取り込み ……………… 144
7. 企業と顧客の共通価値構造の構築と協働型マーケティングの重要性 … 146

第9章　永続性原理の探索と現代企業の基本課題
　　　　――不拡大永続主義のすすめ ……………………………………… 150

1. 現代のビジネスの問題点とマーケティング行為 ……………………… 150
2. 我が国企業が直面する本質的危機について …………………………… 153
3. 資本主義経済制度下における企業経営の特質と問題点 ……………… 157
4. 企業にとっての商品価値と消費者にとっての商品価値 ……………… 158
5. 経営拡大志向への疑問と経営陣の個人的立場による
　 意思決定への影響 ………………………………………………………… 160
6. 常識的競争概念への疑問と真の競争概念 ……………………………… 161
7. 老舗企業に学ぶ顧客満足創造の本質 …………………………………… 162
8. 時代の変遷と老舗企業経営の特質 ……………………………………… 165

9	老舗企業における行為規範とは何か……………………169
10	カントの考え方にみる老舗企業の存立原理……………171
11	家訓の存在価値とカントの定言命法的行為認識………175
12	老舗企業と不拡大永続主義的経営原理……………………175
13	買い手側の永続的支持の論理と老舗企業の存立原理…177
14	永続性原理における普遍的価値の重視とその使命としての革新の連続……………………………182
15	老舗企業の永続的存立原理としての7つの特質とマーケティングの本質……………………………183

あとがき……………………………………………………………187

参考文献一覧………………………………………………………191

事項索引……………………………………………………………200
人名索引……………………………………………………………205

第Ⅰ部

マーケティングの展開論理と実践的展望

商業は単に目先の利害ではなく,もっと長い目で見るべきものです.経済にも形而上学的な精神や哲学が必要です.それがあって物を売ったりつくったりして初めて,世界の需要に耐えられるのではないか.

(司馬遼太郎『講演:大阪商法の限界』より)

この第Ⅰ部の各章の理論展開はいままで上原が発表した論文から少しずつ蓄積されてきたものであるが,各々の主要な記述の基礎となった原稿は以下のとおりである.ただし,各章とも以下の原稿を大幅に書き換えている.

第1章:上原征彦(2013)「マーケティングの理論的固有性」『マーケティングジャーナル』Vol. 33, No. 1.
第2章:上原征彦(2010)「CSRの制度化とその批判的検討」『流通情報』No. 482.
第3章:上原征彦(2001)「情報化とマーケティングの進化」『経営情報学会誌』Vol. 11, No. 3.
第4章:上原征彦(2008)「ブランドと関係的契約と共同体」『マーケティングジャーナル』Vol. 28, No. 2.
第5章:上原征彦(2010)「情報化と中間流通の変化」今泉文夫・上原征彦・菊池宏『中間流通のダイナミックス』創風社.

■第1章■
マーケティングの理論的固有性を どこに求めるか

1 はじめに

　本章では，マーケティング理論の固有性をどこに求めるか，ということについての我々の仮説的見解を紹介してみよう．まず，ここでいう理論の固有性とは何かを我々なりに明らかにしておく．本章では，類似した現象の解明を目的としている最も進んだ他の理論を対峙理論と呼ぶならば，この対峙理論と差別化でき，その対峙理論が説明していないところに論究できることを当該理論の固有性と考えることにする．

　ところで，マーケティング理論の対峙理論は何か．ここでは経済学(新古典派を想定している)を対峙理論と考えることにする．なぜならば，経済学は，マーケティングと同様に，市場における売買を理論構築のための基軸的な研究対象とし，しかも最も精緻化・体系化された理論だといわれているからである．

　なお，本章ではマーケティング理論について議論することを目的としているが，以降では多くの場合「マーケティング理論」を単に「マーケティング」と呼ぶこと，そして「理論」と「現象・行為」との識別は文脈に委ねることをあらかじめお断りしておく．

　我々は，マーケティング固有の基礎理論の構築については，「マーケティングは市場に関係性を貫き通す性格を有している」という点に注目することによって展望が開けてくる，ということを常に主張してきている[1]が，本章もこうした主張の一つとして位置づけられる．

2 量的需給マッチングと経済学

　経済学もマーケティングも，需要と供給がどう適合するか(需給マッチングが

---

　1) 我々がこのことに最初に言及したのは，上原征彦(2002)においてである．

どのように行なわれるか)を解明することを研究の基軸的対象とし，この基軸なくしては経済学もマーケティングもその存立基盤を失うといって過言ではない．ここでは，この点に関して経済学のアプローチでは説明できないところを摘出し，そこにマーケティング固有理論の構築方向を見いだしていくことにする[2]．

　さて，経済学の主たる関心は需要と供給との量的一致（量的需給マッチング）の解明に主眼がおかれていることに注意されたい．経済学では，需要量と供給量および価格の3つが同時に決められるシステム（市場メカニズム）を想定し，需要量と供給量とが一致するように価格が決められたとき，需給マッチングの目的が達成されたと見なしている．こうした論理では，需要量と供給量とが等しくなるのが需給適合そのものだ，と述べている（量的需給マッチングを理論の基軸としている）だけであり，ある製品を欲している人に当該製品が的確に到達しなければならない，という意味での質的需給適合（質的需給マッチング）については考察の外におかれているか，あるいは，この質的需給マッチングが自動的に実現されることを暗黙の前提として，論理が展開されている．

　しかし，ある製品を欲している人にその製品が的確に到達する，というのは決して容易なことではない．この容易でないこと（すなわち質的需給マッチング）を首尾よく実現しようとするのがマーケティングである，と考えてよい．

　生産と消費との間には自動的には埋められない乖離があり，歴史的にみても，この乖離を埋めるために人間や組織は様々な手を打ってきたのである．特に，巷間，需要の個性化・多様化が進んでいるといわれている現在，売り手は，どんな人がどんな商品を求めているかを正しく知ることはきわめて難しく，また，それをどう効率的に生産し，これをどのようなプロモーションでどの流通チャネルを通じて買い手に到達させるべきかを決めるには，実に注意深い思考と実行力とが必要とされる．

3 質的需給マッチングと関係性の構築

　上述のような質的需給マッチングを効果的かつ効率的に実現することにマーケティングの固有性を見いだすとしたならば，ここで問題にすべきは，それを可能にする仕組みとか基盤は何か，ということであろう．この問題を探ることによって，マーケティング固有の基礎理論の構築に向けて一つの展望を得ることができるであろう．

---

　2) ここでの記述は，上原征彦(1999) pp.2-3 に依拠している．

上記に関連してまずいえることは，需要量・供給量・価格が同時決定される市場メカニズムとは別の仕組みを，売り手と買い手とが，市場に深くかかわりつつも，これをつくり出さざるを得ない，ということである．それは，好まれる製品が好む人に首尾よく到達するための，コミュニケーション・評価・経験等が交流できる場を構築することであり，言い換えれば，売り手と買い手との関係性をつくり出していくことである．この関係性の概念については後述するが，ここでは，さしあたって，売り手と買い手とが，「売買する」という相互行為を超えて，より長期的・社会的な関係を構築・維持していこうとする志向とか態様を指すものと考えていただきたい．

　質的需給マッチングの基盤として，上記のごとき関係性の構築が要請される理由として，大きくは次の2つが想定される．

　まず，質的需給マッチングを実現するためには，技術開発や生産に要する費用のほかに，買い手の要望を知るためのコミュニケーションやリサーチ等に要する費用，取引や流通チャネルを展開するための費用，物理的に財を買い手に到達させるための費用などがかかり，これらはかなり膨大な額になる．この費用の中には固定費化せざるを得ないものも多く，その回収のためには継続的に顧客を獲得し続けていかなければならないし，また，累積経験量を効かすため，同じような特性をもつ顧客を長期的に獲得し続けることによって，これらの費用の逓減を目指していくことになる．ようするに顧客獲得の拡大とその持続が必要となるのだが，これを新規顧客の獲得だけで満たすことは不可能であり，固定客(リピーター)の確保も必須となる．この固定客の確保に有効に作用するのが関係性の構築とその活用である．

　いま一つ，売買は，売り手と買い手の各々が質的需給マッチングの有効性を求めて妥協点を確認し合うため，明示的にせよ非明示的にせよ，契約によってその形式が決められることになるが，この契約自体が不完全性を免れることができないため，これを補完するための何らかの基盤づくりが必要とされる．このような基盤となるのが関係性の構築である．いわゆる契約の経済理論[3]では，周知のように，ほとんどすべての契約は不完備契約だとされている．ここでいう不完備契約とは，当事者の各々において，あらゆる可能な状況についての合意条件を完全に決められないため，契約とその履行には常に不確実性が伴う，という現実的認識を反映したものである．このような契約の不完備性に対処するために，大きく

[3) 本章での議論にかかわる契約理論の優れた研究として，Salanie, B.(1997)[細江守紀・三浦功・堀宣昭訳(2000)『契約の経済学』勁草書房]を挙げておく．

は，2つの方法が採用される．

まず，最も単純な方法として，契約を特定の時・空に限定し，詳細な状況想定や長期にわたる影響要因から生じる不確実性を徹底的に排除することが考えられる．たとえば，特定の時点と場所で売り手が提示する価格と品質に合意する者のみがそれを購入する（例：スーパーの中では主婦が食品を購入する場合，表示された価格で買わねばならない），という単発的契約がそれである．

しかし，複雑な製品になるにつれ，情報提供や付随サービスが長期にわたって必要とされ，単発的契約では当事者の関係を閉じることができなくなる．それほど複雑でない商品の売買においても，売り手はリピート購入を促進しようとするため，また，買い手は選択の煩わしさを避けて継続的購入をしようとするため，単発的契約を超えた関係の構築が求められるようになる．そこで，契約の不完備性に対処する最も一般的な方法として関係的契約と呼ばれるものが採用されており，実際の取引のほとんどすべてはこの関係的契約の性格を強く帯びている[4]．

上記の関係的契約は，単発的契約のように不確実性を排除しようとするのではなく，むしろ，より長期的な関係の中に不確実性を吸収していくことを目論んでいる．たとえば，売り手と買い手による新製品の共同開発，専門店の顧客組織化戦略などは，詳細な合意条項を決めずに状況の変化に柔軟に対処していこうとする関係的契約の典型だといえよう．

以上，質的需給マッチングを首尾よく遂行するには，コストを吸収するための顧客固定化と，契約の不完備性の克服とが必要であり，これを解決するのが関係性の構築とその活用である，ということが明らかにされた．したがって，マーケティング固有の基礎理論づくりは，この関係性への着目と大きくかかわっていると推察される．以降では，これを踏まえて論を進めていくことにする．

4 市場に関係性を貫き通すマーケティング

現在のマーケティングの基本潮流は，いわゆる関係性マーケティングというパラダイムの台頭・普及によって特徴づけられる[5]．しかしながら，見方によって

---

4) Macneil, I.(2000)の研究によると，同じ長期取引でも，単発的契約の積み重ねによる長期化に比べ，関係的契約による長期化の方が現実的にはるかに多い，ということが実証的に示されている．

5) たとえば関係性マーケティングのパラダイム化に貢献した古典的研究として，Sheth, J. N. & A. Parvatiyar(eds.)(1994)，嶋口充輝(1997)，和田充夫(1998)を挙げることができる．

は，マーケティングは，もともと関係性をベースに展開されてきたといえる．すなわち，マーケティングは，企業が市場メカニズムに全面的に左右されることを避けるために，顧客との何らかの関係を築こうとしてきた，という認識をして間違いないであろう．たとえば，広告によって顧客のロイヤルティを得ようとするマーケティング行為は，昔から行なわれており，きわめて伝統的なものであるが，それは，顧客と「市場での一過的な売買を超えた関係」を築こうとする行為そのものであると同時に，企業が市場メカニズムから受ける影響を極小化し，独自の意思を顧客に受け入れてもらうことを予定しているのである．それゆえに，マーケティングは，市場に関係性を貫き通そうとするものであり，これがマーケティングの本質的性格の一つを成すと考えることができる．

しかしながら，上述のごとき関係性は，市場から遮断されることを意味するものではなく，むしろ，それは市場と相互依存の関係にあり，市場と関係性は一方があるから他方が意味をもつ，という「ペアの自己言及」の関係にあることに注意しなければならない[6]．たとえば，企業が，消費者を他社ブランドから自社ブランドにスイッチさせ，自社との関係性に取り込むことができるのは，市場が存在するからであり，また，我々がブランドを通じて容易に特定企業と関係をもてるのは，市場を介していつでもその関係から離脱できる，ということを知っているからである．そして，このような関係性の開かれた柔軟性を享受できるからこそ，企業も顧客も市場を利用するのである．その意味では，マーケティング固有の理論を抽出しようとするならば，何よりもまず，市場と関係性との相互依存性に注目しなければならないであろう．

実際に我々が経験する市場は，上記のごとき関係性との相互依存作用そのものとして現れる．したがって，実際に現れる市場は，関係性とのかかわりで記述されなければならない[7]．しかし，社会科学の中で最も理論化が進んでいるといわれる経済学では市場を関係性から切り離して概念としてこれを捉え，精緻な分析を展開させてきた．我々も，ひとたび市場と関係性とを概念的に分け，まず各々の理論的特徴を明らかにしておこう．

5 市場の概念とその限界

ここで，純粋な（言い換えれば関係性を含まない）市場の概念を明らかにしてみ

---

[6] 「ペアの自己言及」については，佐久間政広(1997)の説明が本章での記述に対応している．
[7] この観点から市場を記述したものとして白石善章(2014)が注目される．

よう．この意味での市場においては，人と人とが市場メカニズムを通じて連結させられ，そこでは，互いに顔の見えない者同士が，取引ないしその連鎖を通じて結びつけられる．市場での取引のみで利を得ようとすると，同一品質であればできる限り安いものを，また，同一価格であればできる限り品質の高いものを選択しようとする行為，安いときに買って高いときに売ろうとする行為，できる限り安く買ってできる限り高く売るために策を練る行為が展開される．こうした行為は，市場メカニズムという「与えられた仕組みとその変化にどう賭けるか」によって利を得ようとするものであるが，そこでは，多くの人々がそのような行為を行なうことによって，互いに顔の見えない状態で結びつけられるのである．その意味で，このような結びつき方はゲゼルシャフト（集列体あるいは集合体と訳される）として概念化できる．こうした市場の理念型は，現在，株式市場，商品相場，オークションなどにみられ，そこは，「誰が誰からどんなものを買うか」ということについては，人々が知らなくてもすむ（あるいは，不問に付す）世界である．ここでは，価格差に基づく金銭価値の上昇・下降がこの世界を動かす変数となっている．

　しかし，現実の経済的交換のほとんどは，価格の他に個別的な品質を希求し，かつ，多様な情報を必要とする．そうした交換にあっては，「誰が誰からどんなものを買うか」について無関心ではすまされず，そこでは相手の顔を見ようとする相対取引が一般化してくる．だが，このような相対取引においても，市場の動きを考慮せざるを得ず，市場メカニズムに賭けて利を得ようとする誘因を全面的に回避することはほとんど不可能である．この誘因が行為に移されるのを放任してしまうと，一方が得をして他方が損をするというゼロ・サムの発生を抑止できなくなる．わずかなゼロ・サムであれば，取引当事者は，市場メカニズムに賭けていることを覚悟しているがゆえに，それを容認し合うこともあろうが，それが有意に大きなものであれば，機会主義的行為が展開され，当事者間にコンフリクトや取引停止などという事態が生じて，そのままでは市場というゲゼルシャフトが機能しない恐れも出てくる．ここが市場の限界であり，売り手および買い手が，市場メカニズムに賭けるだけでは有意な成果を生み出しにくい，ということが確認される．ある意味で「市場メカニズムは横暴だ」ということができ，これを抑制するための機制の一つが関係性の構築であることに注意されたい．

　いま一つ，市場では所与の財が売買されるが，それは，すでにつくられた財がその潜在的価値を価格として実現すべく市場に現れる，ということを意味している．なお，ここで潜在価値という表現をしたのは，後述するように，つくられた財それ自体には価値がなく，価値化する可能性を有しているだけであって，それ

は人々に使用・消費されて初めて価値として認識・実現される,と我々は考えるからである.

したがって,市場は,すでにつくられた財について,需要量と供給量とをマッチさせて価格を決めるだけであって,財をつくる機能も,これを使用・消費する機能も有していないため,価値の認識・実現とは原理的にはほとんど無関係だ,ということを知っておく必要がある.すなわち,市場そのものは価値を創造する機能は有しておらず,価値創造プロセスのほとんどは他の仕組みに任せざるを得ないのである.その仕組みこそが関係性であり,それと市場とが関連づけられて初めて価値と価格との調整が図られることになる.

6 市場での契約と関係性の要請

関係性そのものについて本格的に議論する前に,契約について触れておく必要がある.すでに述べたように,市場の限界を克服するためには,売り手と買い手との間に何らかの関係が築かれることが目指されるが,この契機となるのが契約締結への志向である.たとえば有意なゼロ・サムの発生をあらかじめ防ぐために契約の締結が目指されることになる.ここでいう契約とは,当事者が選択できる行動の範囲,意思決定のためのルール,それぞれが他者に期待できる行動などに関する合意である[7].それは,究極的にはどんな品質の財をいくらで売買するかということに関する合意を目指すものであるが,この合意に達するプロセスは決して単純に決められるものではない.売り手と買い手の各々は,それぞれが生存するための戦略あるいは世界観のもとにその合意(契約)を位置づけようとする.したがって,売り手および買い手は,それぞれ,相手の生存戦略・世界観と自己のそれとの関連を意識せざるを得なくなるであろう.このことが,両者の間に何らかの関係性の構築を要請することになるのである.

ここで重要なことは,合意を確認した契約は,売り手と買い手との関係のすべてを表すものではないし,表せるものでもない,という点である.したがって,状況に応じて常に契約が見直されなければならない.このことを意識したのが前述した関係的契約そのものだといえる.むしろ,「契約がルールとして機能するための条件固定的性格」は,「状況の変化を吸収しようとする関係性の条件適合的性格」を包摂することはほとんど不可能である.だからこそ,契約を位置づ

---

[7] ここでの契約の概念は,Milgrom, P. & J. Roberts(1992)[奥野正寛・伊藤秀史・今井晴雄・西村理・八木甫訳(1997)『組織の経済学』NTT出版]の研究の思想を参考にしている.

け，サポートするための有効な関係性の構築・維持が必要とされるのである．

7 関係性の概念に関する検討

　ここで関係性そのものについて論じてみよう．我々のいう関係性とは，人為的につくり出された社会的結合とこれを長期的に維持しようとする志向のもとで，当事者の各々が固有の行為を展開し，それが当事者の合意の枠に入り，そこから何かが生み出されることが期待されている，という態様を指している．各々がどんな行為を展開するかは，主として，彼らの間にどんな関係が構築されるかに依存する．

　そうした関係性には様々なタイプがある．古くは地縁・血縁・人脈によって結びつく伝統的共同体における関係，新しくは企業組織内での関係，フランチャイズ・システムにおける企業間関係などに関係性の諸タイプをみてとることができる．このような関係性においては，たとえば市場メカニズムのごとき与えられた機制に関係の形成を委ねることができないため，多かれ少なかれ互いに顔が見えるようになることを期待しつつ，取引当事者の各々が人為的な関係構築のための努力をしていくことになる．そこでは当初からウィン・ウィンの関係が志向されざるを得なくなる．このような関係性においては，当事者は，市場メカニズムのような与件的機制を活用できず，したがって，そうした機制から儲けを得ることができない．そのため，彼らは，社会的結合の内部で生み出される作用（人と人との関係を築くことから生ずる作用）を生かす努力によってのみ，利得の創出を目指すことになる．また，ゼロ・サムがここで志向されるとしたら，この社会的結合そのものが崩壊してしまう．さらに，ここでは，取引相手との関係づくりから決して自由たり得ない．ここでは自己だけの論理ではどうすることもできず，取引相手の顔を見ようとする努力の中で彼と自分とのウィン・ウィンをつくり出す行為を展開せねばならない，という不文律の制約が課せられることなる．その意味において，関係性そのものはゲマインシャフト（共同体）としての性格を有するのである．

　さらに，上記のごとき関係性の中で，主体同士の直接・間接の接触を契機として様々な価値が創造されていく，と考えることができる．価値が意図的に生み出される契機は関係性の中に潜んでいる．すなわち，市場が選択の場であるのに対し，関係性は創造の場であるといえる．たとえば，あらゆる発明・発見は，これが個人の業績に帰するとしても，それは市場から直接に生まれたのではなく，研究機関や企業などの組織（関係性のモザイクといってよいであろう）をベースにし

て生み出されるし、その成果が必要な人に首尾よく届けられ、活用されること（このことも関係性によって効率化かつ有効化される）によって価値が実現されることになる．

8 市場型関係性の構築を目指すマーケティング

さて、ここで話を少し戻そう．マーケティングは、すでに述べたように、市場に関係性を貫き通すものであり、言い換えれば、ゲゼルシャフトとしての市場に、ゲマインシャフト的性格をもつ関係性を開システムとして埋め込もうとするものである．このような関係性を市場型関係性と呼ぶならば、マーケティングは、まさに、市場型関係性の構築を目指しているといえる．この市場型関係性は、市場に開いているため、市場メカニズムの影響からまったく遮断されているわけではなく、むしろ、すでに述べたように、市場メカニズムへの対応を前提としつつ、そこでの自律性を確保しようとするところから必然的に生み出される仕組みである．このことに関連して、次のことを確認しておく必要がある．

市場型関係性は、確かにゲゼルシャフトと比較する限りゲマインシャフトとしての性格を有するものの、他の関係性（たとえば伝統的共同体、友情、恋愛、企業内職階などにみられる関係性）と比べ、開放度がきわめて高く、参加・離脱費用がきわめて低い、という特徴を有している．市場型関係性における売り手と買い手との関係は、親子関係や恋愛関係、企業内の上司と部下の関係などと比べると、その外的規制力はきわめて弱い．親子・恋愛・職階における関係は、「親子だから……」、「恋人同士だから……」、「上司だから……」という理由に基づき、人々の意思決定に外側から大きな影響を与えるし、これを人々は容認している．しかし、市場型関係性では、開放度がきわめて高く、参加・離脱費用が顕著に低いことと相俟って、こうしたゲマインシャフト的規制力はほとんど働かない．にもかかわらず、市場型関係性における売り手と買い手は、互いが意味を解さないで結びつく集合体（ゲゼルシャフト）とは明らかに異なり、互いの関係を意味的に捉えようとするのである[8]．このことを考慮すると、市場型関係性そのものは、それだけでは無機質である市場に、有機質を注入する機能を担っている、という

---

[8] ゲマインシャフトやゲゼルシャフトについては真木悠介(1990) pp.5-17 が優れた研究をしている．真木はゲマインシャフトを「即自的な共同態」と「対自的な共同態」に分けている．我々のいう市場型関係性は「対自的な共同態」の性格を色濃く有している．これに対して恋愛や友情における関係性は、往々にして、「即自的な共同態」に埋没しやすい性格をもっている．

ことができる．

　そして，マーケティングは，市場型関係性を具備することで，市場メカニズムに内在している横暴性(ゼロ・サムに賭けるための機会主義の展開，これに基づくコンフリクトの発生など)の顕現を大きく抑制している，ということも確認しておくべきであろう．

9 実需基盤の構築を目指すマーケティング

　市場に関係性を貫き通そうとするマーケティングは，一方で，獲得できることを期待している需要(すなわち仮需)を実際の需要に結びつける(実需化する)機能を有している．ここでは，その点から知見を導き出してみよう．

　おそらく，交換の場としての市場が発生したころからすでにマーケティングと類似する行為があったに違いない．それは，すでに述べたように，市場は関係性と結びついてその存在が保証され，そうした関係性は昔から存在していたと推察できるからである(たとえば古代の村落共同体の中で開催された「市場：いちば」がこれに該当するであろう)．

　ところが，マーケティングが理論的にも実務的にも注目され出したのは20世紀初頭のアメリカからだという説が根強く生きており，それは，台頭してきた寡占企業が過剰な生産力を市場に吐き出す手段として様々な需要刺激策を開発・展開したことを，近代マーケティング発生のメルクマールとしている[9]．我々は，この説は部分的には正しいかもしれないが，理論的には以下のようなことが強調されてしかるべきだと考える．

　工業化と生産力の拡大は，見込み生産とその技術の進歩と軌を一にしている．見込み生産は，確実な需要(実需)に基づいて稼動されるのではなく，需要があるだろう(あるいは，需要があってほしい)という不確実性を包含した仮の需要(仮需)に依拠してそれは計画化される．イギリスで始まった産業革命はアメリカで開花し，19世紀後半から生産力に卓越したメーカーが優位に立ち，それが20世紀初頭には寡占企業としての確固たる地位を築くことになる．こうした寡占企業は，膨大な見込み生産を行なうため，それに見合う膨大な仮需を想定せざるを得なくなる．想定する仮需が大きくなればなるほど，実需と乖離するかもしれない不確実性は高まり，この不確実性を除去すること，言い換えれば仮需を実需に向

---

[9] このような認識は，我が国のマーケティング研究者の一つの共通認識であったといえるかもしれない．たとえば，荒川祐吉(1978) pp.39-43の古典的研究からもこのことがうかがえる．

けることが要請される．この要請に応えるべく登場したのが近代マーケティングである．

上述のことから，マーケティングの重要な社会的機能の一つは，実需基盤の構築にあるといって過言ではない．この実需基盤こそが，我々のいう市場型関係性のいま一つの側面である．企業は顧客との関係性を強化する（市場型関係性を強化する）ことによって，生産物を顧客に提案する場を確保し，かつ，顧客の意向を生産に取り込むことによって，これを実需化する可能性を獲得することができるようになるのである．

10 市場概念そのものに近い金融市場（仮需の増幅を期待する市場）

いままで述べてきたことから，我々の生活に最も密着しつつ実際にそこに現れる市場は，関係性との相互作用によって実需がつくり出される市場，言い換えればマーケティングによって市場メカニズムの横暴性が抑制される市場である，ということをここで再確認していただきたい．次に，これとは異なる性格をもつ金融市場に言及してみよう．これによって我々はマーケティングの本質をさらによく理解することができるであろう．

手持ちの不動産等を時価で表し，この資産効果を期待するという経済行為は昔からよくみられたことであるが，現在では企業そのものの価値を時価で評価することが当たり前になってきている．つまり，企業の総資産を時価で計り，これを株価に結びつけ，この上昇を経営の重要目標の一つとする動きも当然のこととして受容されている．ここでは，これについて検討しておく．

上記のように資産を金額で表すことは，それに価格を付すことである．経済学の理論でいえば価格は需要と供給とで決まる．手持ちの不動産とか現存の企業資産は個人や組織等に占有されているものであり，供給も需要も決まっていないはずである．したがって，これらの価値を金額で計る（これには，未来の収益と割引率のフローを予測し，これを現在価値に変換する，などといった方法が用いられる）ことは，放出価格あるいは解散時の価格を想定することと同じであり，それは，実需ではなく，あくまでも仮需に基づいて価格を付しているにすぎない，ということを認識すべきであろう．

このように金額表示された資産が証券化されて金融市場で売買されるようになると，その証券自体の需給バランスによって価格が決まっていくが，その価格は，実需に基礎を置かない仮需に値を付けているにすぎず，仮需を実需に向ける機制がまったく欠如していることになる．近年，あらゆる資産を時価で計り，そ

れを証券化し，その証券が流通することによって経済が拡大していくことに期待をもつ動きもみられる．このような経済拡大は仮需によるものであって，実需との乖離に人々が気づけば，資産価格が暴落して恐慌に陥るという不安定な性格をもっている．

こうした仮儒証券が取引される市場では，できる限り市場メカニズムが働くことが期待されているのである．すなわち，金融市場は，実需基盤に立脚するマーケティングが馴染まない，別の性格の市場だといえる．こうした金融市場では市場メカニズムの横暴性を抑止するマーケティング機能が働く余地がほとんどないため，様々な公的な規制がかけられることになる(たとえば証券取引法の強化など)．それでも不安定性を除去するのは難しい．それは，実需市場のように，マーケティングという内部からの自己組織的作用が働かないためだと思われるが，この点の議論については第2章に譲ることにする．

■ 価値創造のための機能分担
——関係性の態様を決定づける最も具体的な変数

さて，話を実需市場に戻すことにしよう．すでに，価値創造の契機は関係性の中に潜んでいる，ということを述べたが，ここでは，これをさらに深めた議論を展開してみよう．

まず強調したいことは，売り手が生産・販売する製品(サービスも含む)はそれ自体では価値をもたず，これが使用・消費されて初めて価値が認識・実現されること，したがって価値創造には顧客も参加していること，そして，こうした参加は売り手と顧客との機能分担の創出(ここでは，こうした機能分担を創出するプロセス，あるいは機能分担そのものから売り手と顧客との相互作用が生まれる，ということが含意されている)を要請すること，この3つである[10]．

次に強調したいことは，上述のような機能分担を効果的に創出する場が関係性であり，マーケティングが市場に関係性を貫こうとするのは，こうした機能分担の創出と価値創造を結びつけることを目的としているからだ，という点にある．

---

10) この考え方は，上原征彦(1999)p.129がすでに10年以上前に明らかにしたものであるが，近年，急速に注目され出したサービス・ドミナント・ロジックと相通じるものがある．我々は統計的な実証研究以上に，マーケティングや消費者行動に関するこのような新たな概念創出の方が，企業の戦略構築に際して，寄与大なる知的貢献もしくは斬新な戦略案の創発につながるのではないかと思っている．サービス・ドミナント・ロジックの基本概念については，Vargo, S. L. & R. F. Lush(2008)，井上崇通・村松順一編著(2010)で論じられている．

なお，ここで注意を促しておきたいことがある．近年，価値共創という用語が多くのマーケティング関係者に使われ始めている．それは，たとえば，上記のような売り手と買い手との相互作用から生まれる価値に新たに焦点をあてるべきだ，という考え方を強調しているようだ．しかし，我々は，共創されない価値はない，言い換えればすべての価値は共創される(したがって，価値共創という用語をあえてつくり，あたかもこれをニューパラダイムのように捉えるのは誤りだ)，と考えている．たとえば，経済学では，一定の条件のもとで売り手の利益極大化と買い手の効用極大化が結びつくように価格が決まるとされている．これは，売り手と買い手との相互作用による両者の価値均衡を論理化しており，まさに価値共創そのものではないだろうか．ここで経済学とマーケティングでの価値創造のプロセスの違いを述べると，売り手と買い手との相互作用によって生み出される価値が，前者においては価格メカニズムによってほとんど無意識的に決められるのに対し，後者においてはより意識的に創造されるという点であろう．

さて，議論を進めるにあたって，まず，製品とは何か(製品の概念化)を考えてみよう．我々は，顧客がそれを価値あるものだと認めることが製品の必要条件だと考えている．そうだとしたら，製品とは使用・消費できる状態になったものである[11]，と定義すべきだと思う．たとえば，家具店で売られている箪笥は製品として完成していない．家に持ち帰って据え付けなければならないからである．こうした作業を消費者がするか，それとも売り手がするか，ということを我々は問題にしなければならない．もし消費者が家に持ち帰ることができなければ，売り手が配送・据え付けをしたほうが箪笥の価値は高まるかもしれない．しかし，配送・据え付けにはコストがかかり，特に人件費が高騰すると，箪笥を手に入れる費用が高くなるため箪笥の価値が相対的に低下するかもしれない．その場合，箪笥をノックダウンにして消費者が容易に家に持ち帰り，これを簡単に組み立てることができるようにすると，箪笥を入手する費用が下がるため，箪笥の価値は低下せず，かえって高まるかもしれない．

昔は，牛乳は腐敗が早いため，これを直ちに瓶に詰めて，急いで居住者のところに届けねばならなかった．この役割を担ったのが牛乳配達屋である．だから，当時は，牛乳配達屋がいなければ我々は牛乳を美味しく飲めなかった(牛乳の価値を享受することができなかった)といえる．しかし，人件費が上昇してくるにつれ，牛乳配達屋の活用はコストアップにつながり，牛乳価格を上げざるを得なくなってきた(消費者の牛乳を飲む価値が低下せざるを得なくなった)．これを克

---

11) これはすでに，上原征彦(1999) p.129 で明らかにされている．

服するイノベーションが「紙パック入り牛乳」の開発であった．それによって消費者は，牛乳配達屋の手を借りずに，店から牛乳を持ち帰れるようになったのである（牛乳を飲む価値を低下させずにすんだ）．これは牛乳自体の腐敗を遅くする技術と防菌性のよい紙パックの開発によるものであったが，牛乳を飲んでもらうために誰がどんな行為をしなければならないか，という問題意識がなければ，こうしたイノベーションは生み出されなかったかもしれない．

　また，あるメーカーがユーザーに部品を提供するとき，これをユーザーが設備機器に取り付けるには特殊な液での洗浄が必要だとすると，これをメーカーがすべきか，それともユーザーがすべきか，ということが問題となるであろう．ユーザーの知識がない場合はメーカーが洗浄サービスをしたほうがその部品の価値は高まるかもしれない．しかし，ユーザーの知識が増えていくにつれ，洗浄作業をユーザーに委ねて価格を下げるほうが価値は高まるかもしれない．

　上述の例から，まず，製品の価値は，顧客に使用・消費されて初めてそれが実現されること，そして，そうした価値づくりに顧客も参加していることが確認できた．「顧客価値」という言葉がよく使われるが，それは，このことを認識することによって初めて具体的意味を獲得できる．そして，こうした価値が創造・実現されるに至るまでには，運送や組み立て，洗浄などの行為を顧客が担うこともあるし，売り手が担うこともあり，これをどうデザインするかが価値創造そのものを規定するのである．言い換えれば，売り手と顧客との機能分担をどう設計するかによって価値創造が決定づけられることになる．そして，この機能分担を設計する行為は，関係性を構築・維持する行為の中核をなすものだと考えることができる．したがって，マーケティングでの関係性を特徴づける最も具体的な変数は，この機能分担の態様そのものだということが確認できる．

12 「モノづくり」の本質——物財とサービス財

　ここで，「モノづくり」そのものが上述の機能分担の論理で説明できる，という点に触れておこう．たとえば，洗濯機は「昔々お婆さんが川で洗濯した」行為をモノ化（モノに洗濯行為を体化）したものだと考えることができる．コンビニエンスストアで売られている弁当は，主婦が食材を買って家で調理する一連の行為をモノ化したものである．言い換えれば，いままで売り手が食材を売り，買い手がこれを家に持ち帰って調理するという機能分担関係を，売り手が調理までしてしまうという形に変えてしまったのである．即席ラーメンやパソコンソフトに関しても同じことがいえる．つまり，「モノづくり」に関する革新は，いままで買

い手が実施していた行為をモノ化することによって，売り手と買い手との機能分担関係を劇的に変えるものだといえる．

上述の論理はサービス財と物財との関係を説明するのにも有効となる．物財とは生産活動の結果を財(市場での売買対象)としたものであり，サービス財とは生産活動そのものを財としたものである[12]．たとえば，我々がコンビニエンスストアで弁当を買った場合は，「弁当をつくる生産活動の結果」を買っているので，「物財を買った」ことになるが，女中さんに弁当をつくってもらって手間賃を払った場合は，「弁当をつくる生産活動そのもの」を買っているので「サービス財を買った」ことになる．我々が特許を買った場合は，研究活動の結果を買うので「物財を買った」ことになるが，研究者を雇って研究をさせた場合は，研究活動そのものを買うので「サービス財を買った」ことになるのである．このことを踏まえるならば，物財とサービス財とは同一目的達成に関して代替関係になりうることが認められるため，どちらをビジネスのコアとするかによって売り手と買い手との機能分担関係を大きく変えていく．

13 マーケティングの一つの焦点——機能分担関係のデザイン

繰り返しになるが，買い手の製品の消費・使用段階においてどんな価値を創造するかは，そこに至るまでの様々な行為を売り手と買い手とでどう機能分担するかによって大きく規定される．こうした機能分担は買い手の欲求と売り手の資源展開との擦り合わせによって創出される．そして，関係性は，この擦り合わせの場そのものだということもできる．

開発−生産−流通−消費において様々な行為が要請され，これを売り手と買い手とでどう機能分担するかについては両者の擦り合わせが必要であり，これについては，的確な合意形成とそれにかかわる情報収集などが必須となるため，相応の費用がかかることになる．ただし，有効な関係性が構築されればされるほど，こうした費用は有意に減っていくであろう．そして，そうした関係性が充実していればいるほど，そこでの機能分担を創出する相互行為の展開は確実に有効化・効率化されていくであろう．

我々は，これからのマーケティング研究は，学術的にも実務的にも，こうした

---

12) この点についての理論化を目指した先駆的研究として，野村清(1983)，上原征彦(1984)が挙げられる．サービスついては実に多くの文献が出されているが，本質的な理論化において上記に勝る研究はまれだと考える．なお，上記をベースにしてサービス理論の豊富化を進めたのが近藤隆雄博士であり，近藤隆雄(2012)の体系的研究は高く評価できる．

機能分担関係の解明に焦点がおかれるようになると予想している.

　特にITの進化は売り手と買い手との機能分担関係を劇的に変えていくため,これについての解明はきわめて重要視されてしかるべきである.たとえば,ある建設機械(以下,建機)のメーカーは,建機を購入した顧客に対して,そのメンテナンスサービスを行なっていた.かつては,使用している建機の故障等を顧客自身で見つけ,それを建機メーカーに伝えると,建機メーカーの担当者が現場に飛んできてこれに対処する,という機能分担で事態に対処していた.しかし,最近は,ITを使ってこれを大きく変えた.建機の中にICとセンサーを組み入れ,建機に何か異変があると顧客とメーカーの双方が通信ネットワークを通じてこれを同時に受信できるようになったため,対処スピードが顕著に早まっただけでなく,こうしたネットワークを活用して顧客とメーカーとで建機の異変について意見を容易に交わせるようになったのである.すなわち,建機のメンテナンスに関してメーカーと顧客とで同期化された協働作業が展開できるようになったことになる.

　一般に,IT化によって,売り手と買い手とで同期化された協働作業が容易になり,その意味で密度の濃い関係性が生み出される[13]ことになるが,この辺の詳細については第3章で論述されるであろう.

---

13) この基礎的議論については,すでに上原征彦(1999)pp.279-291で論じられている.

■第2章■
マーケティングの社会性

1 はじめに

　本章では，前章の叙述を踏まえ，マーケティングの社会的性格を明らかにする．すなわち，マーケティングの展開そのものが，市場型関係性の構築を通じて，経済的成果を超えた社会倫理を企業活動に反映させざるを得ないこと，というよりも，こうした社会倫理を踏まえなければ市場型関係性の構築が困難になること，言い換えれば，マーケティングは，その時代の社会倫理と経済的成果を繋ぐ役割を担うことを論じていく．このことは，別の形で表現するならば，市場に関係性を貫くマーケティングの展開を通じて企業が社会貢献をしている，ということを明らかにすることでもある．

　上述のごとき社会貢献は，企業の自律性とか固有性の訴求と大きくかかわっており，理念的かつ本来的には企業の戦略に大きく影響され，広い意味では企業戦略そのものであって，それは企業の自律性に委ねざるを得ない．しかし，近年，CSR(Corporate Social Responsibility：企業の社会的責任)の重要性を強調するあまり，公的かつ私的な認証制度などが様々な形で実施され，各分野で企業のCSR遂行度を一律的に評価しようとする動きがある．我々は，これを「CSRの制度化」と呼ぶことにする．我々は，こうしたCSRの制度化が，いたずらに無駄な費用の拡大を誘発し，企業の自律性と固有性に基づく社会貢献の自発性を抑制する恐れがある，ということを懸念している．

　本章ではマーケティングの社会貢献的性格を明らかにすると同時に，その自発的展開の必要性を強調してみる．

2 社会に開いているマーケティング

　マーケティングは市場に関係性を貫くものであり，関係性が社会的結合である限り，それは社会的性格を帯びざるを得ない[1]．とはいえ，マーケティングは市

場で利潤を得るために展開される営利活動そのものでもあり，その成否は，市場での経済成果の大小によって評価される．こうした営利的評価とマーケティングの社会的性格とはどうかかわるのか．まず，この点について考察してみよう．

マーケティングは，確かに市場で企業が儲けるために展開されるが，一方で，それは顧客との関係性(すなわち顧客との社会的結合)の構築を目指すものであり，こうした関係性を築かない限り，企業は自律性と固有性を確保できず，また，それを顧客に訴求することがきわめて困難になる．

上記の自律性とか固有性は，「市場で儲けに突っ走ること」から得られるものでない(ここで得られるのは数字のみで表現される無機質な経済的成果にすぎない)，ということに注意されたい[2]．企業の自律性とか固有性は，社会的コミュニケーションを通じて獲得・訴求されるものであり，それは「市場に関係性を貫き通す」マーケティングを通じて実現される．そこにはその時代の社会倫理が反映されざるを得ない．というよりも，マーケティングは，これを積極的に取り込むことによって，自社の自律性・固有性を効果的に社会に訴えようとする．たとえば，関係性構築の伝統的手段である広告をみても時代の社会倫理に依拠したメッセージが訴求されているのがわかる．それは，マーケティングによって築かれる関係性が市場に晒されているため(市場型関係性であるため)，したがって，そこでのメッセージが社会的な広がりをみせるため，企業は，社会倫理を積極的に取り込むことによって，自社のアイデンティティの強化を図ろうとするからである．

3 公共財としてのコミュニケーション投資

上述の論理をさらに進めてみよう．マーケティングでは，市場に関係性を貫き通すために，市場で動き回る人々をできる限り多く顧客として関係性に取り込み，かつ，その関係性を維持・強化するために，公共財としての性格をもつコミュニケーション手段が使われる[3]．しかも，それは，一般に，企業がその費用を負担することになる．これを「公共財としてのコミュニケーション投資」と呼ぶことにしよう．ここでいう公共財とは，周知のように，非競合性(複数の人々が同時に利用できる)，非排除性(金を払わない人々を排除できない)という2つの

---

1) マーケティングの社会的性格について言及した先行的な研究としては，田島義博(1992)，芳賀康浩(1998)，上原征彦(1999)pp. 111-121，薬袋貴久(2003)が注目される．
2) このような経営思想を強調した論述として井関利明・山田眞次郎(2013)が注目される．
3) 上原征彦(2002)．

性格を兼ね備えた財を指す．

　ブランドとその広告による訴求は典型的な「公共財としてのコミュニケーション投資」である．まず，ブランドは，誰もが無料でこれを認知して，それに想いを込めることができる，という意味で非競合性・非排除性という公共財的性格を有している．そして，それは，個別企業が私的に展開し，その維持・管理に相応のコストがかけられている．また，ブランドを認知してもらうための広告展開も「公共財としてのコミュニケーション投資」である．広告は誰もが無料でみることができるので，明らかに公共財としての性格を保有している．しかも，広告は企業がそのコストを負担し，これを私的に操作できる．広告展開だけでなく，展示会や店頭陳列などのセールスプロモーションのほとんどは「公共財としてのコミュニケーション投資」として位置づけることができる．

　流通業者による店舗展開も「公共財としてのコミュニケーション投資」である．一般に店舗は誰もが無料で入ることができる．たとえば，百貨店の中に誰もが入って見て回ることができるが，そこでは入場料がとられるわけではなく，人々は商品を買わずに帰ることも可能なのである．まさに，非競合性・非排除性という性格をもつ公共財の典型だといえる．そして，こうした店舗は一般に個別企業の占有物であり，その展開のコストも企業自らが負担していることになる．

　上記のような「公共財としてのコミュニケーション投資」では，それが大衆に晒されているがゆえに，これに社会倫理を取り込まざるを得なく，この点にもマーケティングの社会的性格を認めることができるのである．

4 市場で利潤を得ることによる社会貢献——企業本来の社会的使命

　以上のことから明らかなように，マーケティングは市場で経済的成果を得るために社会倫理を企業活動に取り込む役割を担っている．ここで，企業は本来的に市場を通じて社会貢献を展開しており，その対価として利潤を得ている，ということを確認しておく必要がある．この確認はきわめて重要である．たとえば，我々は生活資材を企業から市場を通じて手に入れており，これがなければ我々の社会生活が困難になる．

　言い換えれば，企業は，市場で利潤を得て社会に貢献する，という社会的使命を担っていることになる．そして，市場型関係性の構築を通じて企業と顧客を結びつけつつ，そこに社会倫理を取り込もうとするマーケティングは，まさに，この社会的使命を適切に実現する役割を担っているのである．

5 市場を介さない社会貢献の要請

　ところで，上述のごとき論理を超えて，市場で利潤を得る社会貢献だけが企業の使命ではない，という思想がグローバルレベルで定着してきている．それはCSRという概念に集約化されてきたということができ，そこでは，企業は，定められた法令遵守や市場を通じての社会的使命の遂行といった本来の責任を果たすだけでなく，文化・市民生活の向上あるいは地球環境の保全などに関して，より幅広い高次な社会的活動の遂行が期待されるようになってきている．言い換えれば，企業には市場を介しての社会貢献（利潤を得る社会貢献）だけでなく，市場を介さない社会貢献（利潤を得ない社会貢献）も強く求められているのである．マーケティングの分野でも，かなり前から，ソーシャルマーケティングという概念に基づいて社会貢献を強調する考え方，あるいは，その主たる焦点を地球環境破壊防止にあてたグリーンマーケティングやエコマーケティングなどという規範的概念が提起されてきているが，これも市場を介さないCSRの定着に向けた潮流を形成してきたといえる．

　上記のごときCSRやソーシャルマーケティングの研究には2つの文脈があるといってよい．一つは，市場を介さない社会貢献の必要性とその価値について述べつつ，これの実現方法を探ろうとするものであり，いま一つは，市場を介さない社会貢献の必要性やその価値について論じるのではなく，市場を介さない社会貢献が企業に必要だとしたら，その必然的理由はどこにあるか，どの範囲までそれが可能か，などということを客観的に明らかにしようとするものである[4]．前者に比べると，後者の方が研究者や実務家にとって刺激的であるが，少なくともマーケティング分野での研究に関する限り，後者に属する研究はきわめて少ない．もちろん，我々は後者の立場からCSRを論じていく．

6 非営利活動としての社会貢献に関する論点

　ここで，企業が利潤獲得とは無関係の社会貢献（市場を通じない社会貢献）をする場合，当該企業は，市場で得た利潤をこれに回しており，その意味で非営利活動を行なっていることになる．上述のごときCSRの要請は，企業のこうした非営利活動の展開を視野に入れている，ということに注意されたい．

　ところで，上記のような非営利活動としての社会貢献は必ずしも合理的だとは

---

4) この点を当初から明らかにしようとした研究として薬袋貴久（2003）が注目される．

いえない，と主張する論者もいる．この主張に依拠すると，たとえばある化粧品会社が化粧品の製造・販売で得た利益を地域の芸術活動の支援に回すことは，利益を得ない事業を行なっているので社会的にみて非効率である，という結論を導き出すことができる．その理由を簡単に述べると，この場合，当該化粧品会社は，芸術活動の支援を，それを専門にしている他の機関等に委ねたほうがよく，当該化粧品会社が得た利益は，より消費者に好まれる化粧品(より品質がよく，より安い化粧品)の製造・販売に追加投資すべきであり，そのほうが社会的にみて効率的である，ということになる．

我々は上述のごとき主張や考え方に直ちに与(くみ)するものではないが，企業が非営利活動としての社会貢献をするとしたら，それは営利活動から生み出された利益をベースにせざるを得ず，その意味で，営利活動からの制約を受けることになる(別の言い方をすると，非営利活動が営利活動を不当に損ねてはならない)，ということを改めてここで確認しておく必要があるだろう．

7 「市場の失敗」と「政府の失敗」に関して

社会的に必要とされるもののすべてが市場を介して(営利活動によって)供給されるわけではない．むしろ，社会が複雑化するにつれ，市場を介して供給できないものの方が多くなってきている．このようなものを市場で供給しようとしても利益を得ることができず，そうした事態を経済学では「市場の失敗」と呼んでいる．ちなみに，前述したCSRの要請の高まりは，こうした「市場の失敗」分野への企業の関与を積極的に要請する主張だ，ということに注意されたい．

「市場の失敗」は，情報不完全(例：癌の特効薬を開発した企業が，副作用についての知識がないため，副作用を恐れてこれを市場に出すことができない)，外部不経済(例：製造活動において意図しない公害が発生し，それを個別企業が除去しようとすると膨大な費用がかかるため，公害除去ビジネスが成立しない)，公共財(例：一般道路や公園などは多数の人々が利用するが，料金を徴収しにくいため，これらをビジネス化するのはきわめて難しい)，信頼財(例：供給者の能力を知ること，信頼可能性を確認することが困難な医療や教育などの市場では，供給者の能力が公的に管理される制度がない限り，財が購入されにくい)などから生じるとされているが，社会が複雑化するにつれ，こうした「市場の失敗」も増えてくるものと考えてよい．

上記のような「市場の失敗」は非営利活動で対処せざるを得ず，これをどこが担うかが問題となる．具体的には，それを企業が非営利活動として担うか，政府

が公的に担うか，という問題に主として帰着させることができる．いままで，多くの場合，「市場の失敗」に政府が介入すること，あるいは，それを政府が担うことが当然とされてきた．というよりも，「企業＝市場を介しての社会貢献」，「政府＝市場を介さない社会貢献」というパラダイムが広く正当化されてきたといえる．

しかし，我々は，「市場の失敗」を克服する非営利活動は，その効果からみて，政府がそのすべてを担うことはできない，それどころか政府が担い得る部分は縮小しつつある，と考えている．裏を返せば「政府の失敗」が拡大しつつあるということだ．その理由を以下に述べてみよう．

第1に，「市場の失敗」は一部の経済学者が考えるほど少ないものではなく，多様な局面で多発するようになっており，これをすべて政府がカバーするのはほとんど不可能である．

第2に，一般に，政府の活動は非効率に陥りやすい．それは，企業と比べ，競争原理に依拠した資源展開を行なわないため，専門的な資源の蓄積に後れをとるからである．

第3に，世の中が多様化・複雑化するにつれ，「市場の失敗」も複雑化・多様化していく．ところが，政府の活動は，公平を標榜することもあって，画一性を十分に脱却することができないため，多様性・複雑性に的確に対処することが難しくなる．

以上のことから，世の中が多様化・複雑化するにつれ，「政府の失敗」が拡大し，「市場の失敗」を全面的に政府に委ねることは困難になってきている．

8 経営資源を生かしたCSR

「市場の失敗」のすべてを政府に任せることはできないとなると，企業もその一部を担わざるを得なくなる．これが，企業におけるCSR展開の消極的根拠となる．しかしながら，企業がCSRすなわち非営利での社会貢献をすべきだという必然性には，より積極的な論拠を見いだすことができる．次に，このことを明らかにしておこう．

ある分野の「市場の失敗」は，その分野にかかわる経営資源(特に情報とか知識・経験など)を最も多く保有する主体がこれを担うべきであろう．このように考えると，様々な分野において営利企業が「市場の失敗」を克服するためのCSRを展開する主体となり得る，ということが想定できる．「市場の失敗」が生じる様々な分野において，競争に鍛えられた企業は，政府よりも卓越した資源を

保有していることが少なくない．こうした分野では，政府よりも企業が「市場の失敗」を克服するためのCSRを展開したほうが社会的にみて有効かつ効率的である．

上述のことから，CSR展開の必然的根拠が明らかにされたが，同時にそれは次のような条件を満たさねばならない，ということも確認しておく必要がある．

① 企業が非営利的活動を行なう場合，営利活動で得た利潤をその展開の基盤とせざるを得ない．その意味で，非営利活動としての企業の社会貢献は，当該企業の営利活動を大きく阻害するものであってはならず，むしろ，それは，現在の営利活動から相応の制約を受けざるを得ない．

② 上記のごとき制約のもとで，企業が，非営利活動としての社会貢献を効率的かつ効果的に遂行しようとするならば，それは，営利活動での強みを生かし，企業のコアコンピタンス5)が効く範囲で展開されるのが望ましい．

③ 企業の営利活動は，その競争力を維持するため自律的・個性的であることが要請されており，それは各々の企業によって異なり，多様性を帯びている．非営利活動としての企業の社会貢献の展開も，営利活動でのコアコンピタンスを共通基盤とする限り，それは自律的・個性的であり，企業によって異ならざるを得ない．

上で述べた3つの条件は，企業の営利活動におけるのと同様に，企業の非営利活動としてのCSRにおいても，規制や制度化などによって企業が自由度を失うこと，対応のための費用負担が拡大すること，これらを極力避けねばならない，ということを示唆している．

9 経営費用を高めるCSRの制度化

上述では，非営利活動としての社会貢献を企業も展開したほうが合理的だというときの論拠は，それが当該企業の営利活動での強みを非営利活動にも生かすことができる点に求められること，それゆえ，そうした社会貢献活動は，営利活動の資源展開と密接に結びついており，その意味では，余計な費用負担を強いる規制強化や制度化は，営利活動において許されないのと同様に，企業の非営利活動としての社会貢献においても，それを極力避けねばならないこと，この2つを示唆してきた．

---

5) ここでいうコアコンピタンスとは，競争優位な資源で，かつ，範囲の経済が効く資源を指す．この考え方は，Milgrom, P. & J. Roberts (1992) [奥野正寛・伊藤秀史・今井晴雄・西村理・八木甫訳 (1997)『組織の経済学』NTT出版] を参考にした．

ところが，近年，CSRとかコンプライアンスあるいは内部統制などを強力に推進すべきだという識者の大合唱のもとで，企業行動の展開プロセスを規格化し，これを評価・認証しようとする動き，それを法的に根拠づけようとする動きが強まり，このことが企業にかなりの費用を負担させてきている．こうした動きには様々なものがある．たとえば，我が国でもISOによる諸種の認証を受けるのが企業としての格を保証するという認識が一般化しており，この認証取得とそのコンサルティング機関に支払う費用は相当の額になってきている．ある中小企業の経営者は「ISOの評価項目は，企業行動を改善するヒントとはなるが，これによって認証を取得しようとすればいままでのやり方を過度に変えることも要求されるため，その分コストがかかるだけでなく，こうした変更がCSRの遂行にどれほど有効であったかは疑問だ」と述べている．さらに，金融商品取引法第24条の4第4項および第193条の2第2項(いわゆる日本版SOX法)によって，上場企業は，事業年度ごとに，内部統制報告書と監査証明の提出が義務づけられ，さらに四半期ごとに財務報告を提出せねばならず，こうした書類作成のための費用と監査法人に支払う費用はかなり大きな額になると推察される．ほかにも，CSRにかかわる認証制度が多々あり，特に大企業にはこれらを多く取得することによって世の評判を高めようとする動きもある．

上述のような事態は，日本に限ったことではなく，グローバルに生じていることに注意すべきであろう．というよりも，欧米スタンダードのグローバル化だと考えたほうがよいであろう．たとえば，アメリカでは，2001年に生じたエンロン社の不正事件を契機にSOX法が成立し，すでに行なわれていた連結決算・四半期決算などのほかに，より本格的な情報開示を進めるために，内部統制の規格化とその報告・監査を義務づけ，それによってアメリカ企業は多くの費用をこれに割かざるを得なくなったという[6]．こうした方式がグローバル化してきているのである．

以上のごとき規制や制度は，CSR展開の成果を評価するものではなく，規格化されたプロセスに沿って企業が事を進めているかどうかを評価・認証し，これを世に開示することを求めている．端的にいうと，企業の行動を規格化して，これを公表することによって，人々に企業を知らしめ，これによって企業の社会への矜持を促そうとするものである．そのようなプロセスの制度化は，これが度をすぎると，企業固有の資源展開を歪め，その活力を減じてしまう．このことは，企業の強みを生かしたCSRの活性化そのものを阻害することを意味する．まし

[6) この点については実務家の，大文字恭廣(2008)の経験談が説得的である．

てや，そのようなプロセスの制度化によって企業が多くの費用を負担している現実を直視するならば，それは早めに見直されるべきであろう．人間の英知を信じるならば，こうしたCSRの制度化は，それが緩められる方向に事態が変わるかもしれない（事実，アメリカでは，SOX法等が見直され，CSRの制度化の動きもやや弱まりつつあるという）．営利活動やCSR展開は，そのプロセスを規格化・評価するのではなく，その成果を評価すべきである．しかも，その成果は当局が評価するのではなく，原則としてマーケットと社会に任せるべきであろう．もちろん，マーケットと社会が必要とする情報を提供する仕組みが必要とされるが，CSRの制度化にかかわる規制は必要最小限に抑えるべきである．世の人々がこうした良識に早く立ち返ることを期待している．

10 マーケティングが具備するモラル性

さて，識者の中には，規制を必要最小限に止めると，モラルハザードが生じ，企業はCSRどころか反社会的な行為まで犯してしまうのではないか，という懸念を抱く人々が少なからず存在する．そして，こうした人々が規制推進の急先鋒となってきている．事実，企業の不祥事が多々問題となってきている．しかしながら，こうした不祥事を規制によって有意に防ぐことができるという保証もないし，むしろ，規制が度をすぎると，企業の社会的成果が減じられる損失の方が，モラルハザードの発生による被害よりも大きい，という経験則こそが資本主義の展開を通じて人間が得た知恵だと考える．そして，ここでさらに強調したいことは，企業経営そのものが，反社会的行為を行なうと損だとする思想に立ち，それをベースとする行動を展開する性格を有している，という点である．この行動こそがマーケティングである．以下に例示するように，マーケティングはモラルハザードを防ぐ機能を有している．

経済学の教科書では，中古車市場でのモラルハザードとして，一般に売り手は買い手よりも車の品質をよく理解しているため，情報優位にある売り手は買い手の知識不足を利用して良質な車を手元に置き，劣悪な車を売りつけようとする，という事態が想定される．さらに，このような事態になると，中古車市場には，劣悪な車だけが出回り，買い手は良質な車を選択しようとしても結果的には，その逆の選択（逆選択）が行なわれてしまう，という結論を導き出している．そして，これを是正する制度が必要だと主張する論者も少なからず存在する．

しかし，マーケティングの思想に依拠すれば，売り手が欠陥品を買い手に売りつけるとしたら，顧客との関係を壊してしまうので，売り手は決してそのような

行為をしないであろう，と考えることができる．中古車市場において，欠陥品を販売したならば，顧客がそれに気づくはずだ，と捉えるのがマーケティングである．顧客がこれに気づかないとしたら，それは，彼が新車や他の車に関する情報をまったく保有していないときである．このような状況を想定するのは非現実的である．健全な中古車のマーケターは，顧客からの「しっぺ返し」があることを知っているため，欠陥車を売りつけることはしないであろう．

マーケティングの固有性は，第1章に述べたように，市場に関係性を貫き通すことにある．すなわち，現実の市場は，売り手と買い手との関係性がこれを支えないと，その存立はきわめて困難となる．ここには，企業が反社会的行為をしたならば顧客が離反する，という論理がすでに組み込まれているのである．その意味で，マーケティングを重視する企業，言い換えれば「顧客づくり」を重視する企業は，反社会的行為を抑制する自己組織化能力を有しているだけでなく，誤った状況判断によって儲けに走りすぎる（企業は，関係性を重視する一方で，経済的成果の極大化を求めるため，社会的な判断を誤るリスクに常に晒されている）ことがあっても，一方でこれを是正する動きも生じる，という自浄能力も備えているのである．

11 「金づくり」重視型経済とCSRの制度化

ところで，なぜ，CSRと絡めて企業活動を監視・規制する欧米スタンダードが世界を支配してきているのか．それは，株主重視とこれに連動する金融資本主義の台頭によるところが大きい．こうした株主重視・金融資本主義は，端的に表現するならば，金融市場での証券取引を主として展開しつつ「金づくり」を目指すものである．

近年，あらゆる資産を時価で計り，これを証券化し，市場メカニズムの動きに即して，それが売買されることによる経済拡大に期待をもつ動きが強まっている．株価を重視した景況評価・経済力評価もますます重視されるようになってきている[7]．しかし，このような経済拡大は仮需によるものであって，実需との乖

---

7) 株主重視・金融資本主義では株価が高いことを景況のよさの指標としている．しかし，株価が高いことは必ずしも企業利潤を高めることを意味しない．フォン・ノイマン＆モルゲンシュタインの古典的定理から，企業の資産価値を最小にしたとき企業利潤が最大となるという解釈を導くこともできる（Von Neumann, J. & O. Morgenstern (1944)）．したがって，「株価高＝景況良好」という見方は「社会的に構成された現実」の一つかもしれないのである．

離に人々が気づけば,資産価格が暴落して恐慌に陥るという不安定な性格をもっている.こうした仮儒市場では,需要と供給との量的差で決まる証券価格の高低の活用次第でプレイヤーの損得が決まる,という市場メカニズムの徹底化が志向されている.

証券市場のような市場メカニズムが全面的に作用する純粋な市場(関係性を包摂しない市場)では,機会主義を抑制しつつ情報を適切に交流し合うことによって取引を健全化しようとする自己組織化能力はほとんど働かない,ということに注意を払うべきある.一方,通常の実需取引では,市場に関係性を貫くマーケティングの展開によって,上記のごとき自己組織化能力が相応に働いていることも確認しておく必要がある.

上述のことから,証券市場には,機会主義を防ぐための,また,情報秘匿を抑制するための外部からの規制が強く要請されざるを得ない.連結決算・四半期決算,内部統制とその報告に関する義務づけなどは,まさに,機会主義・情報秘匿の抑制を目指すものである.様々な認証制度の推進なども外部への企業情報の公開という性格をもち,これも企業を評価しようとする株主に有効な情報となるであろう.ここで強調しておきたいのは,CSRと絡めて企業活動を監視・規制する制度化への動きは,上記のごとき「金づくり」を目指す株主重視・金融資本主義と比較的強く結びついていることは否定できない,という点である.

12 結論と展望

本章で結論づけられる仮説は,仮需に基づく「金づくり」型経済では,CSRと絡めた企業の監視・規制が強まる傾向がみられ,実需基盤の構築を目指す「顧客づくり」型経済では,マーケティングの展開がそうした監視・規制をあまり必要とさせないであろう,ということである.前者は株主重視・金融資本主義に基づく経済システムであり,そこでは企業を資産として捉えることが重視され,企業間競争は,主として,その時価を高める競争の展開に収束していく.後者は顧客満足を基盤とする経済システムであり,そこではマーケティング競争が重要視される.少なくとも,いままでは,欧米スタンダードのグローバル化という形で,「顧客づくり」型経済よりも,「金づくり」型経済が拡大する方向に世の中が動いてきた.最近,こうした動きを警戒する向きも出てきているが,それはまだ大きな流れにはなっていない.後者の流れが大きくならない限り,経済とか社会は健全にならないのでないか[8].

---

8) この考え方は,大友純(2010)の研究からヒントを得ている.

■第3章■
価値創造とマーケティングの進化

1 はじめに

　価値とか文化は交流によって伝播し、かつ創造され、活性化する。商人の活躍や市場の発達がこうした交流に大きな役割を果たしてきたことは歴史が物語っている。市場がグローバル化するにつれ、さらに顕著に様々な価値や行動規範の交流がみられ、数多くの新しい価値や文化が創造されるようになってきた。すなわち、市場の展開は価値とか文化の創造を促すことはまぎれもない事実である。

　しかし、市場は、そこに提供されるモノやコトが選択される場であって、市場それ自体は人々（以下では主体と呼ぶこともある）の選択行為によって価値・文化を伝播・普及させるだけである。一方、価値・文化は主体同士が直接・間接に関係し合うことから創発され、そうした関係性を基礎として価値創造行為が展開される。したがって、市場で価値・文化が交流し、創造されるのは、そこに主体同士の関係性が築かれるからである。マーケティングが、こうした関係性を通じて価値・文化の創造に深くかかわる、というのが我々の問題意識である。

　すでに、市場で関係性を築こうとするのがマーケティングである、ということを強調してきたが、本章では、マーケティングの史的展開においてこの関係性の位置づけがいままでどう変わってきたか、また、情報化の進展等によってそうしたマーケティングが将来どう進化するか、ということを明らかにしていく。

2 市場型関係性およびマーケティングと価値創造

　すでに述べたように、マーケティングは、企業が市場メカニズムに全面的に左右されることを避けるために、顧客との何らかの関係を築こうとするものである。しかしながら、この関係性は、市場から遮断されることを意味するものではなく、むしろ、それは市場と相互依存の関係にあり、市場と関係性は一方があるから他方が意味をもつ、という関係にあることに注目しなければならない。この

ような関係性を我々は市場型関係性と呼んでいる.

いま一つ,市場では所与の財が売買され,すでに創造されたモノがその価値を実現すべく市場に現れる,ということに注意しなければならない.すなわち,市場そのものは価値を創造する機能は有せず,価値創造は他の仕組みに任せざるを得ない.その仕組みこそが関係性であり,それと市場とが関連づけられて初めて価値創造の基盤ができあがる.そして,こうした関係性の中で,主体同士の直接・間接の接触を契機として様々な価値が創造されていく,と考えることができる.価値はカプリング(異種混合)から生み出される[1]と考えることができ,関係性はこのカプリングの契機を内包しているのである.言い換えれば,関係性は,そうした異種混合を能動的に行なう場を提供することになる.すなわち,市場が選択の場であるのに対し,関係性は創造の場であるといえる.たとえば,あらゆる発明・発見は,それが個人の業績に帰するとしても,それは市場から生まれたのではなく,研究機関や企業などの組織(関係性のモザイクといってよいであろう)をベースにして生み出された,という事実をみても,このことは明らかであろう.

さて,マーケティングは,上述したように,市場に関係性を貫き通すことによって市場型関係性をつくり出すものである.この市場型関係性においては,主体同士の接触によって固有の価値・文化が創り出されると同時に,その関係性そのものが開システムであるが故に,その価値・文化は市場を通じて伝達され,他の関係性と交流し合うことになる.これが,さらに新たな価値・文化を創り出していく.

3 取引コスト理論と市場型関係性概念との違い

ここで,我々のいう関係性は,より一般化すれば,組織という概念にこれを含めることができる.ところで,市場と組織との関係については,かなり前から,内部組織の経済学でいう取引コスト理論[2]によって体系化がなされてきた.ここでは,この取引コスト理論と市場型関係性概念との違いについて検討しておく.

周知のごとく,取引コスト理論の系譜においては,資源の交換を組織内で行な

---

1) 価値は完全なる計画から生み出されるよりも,そこに創発(偶然に意味あることが生じること)が作用することが多い.この創発は,システム論でいえば,「全体は部分の和を超える」(丹羽清,2006,p.47)という論理から生み出される.ここでいう異種混合も創発を生み出す論理そのものである.
2) ここでは,Coace, R. H.(1937),Williamson, O. E.(1975)に始まる伝統的な系譜を指している.

う(たとえば,生産部門と営業部門の間で資源を移転し合う)か,それとも,これを市場で行なう(たとえば,市場を通じて他社から原材料を買う)かは,代替的な選択問題であると捉えて,どちらの取引コストが低いかによって「組織」ないし「市場」のいずれかが選択される,と主張している.

いままで我々が論じてきた関係性は,この取引コスト理論でいえば「組織」に対応づけることができる.また,当然ながら,我々が述べてきた市場は取引コスト理論の「市場」そのものだということも確認できるであろう.

さて,取引コスト理論と比較するならば,我々の立論(市場型関係性を導き出す立論)には次のごとき特徴があることに注目すべきであろう.

第1に,取引コスト理論では市場と組織とが代替関係にあり,当事者はいずれかを選択するものとされているが,我々のいう市場と関係性は代替的ではなく,むしろ相互依存的であり,機能としての違いが重視されている.すなわち,市場は選択の場であり,関係性は創造の場であることを我々は強調している.

第2に,我々のいう関係性は,確かに組織として捉えることができるが,それは,どの程度市場に開いているかによって,差異が識別されていることに注意されたい.マーケティングによって顧客との社会的結合を志向する市場型関係性が最も市場に開いているのに対し,たとえば企業組織そのものは,顧客を外部においていることから,市場に開く程度が相対的に低く,それはマーケティング(市場型関係性の構築)を通じてのみ市場に開く程度を高めることができる,というのが我々の基本的な認識である.

以上を踏まえ,企業組織と市場型関係性との相違について,いま少し議論を進めておこう.企業組織そのものは,選択の場たる市場から専門集団を隔離し,その集団内でのカプリングによって価値創造を目指す場として捉えることができる.市場での短期的な選択に惑わされずに,自律的な立場から価値創造を志向する場が企業組織だと考えることもできる.その企業組織が,なぜ市場型関係性(マーケティング展開の場)を必要とするのか.それは,顧客の意向を価値創造に取り込まざるを得なくなってきているからである.顧客の情報処理能力が高まれば高まるほど,市場型関係性が価値創造に果たす役割は大きくなるであろう.こうした認識が本書の理論展開の基礎となっているのである.

4 実需基盤としての関係性資産

マーケティングの重要な社会的機能の一つは,市場型関係性を通じての価値・文化の創造にある,ということが上述によって確認された.こうした価値・文化

の創造は，それが生活に定着されることを目論んでおり，それは実需の創造を目的としている．この実需創造の基盤となるのが市場型関係性である．すでに第1章でも指摘したように，企業は顧客との関係性を強化する（市場型関係性を強化する）ことによって，生産物を顧客に提案する場を確保し，かつ，顧客の意向を生産に取り込むことによって，これを実需化する確率を大きく高めることができるのである．したがって，有効な市場型関係性が構築されると，それは，強力な実需基盤となり，企業にとっては，これを経営資源（Resource）として利用できる資産（Asset）と見なせるようになる．こうした資産（関係性を資産として見なしたもの）は関係性資産（Relational Asset）と呼ぶこともできる．

ところで，上記のごとき関係性資産は，これを金額で表すことができるであろうか．たとえばブランドを資産と見なすと，これも関係性資産（第4章で述べるように，ブランドは企業と顧客とを関係づける絆と捉えることができる）と呼ぶことができる．ブランド資産（Brand Equity）を金額で表示しようとする傾向が近年強まってきているが，そもそも関係性資産を金額で計ること，また，これを証券化して金融市場で売買することには次のような問題が指摘されてしかるべきであろう．

まず，資産の金額表示は，その固有性を的確に示すことができない．たとえば企業と顧客との間で醸成された関係性は固有の性格を有しており，その固有性を最も有効に活用できるのは多くの場合当事者に限られる[3]．これを単純に価格という数値に還元してしまうと，その固有の価値を隠蔽してしまう恐れをもつ．

いま一つ，後にも強調されるように，関係性に特に重きをおくマーケティングでは思いがけない価値がそこから創発されることが期待される．こうした性格をもつ資産を価格づけによって固定化するのは困難だといえる．

5 関係性マーケティングの台頭

マーケティングは，消費者[4]を顧客として捉え，これに果敢にアプローチしつつ，顧客と好ましい関係を築くことを目的とするものである．それは，顧客志向

---

3) この考え方は，いわゆる「内部組織の経済学」や「取引コスト理論」から導かれる「関係特定的投資」という伝統的な理論を踏まえているともいえよう．関係特定的投資の概念を使って企業のマーケティング行動を説明しようとした古典的名著として，中田善啓(1992)を注目しておくべきであろう．

4) 消費者は，生活の再生産のために消費する主体と，資本の再生産のために消費する主体とに分けられる．前者を家計消費者と呼び，後者を産業需要家と呼ぶ．この点について，上原征彦(1999)pp.26-27で詳しく説明されている．

(消費者志向)と呼ばれ，大きく俯瞰すると，マーケティングは，まさに，この顧客志向を徹底化する方向に進化してきたといえる．

19世紀後半からアメリカの寡占企業が展開し始めたマーケティングの手法は，広告とか販売促進によって需要を刺激しようとするものであった．こうしたマーケティングは，顧客志向とはいえ，製品開発や生産を一つの与件として位置づけ，様々な販売手法を駆使することによって顧客にアプローチするものであった．そこでは，製造・販売されるべき製品が顧客ニーズに本当に適するかどうかの検証はあまり問題にされなかった．すなわち「つくったものを売る」マーケティングであった．そのようなマーケティングを，ここではプロモーション型マーケティングと呼ぶことにする．

アメリカで1900年代初頭を過ぎるころから，上述のプロモーション型マーケティングはその姿を変え始める．すなわち，企業は，市場調査などを行ない，顧客のニーズを先取りし，これを製品づくりに反映させようとした．つまり，消費者の欲求を「開発・生産」にフィードバックしようとしたのである．このことは，ある意味で，画期的なことであった．「つくったものを売る」マーケティングから「売れるものをつくる」マーケティングへのパラダイム転換であった．言い換えれば製品計画がマーケティングの中核に位置づけられるようになったのである．こうしたマーケティングを製品計画型マーケティングと呼ぶことができる．現代のマーケティング理論は，上述の製品計画型マーケティングとして体系化と精緻化が図られてきた．たとえば，4P(Product, Price, Place, Promotion)概念を積極的に取り入れ，製品ごとにマーケティングを管理していこう，というのが現代マーケティングの教科書的パラダイム[5]となっている．

しかしながら，近年，より顧客志向を徹底化する方向にマーケティングが変わりつつある．それは関係性マーケティングの台頭である．

プロモーション型マーケティングにせよ製品計画型マーケティングにせよ，顧客に自社の製品・サービスを受け入れてもらうために，顧客と何らかの関係を築こうとするものであり，その意味で，第1章で述べたように，マーケティングは，当初から市場に関係性を貫こうとするものであった．ただし，プロモーション型マーケティングも製品計画型マーケティングも，そこでの関係性は，自社の製品・サービスを顧客に消費・使用してもらうための手段として位置づけられていた．ところが，現在，台頭しつつある関係性マーケティングの目指すところは，顧客との関係づくりそのものを目的とし，その関係の中で売れる製品の在り

---

[5] 上原征彦(1999) pp. 89-92.

方を見いだし，これを顧客に提供していこうとする点にあるといえよう．

　関係性マーケティングが志向する，顧客との関係は，より相互依存的な，また，より目的的な関係である．顧客が何を欲し，それがどう変化するかを知るには，企業は，何よりもまず，顧客とより効果的なコミュニケーションができる仕組みを築かねばならない．そして，こうした関係性を基盤として需要が創られ，売れる製品・サービスが明らかになっていく，これが関係性マーケティングの基本思想だといえる．ここに至って，マーケティング手法は，「製品・サービスを売る」手法から「関係性を築く」手法に変わりつつあるといえるかもしれない．

　以上みてきたように，マーケティングは，プロモーション型マーケティングから製品計画型マーケティングへと進化してきたが，さらに関係性マーケティングへと進化しつつあるが，こうした進化は，具体的にいうと，顧客との相互作用をより強めようとする方向への進化だといえる．

6 関係性マーケティングの具体的記述

　ここで，顧客と関係性を築き，そうした関係性の中から需要を創り出していく状況を具体的に記述し，関係性マーケティングの理解に資したいと思う．

　最近は商店街の衰退が目立ち始め，多くの商店街において空き店舗が増えつつある．こうした商店街でよく採用される復興策は，空き店舗を集客力のある商業施設で埋めようとする戦略の展開である．しかしながら，そうした戦略はほとんど成功せず，集客力の強化を目指して新しくつくられた商業施設はせいぜい2～3年もてばよいほうである．なぜか．そもそも空き店舗は商業施設の需要に対して供給が過剰だから生じるのであって，空き店舗の発生は需要量に供給量を合わせようとする市場論理の結果である．だから，空き店舗を商業施設で埋めることは，需要量に供給量を合わせようとした動きを停止し，再び過剰供給をもたらすことになりかねない．他と差別化された商業施設であれば成功するという理論はあるが，その実現はきわめて難しい．それは，競争が激化する中で，他と差別化され，かつ，相応の需要量を把握できる商業施設とは何か，という問題について直ちに有効な解を出すことが難しいこともあって，対策上急いでつくられた商業施設はどうしても同質競争に巻き込まれてしまうからである．

　それではどうしたらよいか．商業施設をつくる前に需要を創っておくことである．これからは，おそらく，モノやサービスを具体的につくる前に需要を創る，という戦略が必要になるであろう．そこで，事前に需要を創るためにはどうすればよいだろうか．それは顧客との関係性を築くことに活路を見いだすことであ

る.これが関係性マーケティングの目指すところである.こうした関係性マーケティングの具体例を述べてみよう[6].

　ある商店街に空き店舗が発生した.この商店街では,その空き店舗を埋めないで,そこに机を置き「街のコンシェルジェ」としてこれを機能させることにした.そうすると,いままでに想定しなかった新しい展開が始まった.

　「街のコンシェルジェ」の仕事は,来街者に「この商店街にどんな問題を解決してもらいたいかおっしゃってください,それを解決する仕組みをつくります」と働きかけることから始まった.このような働きかけから意外なことがわかってきた.多くの来街者は「いまのところ他の商店街も利用できるので空き店舗を商業施設で埋める必要がない,むしろ他の商店街がしていないことをしてほしい」と応えた.たとえば30～40歳の主婦であれば「子供を幼稚園に送り迎えする間,家の留守番をしてほしい」,高齢者であれば「家にきて料理をつくってほしい」「枕元で本を読んでほしい」,不器用な人であれば「壊れた電灯を取り替えてほしい」などという生活サービスを商店街に要求していたのである.そこで,「街のコンシェルジェ」では上記のサービスを提供できる人を商店主や顧客からそのつど募集して要望者に紹介するようにした.このようにして商店街と来街者との関係性が築かれていったのである.

　その後,サービスメニューの多様化に合わせ,来街者および商店街従業者の中から選び出されるサービス提供者が組織化され,さらに支払いは地域通貨でなされるようになり,即座に顧客の要望に応えられるようになっていった.ここで,商店街と来街者との関係性はさらに強化され,来街者の側から「この商店街にはこういうビジネスがよい」という提案もなされるようになった.こうした提案から新たな需要が創られ,サービスメニューはさらに充実された.この商店街は,多様なサービスメニューで来街者の需要を創造し,これが商店街の繁栄に結びつき,固有の価値・文化を創り出したのである.

　そうした中で,サービスメニューをよく利用する来街者から「空き店舗をこういう施設で埋めれば我々は必ず利用する」という声が出てくる可能性もある.まさに,施設とそこでのビジネスを決める前に,関係性をベースにして空き店舗を埋める需要が創造され得るのである.

---

6) ここでの記述は,沢田藤司之(2007),中麻弥美(2008)からヒントを得た.

7 個別対応に向けて

　顧客と何らかの関係を築くことは，顧客の顔が見える関係を築くことでもある．マーケティングは，まさに，顧客の顔が見えるべく，その方法論を高度化させてきたといえる．とはいえ，プロモーション型マーケティングと製品計画型マーケティングでは，企業が見ようとしてきた顧客の顔は，個々の顔ではなく，自社が訴求しようとするセグメントに属すると思われる多数の人々を代表する類型としての顔であった．こうした類型としての顔を想定しつつ顧客にアプローチする方法として精緻化されてきたのが現代マーケティングの主流をなすターゲットマーケティングである．そこでは，個々の顧客の顔が実際に見えるわけではなく，また，一人ひとりの顧客に異なった対応（個別対応）をするのではなく，特定の顧客グループ（セグメント）に提案を行ない，また，その反応を見つつ，必要に応じて提案を変えていく，という方式がとられる．これは，個別対応を効率的に行なうことが技術的に困難であったために，実用的に考え出された方法論だともいえるであろう．

　しかしながら，関係性マーケティングでは，顧客との関係づくりにおいて個別対応が強く要請され，これが関係性マーケティングの目指すところでもある，ということを確認しておく必要がある．たとえば，前述の具体的記述でみた商店街のサービスの多くが個別対応であったことを思い出してほしい．サービス経済化が進むとそうした個別対応ビジネスが顕著に拡大すること，また，情報化＝IT化（インターネット等の情報ネットワーク技術の発達と普及）は，個々の顧客の顔が見える個別対応技術を大幅に進歩させること，これらを考慮に入れると，関係性マーケティングの台頭は，こうした個別対応の拡大を視野に入れたものであることにも注意すべきであろう．こうしたことを意識しつつ，次に情報化がマーケティングの進化にどうかかわるかを明らかにしておこう．

8 情報化の概念とコミュニケーション様式の革新

　ここでいう情報化とは，よくいわれる「現在までの社会を工業化社会と呼ぶならば，これからは情報化社会に向けて世の中が変わりつつある」という文脈での情報化と考えてよいが，まず，これを，より具体的に概念化しておこう．

　以降で情報化というとき，インターネットを中核とする情報伝達・処理技術の顕著な進化を背景とする次のようなコミュニケーション様式の革新を指す[7]．

　① **モノからの情報の分離**　あらゆるモノの認識はそのモノに付着する情報

の取得を通じてなされる．こうしたモノに付着する情報の比較的多くの部分をモノから分離させ，モノそのものから離れた時・空にあっても，モノの認識を直ちに容易にできるようにするのが情報化の重要な側面の一つである．たとえば，アマゾン・ドット・コムが，物理的店舗で品揃えできる書籍数の何百倍ものそれを消費者に知覚させることが可能となるのは，まさに，ここでいうモノからの情報の分離の応用そのものだといえる．

② **時・空を超えた情報伝達の即時化**　上記①によって，時間と空間の制約を超えた情報伝達の即時化が達成される．人と人との直接的接触による会話は特定の時と場所でしか成り立たないし，文通によるコミュニケーションの速度は時と場所によって大きな遅れが生じる．ところが，たとえばe-mailを使えばいつでもどこでも直ちにコミュニケーションを遂行することができる．しかも，同時に同じ情報を多数の人に送ることができる（我々が慣れ親しんできた電話も，多かれ少なかれ，即時的であるが，この点では明らかに劣る）．

③ **情報の保全・再現の効率化と合成力の拡大**　上記①と②を背景として，様々な情報をほとんど無限に保存し，それを簡単に再現することができる．このことは，双方向のコミュニケーションを一段と効率化・有効化する．たとえば，電話や人的接触によるコミュニケーションは双方向ではあるが，情報の保存性と再現性に劣るため（人間の情報処理能力の限界を打破できないため），コミュニケーションを緻密にしようとすると何度も連絡を取り合わねばならぬが，これをe-mail等の新しい情報技術でサポートするならば，そうした事態を大きく改善することができる．それだけではない．モノから分離した様々な情報を合成することによって，モノの世界では見ることのできない，新しい形をデザインすることができるようになる．

9 情報化のマーケティングへの影響

以上のごとき情報化の進展がマーケティングにどんな影響を与えるかについて，おおむね，次のことが含意されていると考えてよいであろう．

第1に，消費者が，直ちに広大な市場に接することができる，極端にいえばグローバルレベルでの市場に瞬時に接することができる，ということが含意されている．たとえば，あるスーパーで買い物をしようとすると，消費者はそのスーパーの品揃えの範囲でしか市場に接し得ないが，インターネットで買い物をするな

---

7) ここでの記述はHanson, W. (2000)の研究からヒントを得た．

らば，そうした物理的制約を超えて広大な市場に接することができる．このことは，価格・品質に関する情報を消費者が広範囲に収集できること，そのため，意図しなくても売り手は広大な市場に晒されることを意味している．

　第2に，情報化が進むと，顧客一人ひとりの固有のニーズに適応することが比較的容易になる．リアルの世界では，売り手が各々の顧客に個別対応（個々の顧客にそれぞれ異なった製品やサービスの提供を目指す対応）をすると，時間と労力がかかり，そのことが競争力の低下に結びついていた．たとえば，注文服をつくろうとすれば，まず，我々は仕立てするところに出かけ，型をとらねばならない．そして，その型に合わせて服をつくるのに相応の時間がかかる．服ができあがると何度か試着と修正を施し，やっと我々は好みの服を手に入れることができるようになる．しかも，同時に多数の顧客の注文に対処することはほとんど不可能である．これは，主として，モノから情報を分離する技術が不十分なため，現物がなければ双方向のコミュニケーションが大きく阻害される，という事態から生じる．ところが情報化が進むと，たとえば，多数の顧客に同時に注文服を提供することが比較的容易となる．それは，現物（たとえば生地ボタンなど）を緻密に表現した情報をその現物から分離させ，その情報だけで新たな現物（たとえば完成品としての服など）の形態を再構成することができ，この再構成の過程で多くの顧客に共通に使える部材（たとえば糸，生地，ボタンなど）を識別し，これを量産できるようになるからである．そして，この場合，客数が増えるにつれ，個別対応費用が安くなるという「範囲の経済」が効いてくることがわかるであろう[8]．このように，情報化は，顧客への個別対応を効率化する．

　以上から，これからは買い手の情報量がますます拡大し，売り手の顧客への個別対応力は飛躍的に拡大することが予想される．そして，買い手の情報力と売り手の個別対応力が結びつくことによって，関係性マーケティングはさらに高度化していく．

10 コミュニケーション手段の革新

　第1章で述べたように，マーケティングで展開される広告，ブランド訴求，売場訴求などのコミュニケーション投資は，誰もが無料でこれらに接することができるという意味で，「公共財としてのコミュニケーション投資」だと概念化する

---

8) 「範囲の経済」については，Panzer, J. C. & R. D. Willing (1981) がオリジナルな研究をしている．

ことができる．そして，このコミュニケーション投資は，顧客の消費行動・購買行動を察知し，これに働きかけることができる，という意味での「顧客の顔が見える」仕掛けづくりの一環として行なわれるものである．しかしながら，いままでの「公共財としてのコミュニケーション投資」は，テレビ・新聞・ラジオ・ダイレクトメール・店舗・売場などを媒体としており，先に述べた「モノからの情報の分離」・「時・空を超えた情報伝達の即時化」・「情報の保存とその再現の効率化および合成力の拡大」に大きな制約が課せられており，顧客志向の徹底化に向かうマーケティングの進化に限界を課すものであった．その限界は，主として次のように表現できるであろう．

第1に，消費者が接する市場範囲に物理的制約が課せられる（たとえば，消費者は特定のテレビ広告や特定の店舗からしか製品・サービスの確定的な情報を得られない）ため，企業は，そうした制約の中にいる消費者しか具体的に捉えることができず，その意味で情報量が相対的に少ない消費者を想定したマーケティングに終止してしまう恐れがある．

第2に，双方向で緻密なコミュニケーションをスピーディかつ効率的に展開できないため，購買行動等を起こす前に個々の消費者のニーズを的確に察知することが比較的困難であり，結局は，彼らが起こす購買行動等の集計を反応として読み取ることしかできない．たとえば，新製品を市場に導入して，テレビ広告や店頭プロモーションを展開した後に，POSデータ等により，自社製品等がどの程度買われたかを読み取ることによって消費者ニーズを確認することになる．つまり，必要な情報を直ちに得られないので，実際の購買行動等に刺激を与え，その反応からしか消費者ニーズを把握せざるを得ないのである．

ところが，上述のごとき2つの限界を突破するのが情報化である．インターネットに代表されるデジタルネットワークの発達は，誰もが時・空を超えて迅速な双方向コミュニケーションを展開することを可能にする．このようなデジタルネットワークという媒体への投資も「公共財としてのコミュニケーション投資」である．パソコンやモバイルを通じて誰もが無料で企業と連絡することができることに注目するならば，それは明らかに公共財であることがわかる．ただし，このデジタルネットワークのような公共財は，従来の媒体と異なり，同一の媒体を皆が共同利用するのではなく，各々が，それぞれ，多かれ少なかれ，異なる媒体を個別に使用できる，という意味で飛躍的に進化した公共財だということを忘れてはならないであろう．たとえば，百貨店の店舗のようなものをイメージすると，従来のリアルのコミュニケーション手段としての百貨店の店舗であれば，そこに出かけるすべての顧客は同じ店舗に出かけ，これを共同使用することになるが，

パソコンやモバイルによってインターネットにアクセスすることは，個々人が同じところにいかなくても好きなときに好きな場所から，しかもピンポイントで公共財を利用できることを意味する．場合によっては顧客個人に役立つ情報を得ることもできる(たとえば，アマゾン・ドット・コムの協調フィルタリングがこれに該当する)．比喩的に表現すると，顧客のすべてが百貨店の同じ店舗にアクセスするものの，その中に顧客の各々が自分だけのために利用できる個室が無限にある，という場に接することと類似している．すなわち，情報化は，有効な個別対応を容易にするような方向に「公共財としてのコミュニケーション投資」を高度化し，このことがマーケティングを進化させる根本的な駆動力の一つとなっていくのである．

情報化をベースとする上述のごとき「公共財としてのコミュニケーション投資」の革新は，個別対応と社会対応との相互作用を顕著に強めていくであろう．言い換えれば，個の成果を社会に普及させるスピード，社会の動きを個に反映させるスピードを飛躍的に高めるに違いない[9]．このことが価値や文化の創造に大きく貢献していくことになる．

11 操作型マーケティングとその概念

我々は，マーケティングの進化を識別するメルクマールとして，すでに「プロモーション型マーケティング→製品計画型マーケティング→関係性マーケティング」という変遷尺度を採用し，これからは関係性マーケティングの比重が高まり，情報化を背景として，その高度化(個別対応力の向上)が飛躍的に進むことを強調してきた．上記の尺度は，関係性の構築・維持をどれほど目的化するか，という点からみたスペクトルであったといえる．

ここで，マーケティングの進化の説明にかかわる尺度として，上記のほかに「操作型マーケティング」vs「協働型マーケティング」という尺度があることを述べておこう[10]．

さて，現在に至るまでのマーケティング・パラダイムは，これにあえて命名するならば，操作型マーケティングであったということができる．ここでの操作型マーケティングとは，売り手が買い手に向けて製品・サービス等の提案をし，買

---

9) こうした情報波及のスピード化は，一方で，非道徳的行為を大衆の前に晒して喜ぶ，などといった社会的デメリットを生み出すこともある．これは，新しい価値・文化が創造されるとき，付随的に生じる必然的現象でもある．

10) 上原征彦(1999) pp. 11-15.

い手にその提案を受け入れてもらうために，提案そのものの変更も含め様々な方法を動員し，買い手を操作しようとするものである．ただし，この操作は，実際には，買い手が売り手の意図どおりに反応することを売り手が期待して買い手に何らかの刺激を与える，という意味での操作であり，売り手がその反応を買い手に直接に強制するわけではなく，また，それは，自社と競争他社を含む多数の提案集合の中から自社のそれを選んでもらうために展開される，買い手に向けての一連の操作であり，この意味では「選択の自由」を前提とした操作である．マーケティング戦略の研究においては，どのような製品・サービスの提案が買い手に受け入れられるか，どのような広告をすれば買い手に好まれるか，どのようなチャネルを使えば買い手を集客できるか，などということについての定石（法則）を探り出すことに精力が注がれてきた．こうした考え方は，買い手を一つの客体と見なし，売り手が買い手にどのような刺激（原因）を与えればどのような反応（結果）を得るか，という因果論理を明らかにして，その論理を買い手の操作に使おうとするものである．この考え方は，一方で，「操作仮説の設定……実施結果による検証」という意味での客観化も追求可能であり，だからこそ，マーケティングはその科学化（論理実証主義に基礎をおこうとする科学化）を目指すことができたともいえる．

　以上のことからも推察されるとおり，操作型マーケティングは，「プロモーション型マーケティング→製品計画型マーケティング」という潮流，言い換えれば，直近に至る過去の潮流において花開いた科学的方法論だといえる．とはいえ，この手法は，多かれ少なかれ，近年台頭してきた関係性マーケティングでも採用されざるを得ない，ということにも注意されたい．よく考えると，操作型マーケティングは，何よりもまず提案から開始されるところにその特徴があり，関係性マーケティングでもこの提案が重要視されるからである．すでに掲げた商店街の具体的記述でも，「○○というサービスをしてほしい」という要求は顧客から出されたものであるが，具体的な提供方法とか支払方法は販売のプロとしての売り手（商店街）からまず提案され，それに顧客がどう応えるかによって修正・採用が決められていた．この修正・採用を決定するのは売り手たる商店街であった．そこでは，個別対応の柔軟さを操作型マーケティングに取り入れ，その適応力を高めたといえよう．その意味で，これからは操作型マーケティングの弾力化が進められていくものと考えられる．

12 協働型マーケティングとその概念

　上述のごとき操作型マーケティングの弾力化が一方で進むかたわら，関係性マーケティングの発展として位置づけられるものの，情報化とそれに伴う消費者の情報量の拡大を背景として，従来とは異なる新しいタイプのマーケティングも台頭してくることが予想されている．これを協働型マーケティングと呼ぶことにする．以下でこれについて論じてみよう．売り手が，製品・サービスの有り様を買い手に提案する前に，買い手と交流できる仕組みを築き，その仕組みの中で売り手と買い手とが協働する形で固有のコンセプトを創造し，そのコンセプトを実現する提供物を売り手が買い手の意向を取り入れつつ生産・調達する，というのが協働型マーケティングである．いうなれば売り手と買い手とが同時に意識的に協働作業を展開して価値を創造することになる．この方法は，従来は，産業財の分野で，売り手と買い手との共同製品開発などという形で実施されてきているが，消費財ではきわめて新しいタイプとして位置づけられるであろう．

　従来の消費財のマーケティングでは，売り手は，提供物の市場適合を図るために，様々な知識を動員して買い手にこれを提案し，買い手に受け入れてもらうために多くの操作手段を動員してきた．協働型マーケティングという，この新しいマーケティングでは，買い手に提供物を受け入れてもらうのではなく，買い手と一緒にその価値物を創造していくことになるのである．

　そして，上述のごとき協働型マーケティングは，情報ネットワーク技術の発達とその活用を背景として初めて，その有効かつ効率的な展開が実現される，ということも知らねばならない．このマーケティングは，本質的には，売り手と買い手との双方向コミュニケーション，売り手による買い手への個別対応，という次元で説明することができる．売り手と買い手とが直接に対面している（肌が触れ合う距離にある）ときは，双方向コミュニケーションに対処することは比較的容易であるが，直接に対面できない（実は，ビジネスでは「直接に対面できない」ことのほうが多い）ときは，そのままではこれに対処することが難しく，情報ネットワーク技術の発達とそれによるサポートが必要とされる．また，個別対応を効率的かつ効果的に展開していくには，製品・サービスが多様化すればするほど，1品種当たりのコストが安くなる，という意味での「範囲の経済」が徹底的に追求されねばならず，この追求には高度化された情報ネットワーク技術の駆使が必要となる．すなわち，この意味からすると，協働型マーケティングは，情報化社会が本格化するにつれ，花開くマーケティングであるといえる．

13 協働型マーケティングの具体的記述

　上記の協働型マーケティングでは，消費者は自らの生活情報をベースとし，企業は保有する資源をベースとしつつ，双方が，それぞれ，相手の機能に依存しつつ，新しい価値を協働して創り出すことになる．以下にこれを具体的にイメージしてみよう．

　あるアパレルメーカーでは，近い将来，次のような協働型マーケティングの展開が可能であるという予測をしている[11]．

　ある女性が，パーティー用のスーツをつくるために，自宅でパソコンを利用してアパレルメーカーのしかるべき部署に連絡をすると，その女性のパソコン画面に，どんなスーツをイメージしているか，どんなデザイナーを望むか，などという質問が表示される．女性がそれに答えると，画面上に，○月○日○時に○○工場にいる○○デザイナーと連絡をとりなさいと表示される．その指示に従って再び当該パソコンで連絡をとると，工場にいるデザイナーは，スーツのいくつかのパターン（色，柄，サイズなど）をパソコン画面に示しつつ，その女性と交信しながら，実際のスーツの仮縫いまで画面上に示してくれる．もちろん，パソコンネットワークを通じて女性とデザイナーとの間で様々な応酬がなされ，画面上で色・柄・サイズなどについての決定に向けて協働作業が進むだけでなく，実際に工場での裁断や縫製が実施される状況も画面に映し出され，それを女性が見て注文をつけることができる．さらに，どのようなスーツがよいかが決まると，それが自宅に送り届けられるが，女性は，そのスーツの肌触りなどを検品しながら，再びパソコンを介して同じデザイナーとコミュニケーションをとることができる．ここでは，デザイナーと女性が今まで想定していなかった新しいタイプのスーツがつくられることも少なくないであろう．まさに想像を超えた新しい価値が生み出される，創造的な新しいマーケティングが展開されたことになる．

14 2つのマーケティングの共存と相互作用

　ここで強調しておきたいことがある．それは，将来，協働型マーケティングはその拡大が見込めるものの，操作型マーケティングは消滅せず，より効率化・弾力化された形で生き延び，両者が併存するようになる，ということである．以下でこの点を述べておく．

---

11)　上原征彦(1999) pp. 279-291.

消費者は，多くの場合，多様な選択肢を受け入れ，かつ，バランスのとれた判断と行動を展開する．それゆえ，消費者は，協働型マーケティングのみを活用することはないであろう．協働型マーケティングでは消費者は多大な情報処理をしなければならなくなる．それに比べ，操作型マーケティングでは情報処理が少なくてすむ．したがって，創造に参加する意欲を強めるような購買のもとでは多大な情報処理をいとわないが，そうでない購買においては情報処理をできる限り少なくする，というような判断と行動が採用され，前者において協働型マーケティングが，後者において操作型マーケティングが利用されることになるであろう．たとえば，ファッション品および住宅など探索努力・情報処理が多大に必要とされる財においては，消費者は，その創造に参加するために，積極的に売り手との協働作業を試みるであろうが，洗剤およびボールペンなど探索努力・情報処理がそれほど必要とされていない財については，陳列・提示された多様な商品の中から好きなものを選択できる，といった利便性(情報処理の効率化)を求めることになるであろう．

さらに，企業は，操作型マーケティングと協働型マーケティングを併用し，その相互作用から生み出される新たな価値の創造に期待するようになるであろう．たとえば，食品メーカーは，見込み生産によって一般加工食品を消費者に提供する(操作型マーケティングを展開する)ほかに，消費者と協働できるネットワークシステムをつくり，消費者と一緒に固有のグルメ食品を創造する(協働型マーケティングを展開する)ようになるのであろう．ここで重要なことは，後者が前者に大きな影響を与える，という点である．この例でいうと，企業は，グルメ食品を創造するネットワークシステムを通じて新しいコンセプトを把握することができ，それを一般加工食品(見込み生産)の新製品開発に生かすことができるようになるはずである．まさに，協働型マーケティングと操作型マーケティングを併用する枠組みが効果的に作動し，新しい価値創造を誘引する確率を顕著に高めていくことになるのである．

15 商人と民人との境界の変化──我々のマーケティング史観のラフスケッチ

人間はビジネス主体と生活主体に分けることができる．多かれ少なかれ人々は両方の人格に関係しているが，機能的には両者は明らかに異なるとされてきた．しかしながら，我々は，いままで述べてきたようなマーケティングの進化に伴い，両者の境界が希薄化しつつあることに注目している．本章の最後にあたり，かなりラフではあるが，このことに関して俯瞰しておきたい[12]．なお，以降で

は，ビジネス主体を商人，生活主体を民人と呼ぶことにする．

　産業革命が本格化するまでは，総じて村落共同体における自給自足経済と関係依存型取引が一般的であった．ここでいう関係依存型取引とは，定期的に民人が集まる市(いち)で祭りや懇親などがなされ，そうした関係性をベースにして交換がなされることを指す．そこでは市場メカニズムが取引を規定するというよりも，民人同士の関係性そのものが取引を誘発し，民人の能力に則した取引が行なわれた．一方，こうした村落共同体の余剰生産物が大都市に集められ，そこに売買のための本格的市場が形成されてきた．そうした市場では，交換が民人同士の関係性によって規定される村落共同体とはまったく異なり，商人の間で，いわゆる市況とか地域差などを考慮に入れた経済計算に基づく交換が行なわれ，ここでは売買差益から得られる利潤の極大化が徹底的に志向された．そこでは，安く調達できる地域から高く売れる地域に商品を移転させる行為，商品を安いときに買って高いときに売る行為が主として行なわれ，売買差益をできる限り多く獲得するために策を練る行為が展開された．こうした差益型利潤獲得行為が，村落共同体の各々を経済的につなぐ機能を担っていたといえる．

　上述のごとき市場で利潤を得ようとする商人は，村落共同体で生活する民人とは異なる専門的な知識・能力をもつ人々であった．商人は，リスクを覚悟して市場の動きに賭け，そこから差益型利潤を得ようとする，いわゆる儲けの玄人であり，村落共同体の関係性によって支えられ，経済的リスクを負わない交換を行なっていた民人とはまったく異なった性格を有する人々として捉えることができる．それゆえ，一般の民人は市場で取引できず，市場は，むしろ，特定の資格を有する商人が立ち現われるコミュニティとしての性格をもっていた．たとえばギルド，自治都市とその同盟（例：ハンザ同盟など）といった団体はそうした商人コミュニティの性格を色濃く有していた．

　商人コミュニティたる市場では，各々が利益の獲得を目指す行為が主に展開され，商人は互いに鎬(しのぎ)を削っていた．売り手も商人，買い手も商人という取引が主として行なわれたため，もちろん，そこでは顧客志向という思想はほとんどみられなかった．とはいえ，機会主義の横行によって取り返しのつかないコンフリクトに至るのを避けるために，相応のルールが設けられた．個々の取引での契約もこのルールに基づいていた．そのようなルールを理解してこれをビジネスに活用できるためには専門的な知識と経験が必要であり，商人ではない民人が市場で取引するのはきわめて危険であり，また，ほとんど不可能であった．

---

12)　本節での記述は，林周二(1999)の研究からヒントを得ている．

上記のごとき商人は，市場で玄人として冷理な，生き馬の目を抜くような行為を展開していながら，商取引をしないときにはよき民人として生きることを信条としていた．たとえば，儲けた金で寄附や慈善事業を行ない，村落共同体の関係性の展開に貢献すべく努力した．商人としては，ルールに従って取引相手と折衝している限り，結果として相手が窮地に立っても仕方がない，という冷酷な行動を展開する一方で，民人としては村落共同体の慣習を守り，その発展を積極的にリードしようとしたのである．すなわち，比喩的にいえば「冷たく儲けて温かく使う」というのが商人の美徳であった．こうした商人型美徳が展開され得たのは，商人と民人との境界がはっきりしていたからである．

　ところが，市場が普及し，伝統的な村落共同体の慣習に基づく交換が縮小し，市民社会が一般化していくにつれ，市場システムが普及してくると，民人も市場で生活用品等を調達せざるを得なくなる．たとえば，我々は，現在，ほとんどの生活用品をスーパーマーケット，コンビニエンスストア，百貨店，専門店などで購入しているが，いずれも市場を利用しての買物である．このとき，民人はかつての関係依存型取引では生活資材の調達ができなくなるし，また，商人も従来の差益獲得行為を展開するだけでは民人の生活論理に適応できなくなる．そこで，商人と民人を繋ぐ新たな関係性の構築が要請されてくる．これに応えるのが市場型関係性の構築であり，マーケティングの展開であった，と我々は考える．このようにして，民人を巻き込む市場の普及はマーケティングの発展に支えられてきたのである．それは，市場メカニズムの活用だけでは量的需給マッチング（言い換えれば形式論理上の需給マッチング）しかできないので，質的需給マッチングを実現するためには，顧客と関係性を築くことが必須となるからである．そうした関係性は，伝統的な村落共同体でのそれとは異なり，顧客の欲求[13]に売り手がマッチしていくための関係性であり，これが市場に貫き通されるようになると，市場は商人だけのコミュニティではなく，民人も含むそれになる．マーケティングの発展によって顧客志向が強まってくるにつれ，市場において従来の差益獲得行為を展開することは必ずしも商人に大きな利益をもたらさなくなる．むしろ，従来の差益獲得型商人ではなく，顧客に利益をもたらすマーケティング主体が相応の利潤を確保できる，という思想と仕組みが要請されてくる．そうなると，「冷たく儲けて温かく使う」という商人型美徳は，「顧客の欲求に沿って儲け

---

[13] どんな商品が選択されるかの研究は実に多いが，欲求とか欲望そのものの研究は意外と少ない．ここでは，欲求・欲望は，生活そのものから生み出されるもの，したがって文化や価値に大きくかかわるものと考えている．欲求・欲望に果敢に挑んだ研究として，大友純（2003），黒石晋（2009）が注目される．

る」というマーケティング型美徳に変容していくことになる．

　以上の記述は，比較的長期にわたって歴史を眺める限り，商人と民人との境界が希薄化してきたことを物語っている．現代では，売り手（商人）も生活者（民人）の声に耳を傾けざるを得なくなってきているし，また，情報化の進展によって生活者も売り手の様々な行為を見て取ることができるようになっているのである．すなわち，商人の行為が民人からよく見え，また，前者が後者に大きく規定される方向に進んでいるのである．これは，情報化が進むにつれ，協働型マーケティングの展開を促す流れと軌を一にしている．

　これからはますます情報化が進むし，これによって上記の流れはさらに強められていくであろう．そればかりではない．生活者の情報量とその処理能力が拡大するにつれ，ネットオークションなど生活者同士が商取引を展開することも多くなってきている．まさに商人と民人の境界がますます希薄化するだけでなく，果ては両者の区分がほとんどなくなる方向に事態が進むことも予想できる．こうした動きの中で，民人同士の市場型関係性も多く生み出され，これを介して新しい価値や文化が創造されていくようになるであろう．

第4章

ブランド力・共同体・文化創造

1 はじめに

　マーケティングにおけるブランド研究は，特に我が国においては，一部[1]を除くと，心理学等を踏まえた消費者行動論で一つのメインストリームが形成されてきたといって過言ではない．この種の研究では，消費者はどんなブランド要素をどのように認識し，これをどう評価するか，ということについては多くの成果が蓄積されてきたといえる．しかし，その反面，こうした成果の多くは知覚符号化理論に還元される性格をもち，ブランド固有の理論構築は必ずしも十分になされたとはいえない．そのため，ブランドがどう評価されるか（これは，製品はどう評価されるか，というときの製品をブランドに置き換えたにすぎない），という一般的な製品評価・商品選択の分析に終始した傾向が強くみられ，ブランド固有の社会的現象とその生成については軽視されてきたといって過言ではない．

　本章では，上記のメインストリームとは異なった方向を模索し，経済学で培われてきた契約理論と，言語学や記号論を踏まえた象徴の効果に注目しつつ，これに関係性の概念を結びつけた理論の構築を目指していく．

2 本章での主たる論点

　ここで，ブランドをどう論じるべきかについて，2つの次元を示しておく．一つは，ブランドは取引の特定化を促すものであるため，売り手と買い手を繋ぐと

---

[1] たとえば，数ある日本のブランド研究の中で石井淳蔵(1999)の作品は異彩を放っているといえる．ブランドの固有性を自己言及に求めている点は我々の見解と相通じるところがある．なお，心理学的アプローチからのブランド理論に触発されつつも，経営におけるブランドの重要性に注目する研究も現れ，最近は特にこの傾向も強くなっている．こうした研究の牽引力となった作品としては，田中洋(1998)，小林哲(1999)の2つが注目されるであろう．

いう垂直的関係にかかわっている．つまり，こうした縦の関係においてブランドがどのような役割を担っているか，ということが問われなければならない．いま一つ，ブランドは，第2章でも述べたように，誰もが無料で想いを込めることができる公共財である．このことは，ブランドが，買い手同士の水平的関係をつくり出す一翼を担っていることを意味している．この横の関係も視野に入れたブランド理論が構築されねばならない．

　まず，縦の関係について，売り手と買い手は，各々が利己主義に依拠せざるを得ないにしても，スムーズな契約による取引の実現を志向している．この契約の実現にブランドが大きな役割を担っている，と考えることができる．つまり，売り手と買い手とが，情報不完全性や限定合理性のもとで，そうした契約をスムーズに締結するためには，共通の文脈に依拠した両者の対応が必要とされ，こうした文脈づくりの一翼をブランドは担っていると見なすことができる．この文脈づくりには，売り手と買い手とが依拠する文化の共通性を探り出そうとする志向，あるいはこれを創造しようとする意欲が大きく影響する．これにブランドの象徴的役割が大きく作用する．

　次に，横の関係に着目すると，買い手とブランドとの関係は，決して個人とブランドとの関係だけでは説明できず，むしろ，他のどんな買い手がそのブランドにどう対応しているかについて当該個人がこれを強く意識することからブランド固有の現象が生ずる，と考えることができる．このことは，ブランドを一つの絆としてある種の準拠集団が形成される，という認識を可能にする．ここでいう準拠集団はコミュニティあるいは共同体の一種と捉えることができるため，以降では準拠集団に代えて共同体という用語を使うこともあるし，共同体の研究にかかわる論理を活用することもある．こうした共同体では，何らかの象徴がつくり出され，その象徴が共同体を形成するための証しとして機能すると同時に，共同体を維持・発展させる文化的基礎ともなりうる．ブランドはそうした象徴として位置づけられる．

　一方，ブランド力とは何か，強力なブランドをつくるための基本的方法論をどこに求めるか，ということは実務的にもきわめて興味深いテーマである．実は，このテーマと上で述べてきたこととは密接に関連している．結論的にいえば，ブランド力の源泉は，オリジナリティの創造とその訴求にあるが，このオリジナリティこそ共同体の絆であり，ブランドはその象徴として機能するのである．

3 ブランドの象徴作用

　ブランドは，上述のように，売り手と買い手との縦の関係，買い手同士の横の関係で理論化できる，というのが我々の主張であるが，この議論に入る前に，ブランドには象徴作用という重要な機能が内在していることを指摘しておかねばならない．

　ブランドは，商取引の対象を特定化するための記号，あるいは売り手とその製品の固有性を明らかにする記号であり，それは，周知のごとく，取引や売買の効率化を促す．しかし，ブランドは，それが人々に認知されると，単純な記号にとどまらず，象徴としての役割を担い，これによって人々の関係は意味的に自己組織化していく傾向をもつ．

　ブランドは，売り手が自己の製品・サービスをコンセプト化し，これを買い手に訴求するため，そのコンセプトを記号化して表現したものである．それは製品の物理的形態の表現にとどまらず，むしろ当該製品を消費する者にとっての意味・意義・価値を表現することに重きが置かれることになる．また，そうした表現は，長い説明ではなく簡単な記号化が志向される．この記号化に使われるのが換喩（説明したい事象の一部を強調して表現すること）や隠喩（説明したい事象を別の事象で表現すること）である[2]．

　こうした換喩化・隠喩化によってつくられた記号は象徴として機能することになる．このような象徴としてのブランドは，売り手の製品・サービスを特定化しつつ，これを指示するものではあるが，この指示方法が感情的訴求を含むため，また，それが強制的なコードによるものではないため，人々の当該ブランドへの知覚・解釈を多義化し，これを膨らます作用をもつ．しかし，この多義化は無限に拡大するのではなく，一つの回帰線の周りを揺らぐ偏差の範囲にとどまるであろう．なぜならば，ブランドを認知する人々は，共通の表出（共通のメッセージと共通の製品・サービス）に接し，また，その各々は，そうした共通表出に他の人々がどう対応するかを強く意識した対処を展開するからである．とはいうものの，偏差の範囲で多義化した知覚・解釈は，回帰線の方向に沿いつつも，それらは互いに結合することによって新たな情報を不断に創造していく．

　上述のことは，ブランドが，人々がこれを知覚・解釈する際のコンテクスト（共通文脈）として機能すると同時に，そうした知覚・解釈を創造的に活性化する

---

[2] 本章での換喩および隠喩にかかわる議論の展開は，Leach, E.(1971)［青木保・宮坂敬造訳(1981)『文化とコミュニケーション』紀伊國屋書店］の研究の文脈からヒントを得ている．

役割を果たす，ということを物語っている．この創造的活性化は，ブランドの知覚・解釈の多義化とその交流を介して，ブランドと人々の意味的結びつきの変容とそれに伴う文化創造を促す．これをブランドの象徴作用3)と呼ぶことができる．

すなわち，ブランドに接する人々は，たとえ各々が直接に対面しなくても，意味的に結びつくのである．しかし，その態様は一定にとどまらず，知覚・解釈の活性化に伴って自己組織的に変わっていくことになる．

4 市場型関係性についての若干のレビュー

さて，まず，ブランドについての縦の関係(売り手と買い手との関係)の議論に入っていこう．この縦の関係は，第1〜3章ですでに論じてきた市場型関係性として捉えることができる．ここでは，この市場型関係性について簡単にレビューしておこう．

マーケティングは，企業が市場メカニズムに全面的に左右されることを避けるために，顧客との何らかの関係を築こうとするものである．顧客と「市場を超えた」関係を築くことによって，市場メカニズムからの影響を極小化し，独自の意思を顧客に受け入れてもらうことをマーケティングは予定しているのである．まさに，マーケティングは，市場に関係性を貫き通そうとするものであり，これがマーケティングの本質的性格の一つを成すと考えることができる4)．

しかしながら，上述のごとき関係性は，市場から遮断されることを意図するものではなく，むしろ，市場と相互依存の関係にあり，一方があるから他方が意味をもつ，という関係にあることに注目しなければならない．たとえば，企業が，消費者を他社ブランドから自社ブランドにスイッチさせ，自社との関係性に取り込むことができるのは，市場が存在するからであり，また，我々がブランドを通じて容易かつ気楽に特定企業と関係をもとうとするのは，市場を介していつでもその関係から離脱できる，ということをあらかじめ知っているからである．これを我々は市場型関係性と呼んできたのである．

とはいえ，上述のごとき市場型関係性における売り手と買い手は，互いが意味

---

3) ここでいう象徴作用に着目した古典的な研究として，Whitehead, A. N.(1927)[市井三郎訳(1996)『象徴作用他』河出書房新社)が注目される．なお，象徴作用は，ブランドが自己組織性をもつ，ということも示唆している．ここでいう自己組織性とは，因果関係を自己で調整・創造できる，という性質を指している．自己組織性についての古典的名著として，今田高俊(1986)を挙げることができる．

4) 上原征彦(2002)．

を認知しない関係で結びつくゲゼルシャフト(集合体：たとえば，市場メカニズムで多くの参加者が自動的に，顔が見えない関係で結びついている関係)とは異なり，互いの関係を意味的に捉えようとする．それは，売り手と買い手の各々は，自己の戦略・世界観のもとで取引を位置づけつつ，互いに共通性を見いだそうとするからである．だからこそ，売り手も買い手も市場メカニズムを利用して儲けることを志向しつつも，これを超えた関係を築こうとするのである．

5 縦の関係(売り手と買い手との関係)とブランド

上に述べたような，売り手と買い手との縦の関係，すなわち市場型関係性の構築・維持にブランドは大きな役割を果たしている．

売り手と買い手との間には，様々な記号が設定される(商品仕様の表現，ルールの表現など取引には多数の記号が設定される)が，まず，これをどう設定するかに関して，両者の関係にかかわる意味づけが与えられる．たとえば，商品仕様は売り手と買い手の美的感覚が一致するものにしたい，という意味づけが与えられるように商品仕様が決められるかもしれない．また，売り手と買い手は，その記号から特定の意味を読み取ろうとする．たとえば，決められた商品仕様は両者の品位を高めるにちがいない，という意味を両者が商品仕様から読み取ろうとするかもしれない．こうした記号のうち最も重要な役割を担っているのがブランドだといえる．なぜならば，ブランドは，様々な取引記号がもつ，最も多くの情報を縮約して，これを象徴として表現することができるし，取引当事者もこれをブランドに求めるからである．

上述のごとき象徴への意味づけとその読み取りは，市場型関係性の充実に伴って，動的かつ自己組織的に豊富化されつつ統合されていく．たとえば，売り手と買い手との間に良好な関係が新たに築かれたとすると，彼らは，その良好さをブランドに意味として体化させようとするであろう．また，彼らは，良好な関係の証しとしての意味をブランドから読み取ろうとするであろう．こうしてブランドは自己組織的に意味を取り込んでいく．

上記のことは，一方で，ブランドの意味が豊富化していくにつれ，それは関係性の実質的充実を当事者に知覚させるようになり，彼らはブランドを信頼することによって，いわゆる契約の不完備性[5]に惑わされずに，取引の効果を上げるこ

---

5) ここでの議論にかかわる契約理論の優れた研究としては，Salanie, B.(1997)[細江守記・三浦功・堀宣昭訳(2000)『契約の経済学』勁草書房]を挙げることができる．

とに集中できるようになる，ということを物語っている．すなわち，ブランドは，当事者同士が信頼し合う文脈づくりを促進しつつ，取引における情報処理を効率化するのである．

6 横の関係（買い手同士の関係）とブランド

次に，ブランドが横の関係（買い手同士の関係）を創り出す契機となることを明らかにしておこう．ブランドは，売り手と買い手とを結びつけるだけでなく，多くの買い手を一つの文脈に結びつける記号として作用する．買い手個人とブランドとの関係だけではブランドは十分に機能せず，むしろ他の多数の買い手がそのブランドにどう対応するかについて当該個人がこれを強く意識することよって，ブランドは固有の機能を発揮することになる．すなわち，一つのブランドを絆として，売り手と買い手が結びつくだけでなく，これに多数の買い手が関係づけられ，そこにブランド固有の現象が生じてくる，ということに注目すべきだ．

ブランドの象徴作用を通じて，売り手を含めた多数の買い手が結びつく準拠集団が形成され，そこでは，売り手および多数の買い手は，互いに直接に触れ合うことがなくても，ブランドという象徴を通じて意味の交流を行なうようになる．その交流は，ブランドを介して結びつく多数の買い手の各々が他の買い手を意識した行為の展開を志向すること，また，売り手はそうした買い手の動きを察知したコミュニケーション戦略を展開しようとすること，この2つを契機として作動していく．こうした意味の交流に注目すると，その準拠集団は，無意味に結びつくゲゼルシャフト（集合体）ではなく，売り手と買い手との縦の関係と同様に，ゲマインシャフト（共同体）としての性格を内包しているといってよい．しかしながら，一方で，これも売り手と買い手との縦の関係と同様に，買い手同士による横の関係も，人々が直接に触れ合うことによる様々な縛りから解放されており，その点において，伝統的村落共同体のごときゲマインシャフトとは異なるということも明らかだ．

7 共同体とブランド

以上，マーケティングが市場型関係性を基盤として展開されることを背景として，買い手と売り手との縦の関係，買い手同士の横の関係の双方が結びついて，ブランドを絆とする共同体が生成されることが明らかにされた．ということは，一つのブランドを絆として売り手および多数の買い手による統合的な共同体が一

つできる，ということでもある．以下では，このことを踏まえた議論を展開してみる．

社会学者として独自の理論を構築している真木悠介は，ゲマインシャフトを即時的なものと対自的なものとに分け，前者の成員が共同体の縛りに埋没しているのに対し，後者の成員は自覚的・主体的に共同体での交流を生かそうとする，ということを述べている[6]．ブランドを絆とする共同体は真木のいう対自的なゲマインシャフトに類型化されるであろう．ブランドを絆として形成される関係性は常に市場に晒されており，その意味で退出・離脱がきわめて容易な開システムである．この開システム内のすべての買い手は，人的絆から解放されている（市場に晒されてためにこれが可能となる）ので，容易にいつでも当該ブランドから他ブランドへのスイッチが可能となる．だからこそ，人々は気楽に「ブランドを絆とする共同体」に参加でき，ブランドの固有性を識別できる情報を比較的容易に入手できるのである．ブランドを絆とする共同体は，まさに，真木悠介のいう対自的なゲマインシャフトそのものだといえる．

8 ブランドと文化創造力

売り手を含めた多くの買い手が結びつく「ブランドを絆とする共同体」では，ブランドという共通の文脈を介して意味の交流が行なわれるが，その交流は，当該ブランド（当該共同体）が市場に晒されているため，他のブランド（他の共同体）との差別化を意識して展開されていく．それだけではない．他のブランド（他の共同体）のよいところを取り込もうとする模倣も展開される．このことは，共同体内および共同体間での意味交流（文化交流）を通じて，「ブランドを絆とする共同体」が固有の文化（個別文化：a culture）を創造し続けている，ということを示している[7]．このように考えると，ブランドは個別文化を創造する力を有していることがわかる．これに関し，次の2つを述べておきたい．

まず，市場には，多数の「ブランドを絆とする共同体」が存在している．このため，市場ではブランド間競争が生み出される．しかし，その競争は，各々の共同体の文化交流を促すが，一方で共同体固有の文化（個別文化）の創造に寄与し，他方で有力な文化の他共同体への普及を進める．まさに，競争が文化の創造に寄与しており，それにブランドが深くかかわっているのである．

---

6) 真木悠介(1990) pp. 5-17.
7) 文化交流については文化人類学の知見が参考になる．この点に関する我が国の古典的作品として，祖父江孝男(2006)を挙げることができる．

次に，あるブランド(これは当該共同体の文化を象徴していることになる)が市場で大きなシェアをもつことは，有力な文化が他共同体へ普及していくことを意味する．この普及が極端に進むと，それは，個別文化を一般文化(culture)に解消していく恐れを内包し，時として当該共同体の境界を不鮮明にすることがある．そうなると，当該ブランドの差別性は急速に希薄化し，個別文化の創造力が衰え，当該共同体の識別は困難になっていく．

9 ブランド力とオリジナリティ

ここで，少し話を変えて，消費者が当該ブランドを欲する程度，すなわちブランド力について論じておこう．この点に関して切れ味のよい理論はほとんど開発されていないのが不思議である．ここで，我々の見解を明らかにしておこう．

我々は，ブランド力を「現在のところ使用・消費していないが，ブランドを見聞きして，これを使用・消費したくなる」程度である，と定義する．そして，かぎ括弧の文言は次の2つの次元から構成される，ということに注意されたい．

① 前に使用・消費してみてよかったので，今度も買うことにしたい．
② 使用・消費したことはないが，評判がよく自分に合いそうなので，ぜひ買いたい．

上記①の程度を顧客固定化力，②の程度を吸引名声力と呼ぶことができる．ここで，顧客固定化力(①の程度)は，ブランドを絆とする共同体内の成員による評価を表し，吸引名声力(②の程度)は，その共同体への入会を促す力，言い換えれば，当該共同体の競争力を表すと考えてよいであろう．

ところで，上述のごときブランド力を高めるための手段として何が考えられるか．従来，そうした手段として，顧客固定化力の向上のためには既存客へのサービスの提供やリピートを促すプロモーションの実施など，吸引名声力の向上のためには継続的かつタイミングのよい広告展開などが考えられてきた．しかし，我々は，顧客固定化力と吸引名声力の双方の創出・向上に最も効く，最強の手段を見いだしている．それは，オリジナリティの創出とその訴求である．

コンサルタントとして名高い梅澤伸嘉の研究[8]によると，消費者によって「新しい市場やニューカテゴリーを最初に創造した」と認識されているブランドほどロングセラー化している，ということが統計的に検証されている．この研究を踏まえるならば，ロングセラーとして長く市場に生き延びているブランドは，当該

---

8) 梅澤伸嘉(2001).

世代のリピート客を基盤にして次世代客も吸引してこれに繋げていることから，まさに顧客固定化力と吸引名声力の双方において優位に立っている，という知見を導き出すことができる．

ロングセラーブランドが「新しい市場やニューカテゴリーを最初に創造した」と消費者に認識されることは，より簡明に表現すると，そのオリジナリティが消費者に認識されるからである(対象が「新たに創造された」と認識されるのは，それが「いままでになかった」という性格すなわちオリジナリティを有しているからである)．まず，当該ブランドのオリジナリティを愛顧してこれを買い続けている消費者は，類似の後発が市場に出てきてもこれにオリジナリティを感じないため，後発ブランドンに興味を示さないので，オリジナリティが認識されるブランドは顧客固定化力において優位に立つといえよう．次に，あるブランドのオリジナリティが世間で評判になり，これに興味をもった消費者は，当該ブランドを購入したことがなくても，これにトライする確率は飛躍的に高まるに違いない．このことは，まさに，名声吸引効果の作用だと考えることができる．

ところで，上述でのオリジナリティは「新市場・ニューカテゴリーの創造」を指していることに注意してほしい．これは，たとえば，固定電話機の性能を高めることではなく，携帯端末の市場導入を意味している．固定電話機によるコミュニケーションと携帯端末によるそれとではまったく異なっており，これが新しい文化を生み出してきたといって過言ではない．つまり，オリジナリティとはきわめて文化的性格を有しているのである．

以上を踏まえると，強力なブランドを開発するには，機能の差別化だけでなく，新しい価値観や生活観などを含む文化的差異を創り出し，これを訴求することが必須だといえる．共同体には成員を結びつける絆が必要となるが，それは彼らにオリジナリティを知覚させる象徴でなければならない．この象徴によって知覚されるオリジナリティこそが，他の共同体との差別化の源泉であり，当該共同体を生存・成長させるエンジンとなるのである．

我々は，市場は各々のブランドを絆とする共同体間の競争の場として捉えられることを明らかにしてきた．このことからも，ブランドが文化的オリジナリティを具備することによって初めて市場でその力を発揮できる，ということが理解できるであろう．

10 戦略的示唆と事例からみた験証

企業のマーケティングにおいてブランド力をいかに強くするかが最大の課題で

ある.本章での結論は,ブランド力の源泉はブランド開発の初期にほぼ決定づけられ,それは,当該ブランドが指示する製品・サービスがいかに革新的か,言い換えれば「新市場・ニューカテゴリーの創造」をどれほど実現しているか,というオリジナリティにほとんど規定される,ということである.そして,このオリジナリティの訴求が文化的象徴として機能し,持続性のある共同体の形成を促進し,それが当該ブランドのロングセラー化に寄与していくのである.

すなわち,ブランド力については「新市場・ニューカテゴリーの創造」での先発だと認識された企業が圧倒的に優位に立つ,ということが示唆された.一部の論者は「市場のリスクを避けるために後発が有利になる」という主張をしているが,ことブランド力に関する限り,こうした論理はそのままでは通じない.後発がブランド力で優位に立つのは,それが後発にもかかわらず消費者には先発だと知覚されたときのみである[9].ということは,後発が期間をおかずに先発にキャッチアップしたときであり,実質的には先発クラスに位置づけられるときのみだといえる.

ここで,現在も市場で力を維持している具体的なブランドをいくつかみることによって,上記のことを確認しておこう.大塚製薬(株)は,先発によってオリジナリティを訴求し,ロングセラーブランドをつくるのが上手な企業である.たとえば「オロナミンC」は滋養強壮飲料で,「ポカリスエット」はアルカリイオン飲料で,「カロリーメイト」は栄養補助食品で,それぞれニューカテゴリーの先発に成功し,現在でも強力なブランド力を維持し続けている.サントリー酒類(株)の「オールド」もウイスキー文化を日本にもたらした先発であり,いまでもトップブランドとして存続している.サントリー食品インターナショナル(株)の「サントリー烏龍茶」は,伊藤園の「金の烏龍茶」の後発であるが,これを直ちにキャッチアップして効果的なプロモーションを展開することによって,烏龍茶文化を創り出した先発イメージを消費者に知覚させることに成功した.花王(株)のシャンプー「メリット」は「ふけ・かゆみ止め」という新しい生活提案で,ライオン(株)の歯磨き「ホワイトライオン」は白い歯の重要性を訴えた文化的提案でニューカテゴリーの先発としてのポジションを確保し,いずれもロングセラーとしてのブランド力を維持している.トヨタ(株)の「プリウス」はハイブリッド車の先発としてブランド力を確立した.そして,オートバイの先駆としての「ハーレイ」は機能としてはホンダ,カワサキに大きく抜かれたものの,文化的独自性を創出しつつ,多くの固定客を把握している.ここで挙げた例だけでなく,市

---

9) 梅澤伸嘉(2001).

場で強い地位を維持しているブランドの多くはニューカテゴリー創出における先発であることを確認できるであろう．

なお，上記ブランドのほとんどは，従来の生活に新しい価値観を持ち込むという意味で，文化創造的であった．というよりも，文化創造的でなければ強いブランドにはならない，と考えたほうがよいであろう．この文化創造という観点から，エバラ食品工業(株)の「焼肉のたれ」の開発を簡単にスタディしておこう．

エバラ食品工業(株)は，時流を上手く捉えた製品開発が得意で，調味料業界では独自のポジションを確保している．それは創業者の森村国夫氏のDNAが組織にも連綿と受け継がれてきているからであろう[10]．

いまでは，韓流文化との関係もあって，焼肉は家庭でも最も重宝がられている食事の一つになっている．焼肉料理で重要な役割を果たすのはタレであるが，その中で最もよく使われているタレがエバラ製品である．

森村氏は，すでに1960年代後半に焼肉が繁盛するだろうと見込んで，「焼肉のたれ」という当時ではニューカテゴリーに位置づけられるブランドを開発した．森村氏は，日本が高度成長期に入り，人々が肉をふんだんに食べるようになること，タレの味によって安価な肉でも美味しく食べられる焼肉が日本人に合うこと，この2つを確信していたようである．そして，森村氏は，焼肉料理と「焼肉のたれ」を普及させるために積極的なキャンペーンを展開した．このようにして，「焼肉のたれ」はいまでも有名なロングセラーブ商品となったのである．焼肉の美味しさはタレにあることを見抜き，「焼肉のたれ」と焼肉文化の創造を結びつけたところに成功の秘訣があったといえる．

さらに，森村氏は，1970年代末に，日本経済が成熟期に入って需要の深みが出てくることに着目し，「焼肉のたれ」の高級バージョンを開発した．これが「黄金の味」であり，これも現在ロングセラーとしての地位を見事に確保している．この「黄金の味」というネーミングをした理由が我々の興味を引く．これは，当時，NHKで城山三郎原作の大河ドラマ『黄金の日々』が放映されており，これが好評だったことにヒントを得たという．このドラマは堺の商人がアジアに雄飛する物語であり，森村氏が「黄金の味」を思いついたときは，ちょうど日本人の海外旅行や海外留学の動きが見え始めたときである．まさに，森村氏は，日本が国際的にも繁栄していく時流(日本の黄金の時代)を早めに読み取ったといえる．

---

10) ここでのエバラ食品工業(株)についての記述は，エバラ食品工業(株)社史編纂室(2000)を参考にした．

上述の事例から，ロングセラー商品を創るためには，時流を早めに読み取り，これを新しい文化創造に結びつけるようなブランド開発が有効である，という一つのヒントが得られるであろう．

第 5 章

流通の新潮流と革新
―― 動学的流通論のすすめ

1 はじめに――最初に強調しておきたいこと

　本章では生産-卸売-小売という垂直的連鎖を機軸として展開される流通が，将来，どう変化していくかを展望してみる．なお，以降で，メーカー，卸売，小売という場合，各々は当該機能およびこれを担っている機関を指す．たとえば，卸売というとき，「業務用需要家や流通業者に向けての販売やサービスを展開する」という卸売機能を指すこともあれば，卸売業者あるいはメーカーの営業部門（メーカーの営業部門は卸売機能を担っている）などを指すこともある．

　本格的な議論に入る前に，日本の流通のこれからの変化として特に強調しておきたいことを以下に要約しておこう．

　これからの流通が変化していく潮流の一つは，情報化を背景として，メーカー，卸売，小売のいずれもが最終消費者に接近し，しかも，それらは，互いに連携・統合しつつ価値創造を目指すサプライチェーンを形成していく，という方向が顕著になるであろう．

　現在の流通経営の主流ともいうべきチェーンオペレーションは，卸売と小売との結合であり，原理的には卸売（本部）でほとんど品揃えの完成を目指し，これを競争力の源泉とする．ウォルマートやテスコなどのグローバル流通企業では，国際チェーンオペレーション[1]の展開によって，世界各地での調達・生産への介入

---

1) ここでいう国際チェーンオペレーションは，出店と調達の双方においてグローバル化を進め，その相乗効果を発揮している点において普通のチェーンオペレーションとは異なる．日本のチェーンオペレーションは調達のグローバル化を進めてきたが，出店のグローバル化には遅れをとってきたといえよう．海外に出店していると現地での納入業者を組織化できるため，そこからの調達も効率化できる．なお，これらのグローバル流通企業は，卸売機能の内生化によって効率的なチェーン運営を志向している点において，日本のチェーンとは大きく異なっている．日本のチェーンのほとんどは卸売機能を外生化してきた．こうした中で，北海道のセイコーマートや岐阜のバローなどはウォルマートやテスコのような本格的なチェーンオペレーションを展開してきた．

によって卸売機能を強化しつつ，消費者向け品揃えの基本パターンを卸売段階で決めて，これを効率的に世界中の自社傘下の小売店舗に届ける仕組みの構築に力を注いできた．

ところが，日本のチェーンオペレーションは上記の原理とはかなり異なった態様で推進され，そこでは，主として品揃えの完成を小売段階まで延期する方式が目指されてきた．日本のチェーンの多くは，傘下の小売店舗での少量多品種型品揃えの充実に力を注いできた．そのこともあって，仕入規模からみて卸売（本部）で調達すると非効率になる商品の多くを小売店頭で品揃えせざるを得なくなった．それを克服する方策として，各店舗への納入を多数の業種別卸売業者に任せる方式を採用してきたのである．これによって，日本の小売は，各々の店舗において，世界に誇る緻密な品揃えとその多様化を実現してきたともいえる．

しかし，上述の日本型流通方式は大きく変容しつつある．まず，品揃えの緻密な多様化を競うことに注力してきたが，それは，多くのチェーンが売れ筋に向けて品揃えの多様化を目指すという意味で，ともすれば彼らの戦略は同質化しやすくなる．たとえば，日本のGMS（総合スーパー）や百貨店の多くをみても同質化しており，企業の独自能力を見いだしにくくなっている．このことは，流通過程にも選択と集中による競争力の構築が必要となってきていることを物語っている．トレーサビリティ（生産から消費までの商品ごとの追跡型品質管理能力）やカーボンフットプリント（生産から消費までの商品ごとの二酸化炭素発生量の把握）などという社会的適応が流通企業にも要請されていることを考慮すると，おそらく，そこでの競争力は，どの品揃え領域において生産から消費までのサプライチェーンをどう展開していくか，という選択と集中に戦略の焦点があてられることになるであろうが，日本のチェーンはこの点では後れをとってきた．しかし，これからは，日本においても，何らかの形で生産にまで関与しつつサプライチェーンを構築していく方式，結果として，生産と小売の双方から情報を得られる卸売段階で品揃えを完成させる方式が台頭してくるであろう．GMSのカジュアル売場がユニクロのサプライチェーン戦略によって凌駕されたこと，通販（ネット通販を含む）業界においても，無添加化粧品や健康食品の開発・生産を取り込んだファンケルのごとき専門通販が，品揃えの拡大を追求してきた総合通販を追い抜いていること，これらの事実をみても我々の見方は妥当であろう．

さらに，上記のようなサプライチェーンの形成とともに，情報化が進むにつれ，メーカー，卸売，小売の各々は消費者と直接コミュニケーションをとりつつ，彼らが連携・統合する動きも強まるであろう．いままでは，小売だけが消費者と直接に対話していた状況が大きく変わることになる．すなわち，各々が消費

者情報を共有することによって効率化と有効化が大きく向上していく．

　効率化については，メーカー→卸売→小売という経路において各々が消費者の購買情報を共有することによってブルウィップ効果[2]を避けることができるようになる．各々が直前の取引先だけからの情報によって受発注活動を行なっていると，小売での受注の変動がわずかであっても，注文が小売→卸売→メーカーと川上に向かうにつれて，その変動幅が大きくなり，これに対処するために在庫が大幅に増えてしまう．それがブルウィップ効果である．消費者の購買情報を基にして各々が受発注を計画化すると，このブルウィップ効果を除去することができる．つまり，流通の効率化が飛躍的に進むといえる．

　有効化については，メーカー，卸売，小売が消費者を巻き込みつつ，彼らの関係性を強めることによって情報を創造し，新しい価値を生み出すことができる．たとえば共同製品開発やサービス提供についての共同事業化も可能になる．これらの中には資本統合に進むものも出てくるであろう．すなわち，サプライチェーンは，流通による移転価値を高めるだけでなく，より積極的な価値創造プロセスに進化していく．

　以上述べてきた潮流は，主として，ある商品カテゴリー内での各々の流通段階が垂直的に再編・統合されていく変化である．ここで，いま一つの変化の潮流に注目しておく必要がある．それは，異なる業種・業態を横串に連ねるような機能統合であり，これは，情報化によって，消費者と接するプラットフォームを効果的に構築できるようになってきていること，また，業際を貫くネットワークづくりが容易になってきていること，この2つを契機として生み出されてくる．

　上記のごとき水平的な再編・統合の例としては，店舗密度の高いコンビニエンスストアをプラットフォームの核としてATMサービス，公共料金等振り込みサービス，宅配サービス，ケイタリング，ネット購入サービス等が関連づけられるビジネス（このようなビジネスを志向している代表的なコンビニエンスストアとしてセブンイレブンが挙げられる），宅配ルートをプラットフォームの核として食配，商品販売，介護，医療などが結びつけられるビジネス（このようなビジネスを志向している代表的な宅配業者としてクロネコヤマトを挙げることができる），インターネットをプラットフォームの核として多様な専門店サービス，教育サービス，旅行サービス，商品販売，オークション等が関連づけられるビジネス，こうした新しいネットワークで融合するビジネスが台頭しつつある．

---

[2] ブルウィップ効果は遅れの累積から生じることを指す．システムダイナミックス理論ではこれをフォレスター効果と呼ぶ．

実は，こうした水平的な再編・統合によるプラットフォームづくりは，小売段階（従来の店舗のほかに，ネット販売や宅配サービスも含む）において，業種・業態が異なる複数の関連企業によるネットワーク化がこれを生み出している．このプラットフォームにおいて商品やサービスが効率的に品揃えされるべくメーカー・卸売・小売の連携や統合がなされことになる．言い換えれば，ここでいう水平的な再編・統合が，前述した垂直的な再編・統合を加速していくトリガーの一つとなる，ということにも注意すべきであろう．

2 流通革命論の視座

まず，日本の流通が過去どう変化してきたかについては，これを流通革命として捉える見方がある．ここで1960年代に提唱された"流通革命論"に注目したい．

日本の流通は，1950年代後半ごろから，量販チェーンの出現・台頭などを含む画期的な変化を示してきた．この変化は，従来の伝統的システムとはまったく異なる新しいシステムに向けての革命的変化であった．当時，このことを最も早く注目した研究者の一人として田島義博を挙げることができる[3]．"流通革命"という言葉をつくったのも彼であった．その後，直ちに，林周二によって『流通革命』という書物が世に出され[4]，日本の流通がその伝統性から脱皮していく過程そのものを流通革命と呼ぶ気運が定着した．しかも，その後の日本の流通は，大きな意味では，林や田島のいう流通革命を進めてきたといって過言ではない．

上記のような林，田島の捉え方は，他の多くの実務家や研究者に注目され，いわゆる"流通革命論"としてパラダイム化の道を歩むに至った．

3 革命のプロセス

革命とは，既存のシステムからまったく異なる新しいシステムへの変化である．このプロセスを考察するためには，以下のようなことに留意する必要がある．

まず，当然のことながら，既存のシステムとはどのようなものか，そして新しいシステムとは何か，これを明確に識別（システム特性を識別）することが必要とされる．

---

[3] 田島義博(1962)．
[4] 林周二(1962)．

次に、革命は直線的には進まない、ということを踏まえねばならない。革命の完成は、決して瞬間的ではなく、相応の時間がかかるということである。

産業革命をみてもわかるように、一国の社会・経済機構を大きく変えるような事態は、比較的長い時間を必要とするのである。それはなぜか。既存システムが新規システムに直ちに肩代わりされるのではないからである。ひとたび定着した既存の社会システムは直ちに崩壊するわけではなく、当面は、革命を開始した新しいシステムと共存を図ろうとする。また、新しいシステムは、それが完成しない限り、現存する社会への適応が必要とされ、その意味で、既存システムを、多かれ少なかれ、新システムは活用せざるを得なくなる。

しかしながら、時を経るにつれ、技術の進歩、学習効果などによって新しいシステムの展開がますます高度化してくると、新しいシステムにとって、旧システムの活用は非効率になり、自己システムを普及させていかざるを得なくなる。

以上のように考えると、革命は新システムが旧システムに取って代わるための不断の再編成過程と見なすことができるが、このプロセスは、大きくは、次の2つに分けられるといえる。

第1次再編成：新システムの導入が開始されるが、それが旧システムと相互依存関係を維持しつつ浸透していくプロセス

第2次再編成：旧システムとの相互依存関係が薄らいでいくと同時に、新しいシステムが支配的になっていくプロセス

上記において、何が旧システムで、何が新システムなのか、というシステム特性の識別が必要とされる。一般に、システム(社会システム)特性は、システム内の成員の位置づけを規定する「構造」と、その成員が展開する「行為」とによって把握することができる。

さて、流通をシステムとして捉えた場合、「構造」変数の最も代表的なものは流通経路パターンであり、「行為」変数のそれは流通活動を統制する経営方式であると考えられる。

4 流通革命の変遷──第1次流通再編成から第2次流通再編成へ

我々は、ここで、旧システムを、業種別に分かれた流通経路で構成され、しかも、ここでの流通活動は小売段階での単店舗経営をベースに展開されるシステムと規定したい。零細過多、長い流通経路が日本固有の伝統的特徴だとする説も、こうしたシステム特性から想定されたものと考えることができる。一方、新システムを、業種を超えた多品目化をベースとする業態型流通経路から構成され、そ

こでの流通活動がチェーンオペレーションを基軸にして展開されるシステムと捉えることにする．そのような新システムを展開し始めた流通企業がダイエーやイトーヨーカドーなどである．太くて短い流通パイプ，流通業者の企業化など流通の近代的特徴と呼ばれるものは，まさに，こうしたシステム特性からイメージできるものである．

以上のように考えると，今日に至るまでの流通革命のプロセスは次のように記述することができるであろう[5]．

第1次流通再編成　チェーンオペレーションを標榜する量販チェーン等が既存の流通業者を利用して自らの成長を図ってきた．たとえば，既存の業種別卸売業者は量販店等で展開されるチェーンオペレーション作業のかなりの部分を担うことによって，その存続を図ることができた．こうした伝統的卸売業者が存続したために，中小の業種別専業小売店も仕入れルートを確保でき，存続を図ることができた．量販店は，量販店同士で競争するよりも，こうした中小専業店からシェアを奪うことによって比較的容易に成長することができた．1950年代後半から1980年代前半までは，こうした第1次流通再編成の時期であったと考えることができる．

第2次流通再編成　1980年代後半から，この第2次流通再編成の性格が強まってくる．ここでは，消費者行動の変化，情報ネットワーク技術の発達等を背景として，多品目小売業態が一般化し，かつ，高度なチェーンオペレーションが展開されるようになり，伝統的な業種別卸売業者ではこうしたチェーンオペレーション作業を担えなくなってくる．伝統的な卸売業者の衰退は，これに仕入れを依存していた中小専業小売店の衰退も招いた．ここから量販チェーン同士の競争も激化し，チェーンオペレーションの高度化に対応すべく卸売過程の再編成が始まった．量販チェーンが卸売機能を内生化する方向[6]，多品目をまとめてチェーン店舗に納入できる大手卸が成長する方向[7]が見えてきたのが第2次流通再編成の特徴であった．

上述のように日本の流通革命を捉えるならば，我が国の流通は，現在，第2次流通再編成に入ってから時間をかなり経過しており，これが完成に向かっていると考えることができる．しかし，革命は完成することがない．なぜならば，次の大きな変化(次の革命といってもよい)が始まっているからである．

---

5)　上原征彦(1999) pp. 225-240.
6)　たとえばイオンなどは卸売機能の内生化を進めてきているが，日本ではこのような例は比較的少ない．
7)　三菱食品，国分，日本アクセスなど強力な卸売業者が台頭してきた．

いままで明らかにしてきた流通革命は「業種別流通から業態型流通へ」「単店経営からチェーンオペレーションへ」という語句で表され，それは，いわば「経路と品揃え」「活動と経営方式」の変化を基軸とする革命であった．しかし，これから流通の大きな変化を駆動していくのは情報化である．この情報化を視野に入れなければ新しい流通の潮流を読み取ることができないであろう．以降では，この情報化という視座から流通の過去・現在・未来を展望していこう．

5 情報化に着目した流通の史的発展段階

これからの流通を支える最大のトリガーは情報化だといわれている．本章では，情報化が流通をどのように変えるか，ということを明らかにしていくが，我々は，情報化が進めば進むほど，卸売主導型流通が台頭してくる，と考えている．まず，このことについて説明する前に，情報化にかかわる史的発展段階について論じてみよう．我々は，こうした発展段階は次のように3つに区分することができると考える．

第1段階(古代〜18世紀後半：人力化時代)　情報の伝達・取得は，長い間，モノを運ぶ技術に全面的に依存していた(これは，モノから情報を分離する技術が欠如していたことにもよる)．産業革命期に至るまではモノの輸送が主として人や馬の力に依存し，そのスピードと輸送量は，現在と比べ格段と劣っていた．この時代では，情報の伝達・取得が，人や馬の力による輸送そのものに大きく規定されていたといえる．この時代が経るにつれ，文書を運ぶ制度(郵便馬車，車飛脚など)が発達し，情報そのものの移転に着目したシステムが進歩したとはいえ，それは紙等を運ぶ人や馬の能力の制約を受け，いまと比べ情報の伝達スピードもきわめて遅く，それによって得られる情報量もごく限られたものであった．この時代の人々は，商売に関する情報については，上記の文書によるほかに，現物商品の動きをみてこれを取得・蓄積する以外にはほとんど手がなかったといえる．いずれにしても，ビジネス情報の取得・伝達は，人や馬に基づくモノの輸送の速度と量によって大きな制約が課せられていた．

第2段階(18世紀後半〜現代：動力化時代)　この時代においても，情報の取得・伝達に，モノの輸送の速度と量が大きな影響を与えてきたといえる．ただし，この時代のモノの輸送は，産業革命とそれ以後の動力革命を背景として，鉄道，自動車，航空などの不断の技術革新によってその速度と量とが累積的に増していくことになる．これに伴って，モノの動きから得られる情報の伝達スピードは飛躍的に早められてきているし，それによる情報取得量も一段と拡大してきて

いる．情報そのものの移転を目的とする文書の移転（郵送など）もスピード化し，こうした技術をベースとして新聞も1日で人々に到達するようになった．そればかりではない．20世紀に入ると，電波媒体が台頭し，多かれ少なかれモノから情報を分離でき，それを高速度で伝達できるようになってきている．電話，ラジオ，テレビ，オンラインなどがそれである．そして，現在，インターネットなどが普及し始め，次の情報化時代に入りつつある．しかしながら，この時代は，人々の行動パターンからみて，依然として情報の伝達・取得はモノの動きに大きく規定されるところが多く，情報伝達のスピード化とその取得量の拡大は，モノの輸送技術の革新によるところが大きかった，といっても過言ではない．それは，モノから分離した情報が現物を詳細に表現する技術，また，そうした情報を動的に処理する技術が十分に普及していなかったため，現物での確認を必要としたからであろう．

第3段階（現在～未来：情報化時代）　現在は，まさに，この情報化時代に入りつつあるといえる．この時代になると，情報化が顕著に進み，様々な現物（ヒトを含む）を比較的正確かつ詳細に写しとった多様な情報を双方向で瞬時に（モノの輸送よりもはるかに早く）伝達し合い，かつ，そうした情報を素早く再構成できる（モノ同士では不可能な，あるいは可能でもその完成が遅れるような構成物を直ちに創ることができる）ようになる．言い換えれば，情報の伝達・取得は，モノの輸送や動きなどに伴う物理的・時間制約から解放されることになる．このことは，モノやヒトが動く現実の世界とは別に，情報のみが動く世界を創出することができる，ということを意味する．ここでは，前者をリアル世界と呼び，後者をネット世界と呼ぶことにする．我々が，アマゾン・ドット・コムを利用することによって，物理的店舗で品揃えされる書籍数の何百倍ものそれに接触できるのは，また，パソコン画面を通じてアパレルメーカーに好みの服をデザインしてもらうことができるのは，それらが，リアル世界とは別に，ネット世界を新たに構成しているからである．

実は，流通を戦略的に捉えるマーケティング行為が台頭したのは，上でいえば第2段階（動力化時代）においてであり，その後，流通・マーケティングは相応の進化をみせてきたが，それが第3段階（情報化時代）を迎えつつある現在，さらに飛躍的に進化しようとしている．

6 卸売と小売の関係についての論理

本章の目的の一つは，上述の各々の発展段階ごとに流通の展開・進化を明らか

にすることであるが，ここでは，まず，卸売と小売との関係について論理的な説明をしておこう．

小売が店舗という物的施設を商売の武器としている限り，それは地域性を打破することはできない．というよりも，消費者が買物の利便のために物理的に到達できる地域的範囲を想定し，そこに物的施設としての店舗を設置する，というのが伝統的な小売戦略であり，こうした地域的範囲を超えて集客することは不可能である．これに対し，卸売は，多数地域の多数小売に商品を供給することを目的とし，その意味で，それは地域の制約をできる限り突破しようという志向性をもち，多数の小売を見渡すことができる．このことは，伝統的には卸売と小売は分化して(たとえば商品の移転活動において卸売業者と小売業者とに分業化して)きたとはいえ，ある条件が満たされれば，卸売が小売を統合し得ることを示唆している(この統合の一つの形態がチェーンオペレーションである)．

もし，卸売と小売との間に瞬時に双方向の情報のやりとりができ，小売で得られる情報のすべてが同時に卸売でも把握できる，という条件が満たされるならば，卸売が小売を統合し，小売の戦略のすべてを卸売が決めた方が効率的であろう．なぜならば，この場合，卸売は，各々の小売がそれぞれの地域で独立して業を営むよりも，はるかに多くの情報を取得でき，はるかに有効にこれを活用できるからである．このような卸売が発揮する機能を情報縮約機能と呼ぶことができる[8]．たとえば，小売は自地域の情報しか得られないが，卸売はすべての地域の情報を得ることができるため，地域間の比較を容易にでき，各々の地域の特徴と類似性を把握し，各々の小売の地域適合を効率的に達成することができる．

経営体として卸売と小売とに分化するのは，卸売と小売との間の情報伝達が大きく阻害されているか，あるいは，集約された情報を卸売が効率的に処理できないかのいずれかの問題に由来する．情報化に向けての流通の歴史的発展は，こうした問題を解消する方向をたどっていく．

7 卸売と小売の分化(第1段階：人力化時代)

さて，前述の第1段階(人力化時代)では，情報の取得・伝達は，人や馬によるモノの輸送そのものによって決定づけられ，卸売と小売との間の情報のやりとりに相当の時間がかかった．そのため，流通過程は少なくとも卸売と小売とに経営

---

8) ここでの情報縮約機能の概念は，田村正紀(1984)が主張した「情報縮約・斉合の原理」からヒントを得ている．

体として分化せざるを得なかった．卸売は，小売が卸売に発注するモノの動きを見なければ小売と接する人々のニーズを捉えられず，その意味で情報縮約機能を効率的に発揮できなかった．すなわち，卸売は日々の小売の戦略に大きく介在することができなかった．言い換えれば，各々の地域での販売は，小売がその地域の人々と直接に接触できるため，小売自身が品揃えを初め販売戦略のほとんどを決めざるを得なかった．そうした地域では，交通機関が未発達なため人々の移動に大きな制約が課せられ，小売の規模も零細で，きわめて狭い商圏で小売ビジネスが展開されていた．そのとき，卸売は，主として，こうした多数の零細小売が必要とする在庫の少なくとも一部を担うと同時に，彼らの仕入れのために金融の便宜を図っていた．すなわち，この時代の卸売は，主として在庫調整機能と金融機能とで生きていたのである．

また，この時代の卸売は，主として商品の物理的な動きから得られる情報に着目してその意思決定を行なっていたといえる．なぜならば，モノの輸送と情報の取得・伝達とがほぼ一致していたからである．そうした卸売は，いままで商品がどう動いたか，ということについて多様なパターンを学習することによって，自己の品揃え戦略等に関する知識を蓄積すると同時に，商品の新しい動きを発見することによってそうした知識を改善していったにちがいない．また，モノから情報を十分に分離できなかったために，卸売は，地域の生の消費情報を素早く得ること，その意図とかニーズを直接に捉えること，この2つはほとんど不可能であった．なお，この時代のメーカーは，生産力も脆弱で規模も零細であったために，地域を超えた流通を担う卸売を営むこと（営業活動をすること）はできなかった．すなわち，この時代の卸売を営むことができたのは，廻船や馬車などによって交通網を掌握し，これをコアコンピタンスとして商品の再販売に業務を拡大し得た問屋（卸売業者）であった．

8 卸売による小売の統合とマーケティングの展開（第2段階：動力化時代）

卸売が小売を統合し始めるのは第2段階（動力化時代）に入ってからである．この時代になると，動力革命によってモノの輸送の速度と量が飛躍的に高まったのに応じて，情報の伝達速度と量も顕著に高められ，卸売が小売の情報を比較的早く把握できるようになっていく．また，郵便制度も高度化され，文書の送付もスピード化しただけでなく，新聞や雑誌も短時間で人々に届くようになった．いわゆるマスコミ化が生じ，これが発展していくことになる．卸売は，こうしたマス

コミを利用した広告等を通じて，消費者に直接アプローチできるようになった．さらに，20世紀に入ると，電話，ラジオ，テレビなどの電波媒体を活用した情報そのものの伝達が活発化し，このことが卸売による小売の統合と消費者への接近を促したといえる．

　20世紀に入ると，流通業界ではチェーンオペレーションが台頭・発展していくことになる．チェーンオペレーションは，すでに述べたように，卸売と小売の結合であり，本部（卸売）による多数の物理的店舗（小売）のコントロールとその展開である．すなわち，チェーンオペレーションは卸売機関による小売統合の一つの典型として位置づけられる．

　一方，生産力を飛躍的に高め，全国市場を販売圏とするようになったメーカーは，19世紀後半になると，卸売機能を備えるようになり，積極的な販売活動を展開し，広告，店頭管理，直販などによって消費者への果敢な接近を図った．これが近代マーケティングの台頭である．以後，マーケティングは顧客志向の徹底化を図ることになるが，こうしたマーケティングは，卸売活動（営業活動）も展開できるようになったメーカーが，消費者と接する小売の機能の少なくとも一部を担おうとするものであり，それは，多かれ少なかれ，卸売による小売の統合という性格を有していることに注意されたい．

　また，この時代が経過するにつれ，ダイレクトメール，カタログ販売，テレビショッピングなどダイレクトマーケティングが相応の位置を占めるようになる．ここでいうダイレクトマーケティングとは，卸売が，物理的店舗を使わずに，小売を完全に統合していく[9]ことを指す（たとえばカタログ販売の主体は卸売で，カタログが小売に位置づけられる）．さらに，ダイレクトマーケティングは取引する個々の消費者を特定化でき，顧客管理を容易に行なうことができる，ということに注目すべきである．このことは，顧客の個々の要望に応じる個別対応の展開に向けての基礎的条件をつくり出すことに連なる．

9 ネット世界の利点を取り入れた流通ビジネスの台頭 （第3段階：情報化時代）

　情報化時代が本格化するにつれ，流通においても，ネット世界の利点を取り入れたビジネスが台頭してくる．それは，大きくは，次のような流れに要約される．

9）　上原征彦(2003).

まず，一つの流れとして，ネットを活用したダイレクトマーケティングの台頭に注目すべきであろう．いま物理的な店舗での顧客接点をリアル店舗と呼び，インターネット等による販売での顧客接点をネット店舗と呼ぶことにする．こうしたネット店舗を展開する企業は，まさに，卸売そのものである．たとえば，アマゾン・ドット・コムは卸売企業であり，小売にあたるのはパソコン画面やモバイル画面(携帯電話等の移動体での画面)そのものである．ちなみに，すでに指摘したことだが，伝統的なカタログ販売を展開する企業は卸売機能を担っており，小売の役割を果たすのがカタログである．

情報化は，卸売と消費者とを直接に結びつけ，小売を卸売経営の中に包摂してしまうのである．別の考え方をすれば，チェーンオペレーションにおける「本部(卸売)……店舗(小売)」の関係を，「本部(卸売・小売)……消費者」の関係に置き換えるのである．このような置き換えを可能にするのが情報化である．したがって，ネット店舗の展開の基礎にあるのは，リアル店舗の運営で採用されてきたチェーンオペレーションの論理である，といって過言ではない．

上述のことは，ネット店舗の展開で成功している企業の多くが，チェーンオペレーションを基礎としているか，あるいはチェーンオペレーションを学ぼうとしている，という事実からも明らかである．たとえば，アマゾン・ドット・コムは，チェーンオペレーションのノウハウを取り入れるために，ウォルマートで情報システムを担当している人々を自社に引き抜こうとしたし，一方，ウォルマートは，そのチェーンオペレーションを基礎としてネット店舗の展開に参入してきている[10]．

以上述べてきたことからも推察されるように，情報化は中間流通の核となる卸売過程を顕著に高度化する．それは，チェーンオペレーションの高度化を志向してきた企業，あるいはこれに関係することを意識してきた企業に有利に作用する一方，そうでない企業には脅威となるかもしれない．

第2の流れとして，情報化技術を基礎にして，個別対応が展開される．たとえば，注文服がパソコン画面を活用して安価につくられるようになる．そこでは，客数が多くなればなるほど共通部材を数多く用いることができ，各々の部材の量産が可能になる，という「範囲の経済」が活用され，いわゆるマスカスタマイズが可能となる．さらに，これは，買い手と売り手とが一緒に価値を創り出す，という協働型マーケティングにも発展していく．この協働型マーケティングでは，売り手と買い手とがネットを通じて製品のコンセプトや仕様について語り合う中

---

[10] 佐藤善信＆マーク・E・バリー(2000)．

で思いがけない価値が創造される，という創発作用も期待されるのである．

いま一つの流れとして，ネット世界で流通ビジネスが展開されるようになると，リアル世界での物流戦略（ロジスティクス）も大きく変わる，という傾向がみられる．

まず，ダイレクトマーケティングは，情報化が本格化すると，グローバルな取引が展開されるようになる（たとえばフランスの消費者がネットを活用して日本から吟醸酒を注文するようになる）ので，それに対応して物流戦略にもグローバルな視野が必要とされるようになる．たとえば，グローバルレベルでのモーダルシフトを想定したロジスティクス体系の構築も要請されるであろう．

一方，ダイレクトマーケティングでは戸配（個々の自宅への配送）が伴うため，その効率化が強く要請されてくる．ダイレクトマーケティングが大きな比重を占めなかったときには，その物流は宅配業者のシステムに依存するだけでよかったが，その比重が大幅に拡大し，かつ品揃えの多様化も進むと，体系的かつ戦略的な戸配システムの構築が必須となるであろう．

すなわち，物流戦略は，広大なグローバル流通と狭小の地区流通の双方を視野に入れていかざるを得なくなる．

10 ネット店舗の有利性

ここで，ネット店舗について理論的に検討しておこう．ネット店舗がリアル店舗に優る点は，おおよそ，次の3つに要約できる[11]．

第1に，物理的限界を越えて品揃えを大幅に拡大することができる．ネットを利用すれば，消費者は世界中の商品から好みのものを選択することが可能になるのである．

第2に，リアル店舗と比べ，ネット店舗にアクセスすることはきわめて容易である．たとえば，コンビニエンスストアのようなリアル店舗で買い物をして家に帰ってから夜になって買い忘れたものがあることに気づいても再びそこに出かけることは億劫だが，ネット店舗にはいつでも（たとえ真夜中でも）容易にアクセスすることができる．

第3にネット店舗では，リアル店舗と比べ，品揃えと空間構成の変化をタイミングよく消費者に認知してもらうことができる．一般に，店舗は，いつも同じ品揃えと空間構成をしていては消費者に飽きられてしまう．タイミングよく品揃え

---

[11] 高橋一貢（2000）．

と空間構成を変化させることが店舗を魅力的にする．リアル店舗では，品揃えと空間構成を変え，それを消費者に認知してもらうためには，仕入先から店頭まで様々なモノを動かさねばならず，多くの労力と時間がかかるが，ネット店舗では，情報をモノから分離させているため，情報を変えるだけで直ちに品揃えと空間構成の変化を消費者に認知してもらうことができる．

上記の3つは，いつでもどこでも好きなものを買うことができる，という意味で「品選び欲求の充足」という概念に集約することができる．この「品選び欲求の充足」は小売機能の中でも最も重要な機能の一つであることを考えると，ネット店舗はこの点で優位に立つため，それは，今後，飛躍的に成長していくことが予想できる．

11 ネット店舗とリアル店舗の共存

ネット店舗が上述のような優位性をもつからといって，リアル店舗が大幅に減り，ネット店舗が世の主流になる，ということはないであろう．なぜならば，ネット店舗は，上述のような「品選び欲求の充足」での優位性を実現するためには，商品を注文してからそれを入手するまでの時間すなわち調達時間[12]がかかる，宅配してもらうための費用がかかる，という犠牲を担わねばならないし，また，リアル店舗は，購入にあたって現物に触れる魅力を享受できる，というネット店舗にはない長所をもつからである．むしろ，リアル店舗とネット店舗のいずれが消費者に選択されるかは条件適合的に決められる(状況に応じて選択確率が異なる)．

さて，ネット店舗とリアル店舗のいずれが選択されるかは各々の費用対便益で決まるであろう，と推察することができる．いま，消費者は，他の条件を一定としてネット店舗とリアル店舗の各々を異ならせている固有の変数で費用対便益を計算し，これに基づいていずれかを選択する，と考えることにしよう．リアル店舗固有の費用対便益を A，ネット店舗固有のそれを B とすると，次のように表現できる[13]．

リアル店舗固有の費用対便益：$A = R/S$
ネット店舗固有の費用対便益：$B = P/(DH)$

R：現物に接することに魅力を感じる程度(リアル店舗での固有便益)

---

12) 石原武政(2000) pp. 13-39.
13) 上原征彦(2002).

S：店舗建設・維持のための費用の消費者への転嫁(リアル店舗での固有費用)
P：品選び欲求を満たす程度(ネット店舗での固有便益)
D：宅配費用の消費者への転嫁(ネット店舗での固有費用)
H：調達時間の長さを消費者が不便に感じる程度(ネット店舗での固有費用)

AがBに比べ大きい($A>B$)とリアル店舗が選ばれ，その逆($A<B$)であればネット店舗が選ばれることになるが，それは，多かれ少なかれ，商品特性に依存すると考えられる．

たとえば，リアル店舗よりネット店舗が選ばれる($A<B$)確率が高い商品として次を挙げることができるであろう．

- 品選びへの欲求が強く(Pが大きく)，ブランド力があるため現物を見なくても品質が推定できる(Rが小さい)商品
    —— たとえばオートクチュールブランドのネクタイなどはネット店舗で購入される確率が高くなる．
- 現物を見なくても皆に品質の安定性が知れわたっている品類(Rが小さい品類)で，購入者とって個性とか新しさが求められる(Pが大きい)商品
    —— たとえば健康器具などはネット店舗で購入される確率が高い．
- 在庫型商品で調達時間の長さをそれほど気にしなくてもよく(Hが小さく)，まとめ買いによって単位当たり宅配費用を安くできる(Dが小さい)商品
    —— たとえばミネラルウォーターなどはネット店舗で買われる確率が高くなる．

一方，ネット店舗よりもリアル店舗が選ばれる($A>B$)確率が高い商品としては，たとえば生鮮食品等の鮮度訴求型商品，人的サービスを必要とする商品などが挙げられるであろう．いずれも現物に接することが必須(Rの充足が絶対的条件)となる．

以上みてきたように，ネット店舗かリアル店舗かは条件適合的であり，それは，たとえば商品特性に依存する．このことは，まさに，ネット店舗の台頭が消費者の店舗選択の幅を顕著に拡大することを意味する．

12 リアル店舗の差別化方向とネット店舗への対抗策

以上のようなネット店舗の拡大は，小売市場への新しい参入者数の増加を意味する．この動き対して，リアル店舗は，台頭するネット店舗にどう差別化するか，また，これと対抗するためにどんな戦略を取り込むべきかという課題に直面することになるし，この課題をクリアできるリアル店舗が主として生き延びる，

といって過言ではない．以下ではこの点について言及してみる．
　まず，リアル店舗がネット店舗に優る点は「現物に接することができる」という点にある．このことを徹底的に生かすことがリアル店舗の差別化方向となる．この点については，第1に，消費者が見たり触ったりすることによって魅力を感じるような商品を積極的に取り扱うことである．たとえば，オリジナル性の高い新製品，いままでにないニューコンセプトの商品，鮮度の高い商品の充実を図ることである．その意味では，オリジナルで個性的な商品を次から次へと提示していくイベント展開型の小売業態の台頭が考えられるし，また，スーパーマーケットなどでは生鮮やチルドの比重が高められていくであろう．第2に，人的サービスで優位性を築くことである．特に「人の魅力を売る」ことが重要となる．人の魅力は消費者が実際に対面して初めてわかることである．スーパーマーケットでは生活提案をするような相談係の存在が差別化の一つとなるのであろうし，専門店ではカリスマ店員の存在が優位性構築の鍵となるであろう．
　次に，リアル店舗でも，顧客との関係性を強化するために，ネットを活用したコミュニケーション技術の開発が必要とされるであろう．というよりも，これがなければネット店舗に有効に対抗していけなくなるであろう．これからはロイヤルティの高い固定客を確保することが生存・成長の必須条件となるが，こうした固定客の確保にはネットによるコミュニケーション技術の積極的な活用が大きな力を発揮する．その意味でリアル店舗にも情報化時代への適応が要請されているのである．

13 流通における垂直的再編成と水平的再編成

　ここで，流通全体の再編成に情報化がどうかかわるか，ということについてまとめておこう．情報化によって，すでに述べたように卸売と小売の結合が大きく進む．これがメーカーの機能も取り込むことによって，生産と流通のフュージョン化も進んでいく．これを流通の垂直的再編成と呼ぶならば，こうした再編成は，主として，次の動きによって推進される．
　すでに本章の冒頭でも述べたように，情報化の大きな作用の一つは，メーカーも卸売も小売も消費者と直接にコミュニケーションできるようになっていくことである．このことによって，どの段階でもダイレクトマーケティングを展開できるようになる．いままでは主として小売が消費者と接する役割を担っていたが，これが大きく変わることになる．しかも，いずれの段階も消費者に向けての個別対応が可能となる．このことは，一方で，メーカー，卸売，小売の垣根を取り払

う効果をもつ．こうした事態は，メーカー・卸売・小売の間で消費者を獲得する競争を激化させると同時に，そのことが，一方で，彼らの連携・統合を推進していく．すなわち，メーカー・卸売・小売の各々は，技術開発，生産，品揃え，物流，その他サービス等のうちどの分野で優位性を築き，どの分野を自社に取り込むか，ということについての決定を行ないつつ，他主体と連携・統合を図ろうとする動きが台頭してくる．これが新しいサプライチェーン構築の契機となっていく．たとえば，ユニクロのごとき SPA，ファンケルのごとき R＆D 型通販企業はこうしたニューサプライチェーンの典型である．また，スーパーマーケットやコンビニエンスストアなどにおける PB 商品の拡大や農業法人の設立などをみても垂直的流通再編成が確実に進んでいることがわかる．

上述の垂直的再編成のほかに，業種・業態を横串に連ねるような流通の再編成も進むであろう．それを水平的再編成と呼ぶことにするが，これも流通を大きく変えていく．従来，日本でも，同業態の水平的連携（たとえばシジシージャパンのような地域 SM の連携）が進められてきたが，今後は，業種・業態の枠を越えた新しいタイプの連携が進んでいくことに注目したい．

最近，IT によるネットワーク化が進んでいる中，ビジネスにおいても業種・業態を横ざしにした連携・統合が推進され，それが品揃えと流通を大きく変えつつある．たとえばコンビニエンスチェーンと宅配業者，ネットスーパー，卸売業などが組んで，配食サービス，移動販売，介護サービスな多様なビジネスを展開する動きもある．こうした動きはこれから増えていくであろう．

まさに，情報化，高齢化，男女協業化などによって，従来の業種・業態の垣根を超えたところに新しいビジネス機会が内在するようになってきているといえる．こうした観点でいうと，たとえば，従来は医療，薬販売，看護，介護，健康食品販売などに分かれていたカテゴリーの垣根が取り払われ，ヘルスケアというビジネスが生まれつつあることが注目される[14]．つまり，水平的再編成は新しいビジネスカテゴリーを創造する．こうした再編成は，主として，消費者と接する新しいプラットフォームの構築によって，異なる業種・業態を統合するようなニューカテゴリーを創り出す．そして，このことが，プラットフォームに合うようにメーカー・卸売・小売の新しい統合，すなわち垂直的再編成を促進していくことになるのである．

---

14) これと同様なビジネスの到来が 37 年前に，田島義博（1977）の研究で予想されている．その慧眼には驚かされる．

14 ロジスティクスの戦略的重要性

　以上のような流通再編成が進むとき，ここで重要なことは，取引を完成させるためには，商品が物理的に消費者に到達できるシステムが整っていなければならない，ということである．しかも，このシステムでは，それが正確に素早くかつ安く実行されなければならず，そこに競争が生ずることになる．情報化によって誰もが消費者と直接にコミュニケーションできるようになると，コミュニケーション技法の差別優位のほかに，ロジスティクス戦略の差別優位が競争に勝つか負けるかの分水嶺となる．たとえば，ネット店舗においてコミュニケーション技法で差別優位を築いてきたアマゾン・ドット・コムが，ロジスティクスの効率化を目指して自前で流通センターを設置してきていること，そして，ロジスティクスで差別優位を築いてきたウォルマートが，これをベースとしてネット店舗に進出してきていることからも，情報化時代の流通においては，ロジスティクス戦略がますます重要となることがわかるであろう[15]．

　さらに，上記のロジスティクス戦略においては，ネット店舗をグローバルに展開するダイレクトマーケティングが台頭してくると，世界的視野での調達物流と地域的視野での戸配物流とを効率的に結節する体系的ロジスティクス戦略に関する技術の習熟も競争優位の源泉となっていく．

15 取り揃えのための品揃え形成過程としての流通

　上述から，これからはメーカーが，ロジスティクスを掌握しつつ，インターネット等によって顧客接点をつくり出し，消費者への直販を展開することが大幅に増える，という結論を導き出す論者も少なくない．しかし，こうした結論は必ずしも正しくはない，ということを確認しておく必要がある．たとえば，文具のユーザー直販で成功を収めているアスクルは，当初は，文具メーカーのプラスの直販チャネルとして位置づけられ，プラスの製品のみを扱っていた．アスクルがメーカーのこうした直販チャネルのままであったら，今日の成功を享受できなかったであろう．アスクルが飛躍的に成長し始めたのは，他社メーカーの製品を積極的に取り扱い，ユーザーの取り揃えに関する選択幅を顕著に拡大してからのことであった．つまり，アスクルは，メーカーからの縛りを離れ，自律した卸売業者に脱皮したために今日の成功を手に入れることができたのである．

---

[15]　上原征彦(2002)．

消費者は，単品のみでは有意味な消費をすることができない．たとえば，ネクタイは，Yシャツ，スラックス等と一緒に身につけて（一緒に消費して）初めて意味をもつ．このように一緒に消費される財の集合は，取り揃え[16]と呼ばれる．消費者は，TPOに応じて独自の取り揃えを多様につくり出し，その各々を消費しようとする．顧客接点たる小売は，まさに，消費者がそうした取り揃えをつくり出すことを予定して，特定の財の集合（品揃え）を消費者に露出するものであり，流通過程はこうした品揃えの完成を目指すプロセスである．このプロセスは，メーカーが自社製品を売るプロセスではなく，消費者の取り揃え活動の便宜を図るために財の集合をつくり，その集合を売るプロセスそのものである．そこでは，どのメーカーの製品を売るか，というよりも，どんな集合を売るか，ということが焦点となる．したがって，メーカーが顧客接点をつくり出し，消費者に直販しようとするならば，何よりもまず，顧客の取り揃え活動のためにどんな集合（品揃え）を売るかを決め，そこに自社製品を位置づけなければならない．言い換えれば，メーカーが直販するためには，自らが流通業者の機能を保有する，という視野が必要であり，それが不可能であるならば，流通業者との競争において不利になる恐れも大きい．

上述からも，インターネット時代になっても流通業者の存在価値は小さくはならない，という根拠を読み取ることができるであろう．ただし，インターネット時代の流通業者がいまと同じ流通業者だという保証はどこにもない，というのも明らかであろう．特に業種・業態を超えた水平的再編成が進むと，従来の業種・業態から脱皮できない流通業者は大きく後退していくであろう．ここで，ITシステムを適切に使いこなして体系的なロジスティクス戦略を展開できる物流関連業者の台頭が注目されてしかるべきであろう．たとえば，クロネコヤマトやアマゾン・ドット・コムはこうした方向に動いているといえる．

16 「集客型流通」から「接客型流通」へ

本章では，情報化を背景として流通が大きく変わる，ということを様々な角度

[16) この点についてオルダーソンの古典的言明を以下に記しておこう．「人間に役に立つはずの資源は，もともとは，人間のニーズや行動に偶然的にしか関連づけられない様々な混合物でしかない．一方，家庭および個人の占有による商品の集合も様々な混合物を構成する．しかし，この後者の混合物は，将来の行動を予定してこれに意識的に関連づけられているがゆえに，取り揃えと呼んだほうがよい．経済の全過程は，前者の意味づけされていない混合物から，後者の意味づけされた混合物への，一連の変換として記述され得る」（Alderson, W.(1958)）．

から述べてきたが，変化の基本潮流は次の3つに要約できる．

　一つは，情報化によって，メーカーも卸売も小売も消費者と直接にコミュニケーションできるようになっていくことである．言い換えれば，どの段階でもダイレクトマーケティングを展開できるようになる．いままでは主として小売が消費者と接する役割を担っていたが，これが大きく変わることになる．しかも，いずれの段階も消費者に向けての個別対応が可能となる．

　次に，上記の事態は，メーカー・卸売・小売の間で消費者を獲得する競争を激化させると同時に，そのことが，一方で，彼らの連携・統合を推進していく．すなわち，メーカー・卸売・小売の各々は，技術開発，生産，品揃え，物流，その他サービス等のうちどの分野で優位性を築き，どの分野を自社に取り込むか，ということについての決定を行ないつつ，他主体と連携・統合を図ろうとする動きが台頭してくる．これがサプライチェーン構築の契機となっていく．

　いま一つ，上述のごとき垂直的再編成だけでなく，業種・業態を超えた水平的再編成も進んでいく．すでにコンビニエンスストア，宅配業者，ネットスーパー等が組んで高齢者見回り[17]とともに商品宅配やケイタリングなど総合的な生活サポートビジネスが展開されてきているし，将来は，医療，医薬品販売，健康食品販売，介護などを横串に貫くヘルスケアビジネスの拡大も予想されている．そして，このことが，いままで述べてきた垂直的再編成を消費者に効率的に結びつけるべく，これを方向づけていくことになる．

　上述のことは，流通の役割とか機能に関して大きな変化をもたらすであろう．従来の流通は，小売の物理的店舗で集客した消費者からの注文が卸売を介してメーカーに伝わり，この情報の流れをもとに商品が物理的にメーカーから卸売を経て小売店頭に到達する，というのが基本的なパターンであった．ここでは移転の価値を創ることが主たる流通の機能であった．ところが，これからの流通は，メーカー・卸売・小売のいずれもが消費者と対話できるようになる（言い換えれば接客できるようになる）と同時に，この対話（接客）をベースにしつつメーカー・卸売・小売の間で情報の交流が展開され，消費者を巻き込んだ情報が創造され，新しい価値が生み出されるようになる．それだけではない．従来の業種・業態を超えたカテゴリーが創造されるようになり，これを促進していく消費者直販型プ

---

[17] 高齢者見回りサービスでクロネコヤマトが成果をあげている．この点については中麻弥美（2014）を参考にされたい．
[18] 本章は日本の流通動態に焦点をあてているが，これで日本の流通動態のすべてを語っているわけではない．日本には商慣行や中小零細流通業に関して固有の特徴がみられる．この点を含めた日本の流通の特質については三村優美子（2001）を参考にされたい．

ラットフォームが形成されてくる[18]．
　すなわち，顧客を集めてモノやサービスを売る「集客型流通」から，顧客を価値創造プロセスに取り込む「接客型流通」へと，流通は大きく変わりつつあるといえる．

第Ⅱ部

資本主義経済下における
マーケティング概念の新認識

　山があって隣国へ行かれなければ，山を崩すという考えを起こす代わりに隣国へ行かんでも困らないという工夫をする．

（夏目漱石『吾輩は猫である』より）

　この第Ⅱ部における第6章と第7章，および第9章の1節から7節までの初出原稿は次のとおりであり，それぞれに大幅な加筆・修正を行なっている．
　　第6章：大友純(2003)「マーケティングにおける欲望分析序説」『明大商学論叢』第85巻第4号．
　　第7章：大友純(2004)「マーケティング戦略研究における欲望分析の重要性」『明大商学論叢』第86巻第3号．
　　第9章(1節～7節)：大友純(2010)「老舗に学ぶ―不拡大永続主義のすすめ」『企業診断(Vol.57)』同友館．

■第6章■
マーケティングにおける欲望分析再考

1 我が国における消費社会の進展とその特質

　現代日本は"消費社会"であるといわれて久しい．第2次世界大戦後の欠乏の時代に続く1960～70年代に，日本は規模の経済性を追求した標準化大量生産システムのもとで，生活必需性の高い，しかも当時のアメリカ型の生活スタイルと結びつくような商品が次々とつくり出された．それはそうした当時の日本の消費者の同質的欲望を十分に満たした分だけ，経済の急速な成長・発展を経験した．日本人の大部分がマスコミや経済学者のいう"大衆消費時代の到来"を現実のこととして体感し得た．そして1980年代以降は，バブルの全盛期および崩壊期も挟んで今日まで，欲望の異質性の存在を前提とした差別化マーケティングによる多様な製品供給システムに基づいて，溢れんばかりの商品を提供されて，まさに"豊かな社会"の実現を我々はみてきた．消費者側もそれを裏づけるように，どの家庭内にも収納しきれないほどの"モノ余り"現象がみられ，逆にそれが今日では消費者同士の売買取引の場としてのフリーマーケットの隆盛や様々なリサイクル市場の活性化を促している．

　こうして冒頭の「消費社会」という用語が単なる"消費"という意味を超えて，消費者の様々な個別の欲望を満たし得る"高水準の消費が可能な社会の到来"としての意味をもって語られているのである[1]．これに符合するように消費の形態はまさに"多様化"しているといわれ，また消費者は"個性化"を求めているといわれ続けてきた．だからこそ，いわゆる投機性原理に基づく標準化大量生産の前提条件としての需要の予測性が成り立ちにくい時代であるとの認識も一般化しているのであろう．企業人もマーケティング研究者もこの言説に否を唱えるものはほとんどいない．そして生産も流通もすべてがそれを受けて，多様化，個性化の進む市場状況に適合できる利益的なシステムの構築を目指し，運営されているの

---

1) 「消費社会」という用語の由来や社会学的な諸検討については間々田孝夫(2000)を参照のこと．

である[2].

　しかし近年，この社会特質を支えて不可分であるはずの我が国の経済状況をみるとき，デフレーションの進行を否定できず，したがって"モノが売れない時代"ともいわれるように，消費の低調化傾向も否定できない現実として認識されている．またたからこそ，ビジネスの世界ではその風潮に沿って，低価格戦略を常套手段とし，その極端な企業にスポットライトを浴びせているのも周知の事実である．まさにあらゆる業界が「価格を下げなければものが売れない」との強迫観念すら抱かざるを得ないのが実情である．この事実は，非価格競争を前提とする伝統的なマーケティングの論理そのものが無力化してしまったことを証明していると考えざるを得ないところまできているのかもしれない．実際1980年代まで我が国のマーケティング・カンパニーを標榜してきたような大企業ほど，「低価格政策しか思いつかない」と押し並べてその苦境を吐露しているのが現状である．

　こうした状況を受けて，国の金融政策は"超"低金利政策を過去に例をみないほど長期にわたって実施し続け，企業には投資を勧め，消費者には貯蓄の無意味さを表明しながら，雇用の促進や消費需要の回復を促そうとしてきた．それでも経済は好況の芽さえ地中からみせようとはしない．しかも2000年以降着実に失業者数や非正規雇用労働者数も増えてきているにもかかわらず，それでいて必ずしも低価格政策を打つ企業に有利な状況が続いているわけでもない[3]．また我が

---

2) このようなシステムに関する基本的な考え方について，すなわち"範囲の経済性(economy of scope)"や"ネットワークの経済性"および"供給連鎖(supply chain)システム"に関する議論については國領二郎(1995)の文献に詳しい．
　またこのような考え方の理論的原理についてはL. P. バックリン，田村正紀訳(1977)［*A Theory of Distribution Channel Structure*: 1966］を参照のこと．

3) このような傾向，特に2007年以降は，リーマン・ショックやサブプライム・ローン問題の煽りを受けたり，東日本大震災などの影響を受けたりして急速に冷え込んだ市場需要も，2013年に入ってからは若干持ち直してきているようにみえるが，それは金融・株価市場にだけ特化された現象にすぎず，個々の企業の消費市場に刺激を与えるような事業産出に関する実体経済に反映されているわけではない．こうした過去に例をみないほどの長期にわたる低金利状況のもとでも，市場に出回ったその金は，結局は長期的な技術開発や画期的な製品開発による市場需要発掘を目指した投資には向かわず，それを金融商品に投じることでの短期的収益を狙う方向，すなわち，金から金を生み出すという"玉手箱"的投資先の探索に血眼になるような，いわゆる"有効需要"の創造とは無縁の金融市場の活性化だけが証券市場に蔓延している．また低価格ビジネスを牽引している代表的な企業として，日本マクドナルド，吉野家，ユニクロ(ファーストリテイリング)などが挙げられるが，最近の新聞・マスコミ誌上においてもそれら企業の低価格戦略には行き詰まり傾向が出ているとされ，新製品投入時だけは一時的に需要が増大するものの，それが持続することがないという．その打開策からか，各社とも高価格需要の見込めるような商品への開発志向もみられ，逆に高価格高品質を謳うことで業績を回復している企業なども見受けられている．

世の春を謳歌してきたコンビニエンスストア業界にも不採算店が増え始め，淘汰の時代が訪れてきていることも事実である．ところがこのような状況下においてさえ，製品やサービスなどの「モノ」としての「財」はますます豊富に多様に生産され流通され，盛んに広告媒体等を通して消費需要の鼓舞を図っている．それでも売れないモノが総じて多いからこそまさに"不景気"なのであろう．

　では現在の"消費社会"では何が「消費」されているのであろうか．どれほどの「多様なもの」が望まれているのだろうか．その「多様さ」を消費しながらいかなる「個性化」が消費者に望まれているのだろうか．多くの消費財が"売れない"という事実は，膨大な数の企業によって膨大な数の製品が多様に生産され多様に流通されているという，それらのものの中に「必要なモノ」あるいは「欲しいモノ」を消費者が見いだせないからなのであろうか．それとももともと消費者を魅了する要素に欠けているものだけが生産，流通されているのだろうか．そしてあるいは本来的に消費者の意識自体に多様化や個性化を志向するという事実そのものがそれほど強く存在してはいないのであろうか．もしそうであれば，多様な製品群そのものへの戸惑いのほうが強いのではないだろうか．いやそれよりも基本的な経済的要因，すなわち必要なもの，欲しいものがあるにもかかわらず，一般的な消費者の所得水準からみて，高価格すぎるからなのだろうか．ようするにデフレーションによる影響から，所得水準が低くなりすぎて，企業によって提供されている商品群を購買できなくなってきたからなのだろうか．

　一方，多様な品揃えを標榜し，多品種少量生産の受け皿として現代小売業態の代表的存在であるコンビニエンスストアの店頭においては，一品種ごとの品目数は現在減少傾向にあり，その分，これまで陳列されていなかった惣菜類や生鮮品等の品種数が増えており，徐々にミニスーパー化している事実が観察できる．それは必需品の充実化傾向に向かっているだけで，スーパーマーケットの代替店としての機能を充実させているにすぎない．ここでの"品種の増大"傾向は，決して"消費者の多様性の増大"に適合するための動きとみることはできない．

　さらに，マーケティングの考察対象として最も重要な存在である消費者の近年の消費動向をみれば，多様なブランド志向への分散化傾向よりは，特定のブランドや高額ブランドへの集中化傾向のほうが，ファッション品であれ耐久消費財であれ顕著にみられる．だからこそ特定のブランドや特定の小売店，特定の百貨店等々，収益性を満たしうる製品や企業はきわめて少数化してきているのであり，同一業界の中で採算のとれない多数の企業と採算のとれる少数の企業との差が拡大する傾向も，上場企業の株価現況をみるまでもなく，一層強まってきているのである．

このように現実の動きは，その上辺の現象だけをみても，生産側においても消費側においても，多様化や個性化といった事実に見合うものではない．そして消費の鈍さがマスコミで取り上げられ，低価格の衣料・ファッションブランドが幅広く受け入れられている一方で，若者から中高年まで年齢を問わず，高級ブランド品を身にまとったり，スポーツ競技を観戦・応援したりするために世界中に気軽に出かける人々の動きも顕著である．また正月やお盆の時期には海外で過ごす人々でごった返す空港の風景もお馴染みであるし，国内旅行においても，たとえば時間も金も掛かる豪華寝台列車などは常時その予約が困難である．それどころか旅行代金がおよそ1千万円もするような世界1周クルーズに申し込む中高年夫婦なども見受けられる．他方で企業のビジネス状況に目を移してみても，老若男女を問わず誰からも支持され日本国中から顧客を集め続け，そこでの1人当たり消費額が年々伸び続けているテーマパークもあるなど，どこにも消費の低迷など見受けられないような事実も多い[4]．

それでは，もし消費者側に必ずしも購買力がないわけではないとすれば，なぜ生産・流通側はごくごく一部の企業を除いて，「モノが売れない！」と叫ぶ企業が多いのであろうか．なぜ不景気感が市場に漂っているのであろうか．売れないのは消費者側にとって「不要！」と感じられる商品ばかりだからなのであろうか．しかし実利的に不要なものでも，上述のようにファッション関連製品や腕時計などのブランド品の中にはその需要が伸びている商品もある．不況なのは生産・流通側であって，一般的に「所得格差」の広がる傾向が示されているにもかかわらず，購買意欲も衰えてはいないし，それを実現する経済的余裕も衰えてはいないようにもうかがえる．それとも消費者側のマーケティング力の向上，すなわちモノをみる目が肥えて，買物戦略が巧みさを増し，その一方で，生産・流通する側のマーケティング力が相対的に衰えているからなのであろうか．

いずれにせよ，まさに不可解としかいいようのない現代日本の消費動向は，従来のマーケティングの基本的な思考パラダイムを無力にさえしかねない．しかしこのような消費現象の不可解さを解くために，上述した一つひとつの現象面に焦点をあててそれを追い求めても，おそらくその理由を論理的に解き明かすことは非常に困難であるように思われる．なぜなら，それらの現象は消費者をそうした消費行動に駆り立てる根源的な何らかの「動因」に基づく結果にすぎないからである．それよりもそのなぞを解く鍵は，その動因が何であるかの分析に目を向け

---

[4] ディズニーリゾートのように高品質で高価格の対応やさらなる値上げを実施しても，売上や利益が増大し続け，"消費の低迷" など無関係な様相を呈している企業もある．

ることにあり，逆にそれはマーケティングの基本認識にこそ求められなければならないと考えることのほうが適切ではないだろうか．

たとえば，現代の消費者はいかなるものに興味をもち，その資金(所得)を投じようとしているのか，そしてその理由は何であるのか，といった「消費者志向」の根源を解明すること，すなわち現代消費者にとっての「必要性(needs)」とは何か，「欲望(wants)」とは何かを明らかにすることによってこそ，この不可解さの解明に繋がるのではないだろうか．それは生産・流通に携わる企業のすべてが，この消費者側の「購買したい！」というニーズや欲望を喚起し，その思いを充足できなければ，企業組織としての存続基盤を失わざるを得ないという事実からしても重要であるし，だからこそ消費者側がいかなる購買期待をもち，その期待の源泉となるニーズや欲望の本質をこそ分析する重要性が認識できるのである．その分析情報を得て初めて，いかなる商品を生産し，いかなる流通を構築し，いかなるプロモーションによって市場を活性化させ，競争優位を築き，自らの利益を創造していくかについての戦略構築の方向性が明らかになるのではないだろうか．ようするに，企業のマーケティングにとって，消費者のニーズや欲望とは追随・追従する対象ではなく，あくまで分析する対象なのである．

本章の目的はまさにこの点にあり，現代の複雑な消費現象を解明するための基礎として，人間の消費に関するニーズと欲望の本質的な問題を以下で概念的に検討してみたい．

2 マーケティング研究における欲望問題の展開と消費社会の形成

消費者の欲望の所在を探るというここでのテーマは，経済学の分野では18世紀のアダム・スミスの時代から現代に至るまで様々な形で取り上げられてきた[5]．マーケティングの分野においても古くは心理学的な側面からの研究が行われてきたが，特に，1950年代のオルダーソン(W. Alderson)の研究は，マーケティング固有のアプローチとして最も代表的なものであるといえる．またボードリヤール(J. Baudrillard)に代表されるような消費記号論の観点からのアプローチもマーケティング分野の欲望研究に影響を与えている[6]．

他方，我が国のマーケティング分野においても欲望研究が幾度となく行なわれてきた．そして近年では，消費社会学や社会経済学の分野においても資本主義経済のメカニズムの本質としての「欲望の存在」の有り様に目が向けられてきており，さらにはメディア論や政治学の分野においても大きな関心が寄せられている[7]．

まさに欲望研究は古くて新しいテーマなのである．そして現代の消費者が生み出している消費現象の不可解さは冒頭に述べたとおりであり，今日的視点からの欲望研究への新たな取り組みの重要性がここに再認識されなければならない時代であると考えられるのである．そこで，消費生活の特質を形づくる基本条件として，いかなる社会的経済的発展段階が必要となるのかについての検討から進めることにしよう．

 ここでいう「消費生活」とは，人間が日常の生活を維持する上で必要な諸財を主に小売市場から経済的交換によって，すなわち貨幣との交換を介して獲得し，それを消費する行為を指している．ここでの，「維持に必要な……」といったときの"必要"の範囲は，一般に経済的社会的な産業水準の発展段階に依存して決まる．たとえば，財を産出する社会的仕組みが「産業化」していない状態をまず考えてみよう．それは我が国であれ西欧諸国であれ，近代以前の封建的な社会状況における一般の人々の生活においては，住居の中に取り入れられる財は生活を維持していく上で必要最小限の道具的財，たとえば，鍋釜包丁食器の類，あるいは火桶や箪笥，衣服の類に限られ，それも自ら製造不可能な財についてのみ，市場

---

5) 通称『国富論』もしくは『諸国民の富』として知られるアダム・スミス(Adam Smith)の1776年の代表的著作においては，社会への豊富な財(必需品や便益品)の供給システムとしての「分業」の重要性を論じるに際し，人間の社会的欲望生成の根源としての「稀少性」原理を取り入れ，「欲望」という概念を社会価値的問題として捉えている．この欲望に関するスミスの見解は経済学におけるその後の展開だけでなく，様々な分野へも多大な影響を与えた(A.スミス，大内・松川訳(1959)[*An inquiry into the nature and causes of the wealth of nations*: 1950])．
 また1950年代にはガルブレイス(J. K. Galbraith)によって著された次の文献は経済学における欲望研究の一つの典型的見方の代表として挙げることができ，マーケティング論や広告論の分野にも大きな影響を与えた(J. K. ガルブレイス，鈴木哲太郎訳(1985)[*The Affluent Society*: 1958])．

6) 広告心理学的な側面からは，Strong, E. K.(1925)，清水晶(1966)が挙げられる．
 マーケティングの分野では，Alderson, W.(1955), *Modern Marketing Thought*(first ed.)(1966)pp.18-21, W.オルダーソン，石原・風呂・光澤・田村訳(1984)[*Marketing Behavior and Executive Action*: 1957]．W.オルダーソン，池尾・小島・堀田・田村共訳(1981)[*Dynamic Marketing Behavior*: 1965]を代表的なものとして挙げることができる．記号論の分野では，J.ボードリヤール，今村・塚原訳(1979)[*La Société de Consommation*: 1970]を挙げることができる．

7) 我が国の欲望研究成果の代表としては，石原武政(1982)，石井・石原編著(1996)を挙げることができる．
 また消費社会学，社会経済学，メディア論，そして政治学の分野としては，それぞれその代表として次の文献を挙げることができる．間々田孝夫(2000)．佐伯啓思(1993)．松原隆一郎(2000)．S.ユーウェン&E.ユーウェン，小沢瑞穂訳(1988)[*Channels of Desire*: 1982]．N.ゼノス，北村和夫・北村三子共訳(1995)[*Scarcity and Modernity*: 1989]．

からの調達(購買)がなされたにすぎない程度の「消費生活」であった．食物にしても農民は基本的に自給自足であったろうし，都市住民においても，その日に消費するに足る分だけの購買ですんでいた．余暇的楽しみについても，特定のサービス財や物的財を消費しながら行なわれるのではなく，人と人との関係の中で生じる催事的消費が中心であった．たとえば婚礼や花見，あるいは宗教的祭事を通しての集いや酒宴などが主たる楽しみであった．

それでも確かに我が国にみられるように，江戸時代中期になると家内制手工業が発達するにつれて町人文化も栄え，遊興消費への需要や一般的な生活財への需要を満たす程度の生産供給が可能になってきた．しかしあくまでもそれは江戸や大坂といった極少数の大都市地域内の消費に限られ，いわゆる「大衆消費社会」と呼ばれるような国家水準での財供給が可能であったわけではないし，当時の一般庶民の欲望が総じてそれらの物財に向けられていたわけではない．

そうした状況が一変するのは，近代に至って，特に産業革命以後のことである．それによる産業化水準の飛躍的な向上の影響が西欧だけでなく，我が国の特に明治期からの近代工業の発展にも影響し，膨大な量の消費財が西欧並みに市場に供給されるようになった．さらには太平洋戦争後の復興期を通して，昭和30年代前半には上述のような消費者の生活維持に必要な範囲内での消費力に見合う生産水準をほぼ満たせるまでになった．そして現代に至り，今度は逆にその必要な範囲を大幅に超えて，すなわち必要財を消費する消費力以上に生産力が向上し，不要なまでの消費財の膨大な産出をみるに至ったのである．

ようするに，衣食住に関する最低限の財供給とその需要のバランスが十分にとれ，それら実利的効用を魅力の主体とする必需品に対する"飢え"が大部分の国民において解消された段階で初めて，生活を維持していく上で必ずしも必要ではない「モノ」への"豊かな"そして"贅沢な"欲望が振り向けられる条件が整う段階に至ったということである．この人間として最低限生きていく上での物財や生命への安全が保証された社会的発展段階に至ってこそ，現代消費社会における欲望問題が論じられるのである．1950年代にガルブレイスやオルダーソンがその眼で事実として観察した第2次大戦および朝鮮戦争後のアメリカ合衆国という社会の消費水準は，まさにそのような社会的経済的発展段階にあったがゆえであることは疑いないであろう．

この段階に至った「モノ」に対する消費者の欲望にとって，もはや実利的側面としての物理的な効用だけが重要なのではない．実利的以外の価値認識もその消費者の社会的な人的関係を前提として，その価値のイメージを自由に飛翔させることを可能にする．ようするに，モノに対する意味的な効用[8]への欲望が見いだ

されることになるのである．もしこの発展段階に至らない社会であれば，そこで消費されるモノの実利的側面にしかその価値を見いだし得ないであろうし，たとえ意味的な有用性に気がついたとしても，それを消費し得る経済的な余裕はないであろう．したがって，財についての意味的な価値が認められ，それ自体が消費の対象になるということは，消費者が実質的に生活を営む上で特に必要のない消費行為が形成されることでもある．そうした理解としての"不要な"財の供給が，生産側で可能になればなるほど，そしてその"不要さ"を消費することが，消費者側において経済的にも可能になればなるほど，このような消費実態こそが「高水準消費の時代」あるいは「高度消費社会」と呼ばれるにふさわしい状態であるということになる．

　同時に，消費者の周りにモノとしての財が溢れれば溢れるほど，そしてそれら多くの財の消費経験が増せば増すほど，財消費に対する消費者側の知識・経験量も膨大に増えていくことになる．そしてこの意味においての高水準消費が進むほど，モノに総体的に"飢えていた"時代に比べて，実利的にせよ，意味的にせよ，その売り手の訴求行為に単純に消費者が反応しなくなるのも当然のことであろう．したがって，またこの段階に至ってこそ，企業の製品やサービスといった提供財を市場に受容してもらうための活動，すなわち企業の維持発展に欠くことのできない手段および考え方としての「マーケティング」の価値が認識されざるを得ないということになる．まさに消費力に比して生産力過剰という社会的経済的条件こそがマーケティングの基本的な存立要件だったのである．

　このように考えてくると，高水準の消費社会になればなるほど，製造・流通・販売に関するマーケティング上の"仕掛け"はこれも一層巧妙に，より高度に仕掛けられなければ功を奏さなくなるのも当然であろう．まして現代のように，インターネットを誰でもが利用できるようになり，その知識・経験の範囲が急速に拡大している中では，そうした現代消費者のモノに対する購買欲求をどのように刺激するかに関して，従来の伝統的マーケティングの知識だけでは到底太刀打ちできないであろうし，それがなされない限り，製造・流通・販売する側の意図するような需要を創り上げることも不可能となったのである[9]．

---

8)　マルクスのいう「精神的有用性」と同義．この点については，K. H. マルクス，向坂逸郎訳『資本論（エンゲルス編）』岩波書店版第 1 分冊第 1 巻を参照のこと．
　　また物理的効用および意味的効用に関する詳細については，大友純(2001)pp. 205-231 を参照のこと．

3 ニーズと欲望に関する概念規定

ここまで，現代の複雑な消費現象を形作る源泉としての消費者のモノに向かう欲望のあり様の特質を分析するための基本認識として，それがどのような社会的経済的生産条件の下でその特質が形成されるのかについて述べてきた．ここではさらにそうした欲望の有り様の本質そのものを探るために，まずはその分析単位となる用語上の概念定義を明確にしておきたい．すなわちそれは欲望の"出所"は何かを探ることであり，それには一般的に伝統的マーケティングで日常的に使用され，ビジネスにおいても常識語となっている「ニーズ・必要・欠乏（needs）」と「欲望（wants）」という2概念のマーケティング上の意味の識別が不可欠となるからである．

日本語としての「必要」概念と「欲望」概念は国語認識上次のように識別される．すなわち，前者は「どうしてもいること，どうしてもなくてはならないこと（金田一春彦編『学研現代新国語辞典』より）；必ず要ること，なくてはならないこと（西尾・岩渕・水谷編『岩波国語辞典』より）」であり，後者は「最低限に必要なものが備わっても，それ以上に，したい，ほしい，と望むこと．またその心．類語として「欲求」（学研，同上）；ほしがる心，不足を感じて，これを満たそうと望む心（岩波，同上）」と意味づけられている．明らかに「欲望」とは，それが具現化された概念としての「贅沢：必要以上に費用をかけること（学研，同上）．実際の生活が必要とする以上の，分に過ぎた消費，また費用がひどくかかること（岩波，同上）」という語と同義であるとも考えてもよい．そしてこのような概念からすれば，モノに対する「欲望」の認識の発生は，行為概念として「必要・欠乏」の認識の事後概念であると考えることができる．

この日本語における意味概念は，その英語の needs と wants においてもまったく同様である[10]（なお本章では以下前者については「ニーズ」とカタカナで表

---

9) まさに1995年のマイクロソフト社のOS「Windows95」発売を契機として，世界中に急速に広がったインターネット利用に関する環境整備は，それ以前とは比べものにならないほどに一般の人々の多彩な分野での知識・経験量を増大させる結果となった．そこでの消費者間でのネットワーク・システムを介在した情報交換の日常化は，売買交換における売り手優位の状態を維持するために不可欠であった買い手側の情報隔離状態を消滅させ，売り手側の従来のプロモーション手法の効果を大きく衰退させる結果を招くことになった．こうした買い手市場側の動向変化に関する詳細は，大友純(1999-2000) pp. 25-30 を参照のこと．

10) ここでは，島岡丘編(2002)『ワードパワー英英和辞典[Oxford Wordpower Dictionary]』を参照している．

記し，後者については「欲望」と漢字表記する）．そしてこれらの概念がマーケティングの脈絡において定義づけられるとき，マーケティングの論理構成上重要な意味をもつことになる．そこで以下にその代表的な見解を取り上げてみよう．

マーケティング論の分野においてニーズと欲望に関する最も重要な示唆を残してくれたのは先にも述べたオルダーソン(W. Alderson: 1955)による研究である[11]．彼はこの2つの概念について「必要ではないが何かが足りない，というのが欲望である．何かを必要とするということは，当然その状況が発生するもとでその何かを利用することができることである．製品を欲するということは，実現性があって重要であると見なされるような状況を満足させる手段としてそれを認識することである」と述べている．さらに彼はマーケティングとの絡みにおいて「マーケティングはニーズに関する消費者認知を創り上げることによって欲望を創造するのであり，またマーケティングは特定の製品をこれらのニーズを満たす手段として認識することによって欲望を創造するのである」として，ニーズは個々の消費者側において生成されるものであり，マーケティングはそれを察知し，そのニーズを誰もが認知できるように明示化し，そして自らの製品をそのニーズを充足する手段であるとの認識を促すための活動であることを示している．そして「マーケティングは間違いなく欲望の創造を論じるものであるが，しかしそれはニーズから生じる欲望という原則から出発する……」と述べて，この2つの概念の関係を明らかにするのである．また2つの変換，すなわち消費者の意識内におけるニーズから欲望への変換と，さらにその欲望を特定の製品へと向かわせることへの変換は，マーケティングの技術的な課題であると指摘する．ようするに，「売り手の提供する製品が消費者の抱く必要性を満たす手段として適切であることを納得させる活動」こそが，"マーケティング"であることを強調するのである．また彼はこの欲望が個人に限らず，家庭の欲望としても重視するのである．そして彼は「世界中どこにも消費者のニーズの存在しないところなどない．むしろ欠落しているのは欲望なのであり，マーケティングはそれらを呼び起こすのを支援する」と論じるのである[12]．

このニーズと欲望の関係について，オルダーソンの見解を支持しながらもより簡潔にこうした消費需要の二面性を捉えた考え方は，ナーバーとサビット(J. C. Narver & R. Savitt: 1971)によって示された[13]．彼らは「ニーズと欲望の関係は

---

11) Alderson, W.(1955), op. cit., p.19.
12) オルダーソンのこの考え方は彼の前述の著書：Alderson, W.(1957, 1965)に受け継がれ，より体系化されて詳細に検討される．
13) Narver, J. C. & R. Savitt(1971)pp.54-55.

難しいものではない．それは欲望が単に知覚されたニーズであるということである．いかなる欲望であれ，特定のニーズから生じるものであるし，またしたがって，ニーズと欲望は対象をなすというよりはむしろ補足的なものである．……ニーズの中には潜在意識下にあるものもあろう．しかしそれらのどれであれ，必要を意識するまで欲望は存在しない」と述べる．そしてオルダーソンの見解に沿って「個人は彼のニーズを通常は意識していない．商品やサービスといった要素を欲するというのは，満足することを必要としている状況を満たす手段として意識的にも，また無意識的にもそれを"認識"することである」と指摘し，したがって「マーケティングは欲望を創造する，というときの"創造している"のは単に必要という知覚を助長することという意味においてだけのことである」と簡潔にいう．明らかに彼らは欲望喚起装置としてのプロモーション機能をマーケティングの本質として理解しているようにも思われる．ここでも個人の「必要性」の認知はあくまで内生的なものであり，その事後認識として「欲望」を位置づけている．それは間違いなく個人的理由によって内発した「必要」を充足する手段としての製品を「欲望」の対象としてその個人に認識させることをもってマーケティングの機能と捉えているのである．

さらにこの2つの見解を受け継ぐのがコトラー(P. Kotler: 1980[1])である[14]．彼もオルダーソン同様，「人間のニーズとは，ある人の感じた欠乏状態である」と述べ，生存のために必要なもの，帰属，権力，愛情といった社会的なもの，そして知識や自己表現への個人的ニーズとを含むものであるとしている．また欲望については「人間の「欲求」は，ある人のもつ固有の文化や，個人の育ってきた段階によって形づくられるニーズの表現である．……欲求は常に，ニーズを満たす文化的に限定された物に関係がある．同一文化内でも，個々の生活体験や嗜好によって，欲求には違いがあるであろう」と述べ，たとえば空腹を満たす欲望の向かう先は，アメリカ人であればハンバーガーやフライドポテトに向かい，別の国の人々であればその国固有の特定の食べ物に向かうと指摘する．

またコトラー(1980[2])はマーケティングとニーズおよび欲望との関係について，「マーケティング担当者はニーズを創らないし，ニーズはマーケティング担当者とはまったく別世界のもので潜在的なものである．マーケティング担当者は社会の他の影響要因とともに欲望に影響を及ぼすのである．彼らは評判を得たいという個人のニーズを能率的に満たすような特定の車を消費者に示唆する．マーケティング担当者は尊敬に対するニーズを創造することはないが，特定のいかな

---

14) Kotler, P.(1980[1])，和田・上原共訳(1983) pp. 14-15.

る商品がそのニーズを満たし得るのかという点を指摘しようとするのである．またマーケティング担当者は魅力的で入手可能な，そして容易に使用できるような製品を創り上げることによって，購買に対する個人の意図や目的に影響を与えようとするのである」と論じるのである[15]．こうした意味からすれば，ニーズは個々人の内的刺激によって生じ，欲望は外的刺激によって生じるということができる．まさに企業が行なうマーケティングは外的刺激として，その矢が消費者の欲望に向かうのである．

　ここでコトラーは，はっきりとマーケティングは欲望創造にかかわる仕事であることを強調している．西欧においても我が国においてもよく人の口に上る「人間の欲望には切りがない」という言葉は，人間が生物的にまた社会的に生きていく上で必要とする何かを感じる限りにおいて，それを具体化するための手段に対するニーズとして意識するところの欲望なのであろう．そうであれば，マーケティングはその活動対象を見失うことはない．人間が何らかのニーズを感じ，それを具現化するための欲望が存在する限りにおいてである．国や民族，性別や年齢を問わず，どのような人間においても，いまある社会の中での生存を望む限り，その必要さを感じる要因にそれほどの違いはないし，それほど多くの必要性が存在するわけではない．しかしそのわずかなニーズのもとで間違いなく欲望は膨大に存在していると捉えることができるのである．

　ところで，マーケティングに関連する分野におけるこのようなニーズや欲望の捉え方に関するアイディアはオルダーソンをもってその嚆矢とするものではない．広告論の分野ではすでに1920年代にこのような捉え方に関する指摘がみられる．たとえば，ストロング(E. K. Strong: 1925)は人間の欲望を2つに分けて捉えた[16]．一つは「先天的欲望」であり，もう一つは「後天的欲望」である．前者は上述したニーズの概念に相当するものであり，後者はオルダーソンやコトラーの欲望概念と完全に合致している．ストロングは「先天的欲望」とは，「純粋的欲望」と「社会的欲望」からなるとし，純粋的な要素として食欲や狩猟欲，健康欲，所有欲などといった，個人の生物的生存に直接かかわるものから構成されるという．社会的な要素は集団本能欲求，功名本能欲求，誇示欲求，恋愛欲求，子供への愛情欲求などといった，社会における人的関係性に関連する要因から構成されるとしている．ストロングはこれらの先天的欲望は人間である限り等

---

15) Kotler, P. (1980[2]) p. 19.
16) ストロングに関しては上記(注6)に示された文献を参照のこと．またストロングのこのような考え方は産業財のマーケティングにおいても重要な示唆を与えるものであり，この点についての詳細は，大友純(1997) pp. 1-32を参照のこと．

しく保有しているものと考えている．また「後天的欲望」とは「先天的欲望を満足させるための手段的欲望である」と捉え，特定の製品やサービスに向かう欲望であると考えたのである．まさに先天的欲望とは"自然"なものとして捉えられ，後天的欲望とは"人為的"な外部刺激によって発生するものと考えたのである．

したがって，彼のこうした捉え方に従えば，たとえば，空腹を感じて何か食べたいというのは先天的で純粋的な欲望であり，そのために特定のレストランの特定のメニューを食べたいと思うのは後天的欲望と捉えられるのである．同様に，たとえば牛乳の嫌いな母親が子供の体を丈夫にしたいがために小売店頭で牛乳を購買するのは，直接製品を使用し消費する子供の購買代理人としての役割によって買物をしている姿としてよりも，子をもつ親としての先天的欲望である愛情欲求を満たさんがために行なわれる購買行為であると捉えられるのである．それゆえ，どの銘柄の牛乳を購買するかに際しては，その母親は少々価格が高くても牛乳の栄養価の高いものを選ぼうとするかもしれない．そうであるならば，母親の理解しやすい表現でその物理的な商品価値としての栄養価情報が明示されている牛乳ブランドや，子供の健康に繋がりやすいイメージを想起させるようなネーミングの牛乳ブランドの方が，そうでない牛乳ブランドよりも選択される可能性は非常に高くなるであろうことは容易に推察できる．

また，恋愛欲求を叶えたいと思っている女性が菓子メーカーの広告である「あなたの想いをバレンタインデーにチョコレートに託して……」という提案に接し，どうやって自分の想いを相手に伝えようかと悩んでいたその問題解決としてチョコレートを贈ることこそが最適の手段であると認識した瞬間，この先の恋愛成就という先天的欲望の達成に向けた意味的な情報価値をもつ商品としてそれを買って贈るという行動が生まれることになる．しかもこれらの事例のように，子をもつ母親にしても恋愛を夢見る若い女性にしても，誰もがこうした想いを抱くのは当たり前のことだというのであれば，そこに膨大な潜在需要が存在しているのは当然のことであろう．ここにこそ，このストロングの考え方のマーケティング戦略に対する示唆としての重要性が認識されることになる．

このようにストロングにおいては，企業の提供財は先天的欲望を満たすための後天的で具体的な欲望対象として認識されているのである．すべての財はしたがって，消費者に対して，先天的欲望を満たす適切な手段として，その魅力性の理解に繋がるような表現で情報提示が行われる必要があり，それこそがマーケティング活動におけるプロモーション戦略上の最重要課題となるであろう．これは上述したオルダーソンの「マーケティングはニーズに関する消費者認知を創り上げることによって欲望を創造するのであり，またマーケティングは特定の製品をこ

れらのニーズを満たす手段として認識することによって欲望を創造するのである」といったときの,彼によって想定されているそのための具体的なマーケティング活動が,明らかに広告等のプロモーション手段であることを考えれば,ストロングとまったく同一見解であると捉えられるのである.

　以上のように,オルダーソン,ナーバーとサビット,コトラー,ストロングのマーケティングにおけるニーズと欲望に関する見解は,基本的にはまったく同じであると考えてよいであろう.これらの見解を整理すれば,まず「ニーズ」とは人間の意識内に生じる何らかの「欠乏感」であり,それを"埋めたい"あるいは"充足したい"という意欲そのものである.人間は本来的に意識内にそうしたニーズを発生させる意思が存在しており,したがって,外部からの刺激とは別の次元でその個人の社会的生活環境において内発的に醸成される.言い換えれば,欲望にとってニーズは所与的に条件づけられているものと考えられている.そしてこのニーズの存在に対して,マーケティングは「必要ではないが何かが足りない」という認識を積極的に引き出し,それが企業の特定の提供財によって充足され得るという期待認識を創り出すことであると理解される.この特定の財に対する期待認識こそが「欲望」であると捉えるのである.まさに「ニーズ」を満たす手段として認識されるという欲望を創造する作業,すなわち「欲望喚起装置」としての「マーケティング」が価値づけられるのである.

4 ニーズ概念の再検討と願望概念の重要性

　しかしこうした見解において疑問となるのは,本当にニーズとは人間に本来的に備わっているものかどうかについての言及である.すなわちニーズもしくはストロングのいう先天的欲望の発露の源はどこか,あるいはなぜどのようにしてそれが発生するのかという問題である.真にニーズとはまったく内発的なものであり,人間の外部的要因の影響からは完全に隔絶したものなのであろうか.

　もちろんここでいうニーズとは,生物としての生存にかかわる緊急性ニーズの段階,たとえば,飢えや貧困の状況から発せられるニーズではなく,第2節ですでに述べたように,生産力に関する経済的発展段階としての飢えや貧困を克服した社会における人々のニーズに関する問題である.このことからすれば,この時点で,すでにニーズもしくは先天的欲望は決して丸ごと「先天的」であるのではなく,人間社会との外部的なかかわりの影響も受けてのことであると理解できる.たとえば,飢えている状態での"空腹を満たしたい"という先天的欲望が向かう先の後天的欲望と,飽食の時代とすらいわれるような現代の日本という社会

において人々が感じる"空腹を満たしたい"という場合の後天的欲望の有り様はまったくその必要とされる「モノ」の具体性を異にすることであろう．前者の場合は食べ物であればどんな物でも充足感を抱くであろうが，後者の場合であれば，何でもいいというわけにはいかないであろう．あるいは「健康でありたい」という欲望も，健康情報の溢れる現代における欲望の向かう先と，そのような情報は特別に関心のある人だけしか持ち得なかった時代とでは，その欲望の向かう先は異なるであろう．

こうした意味からするならば，たとえば先天的で純粋的な欲望である「健康でありたい」とか，同じく社会的欲望としての「有名になりたい」，あるいは「恋愛したい」，「子供を愛したい」などというのも，その思いの強弱の程度やその内容が社会的（あるいは人為的）環境において異なるのであれば，必要認識に先立つこの思い，すなわち先天的な欲望として表現されていることは，言説的内容としては「～したい，～でありたい，～であればいいなあ」といったいわゆる「願望（夢や希望，期待も同義語である）」の認識として捉えることのほうが適切であるかもしれない．こうした将来に向けての「願望」という概念レベルでの意識は，人間が生物的社会的な存在である限りにおいて，時代や場所にかかわりなく不変的な願いであると考えられるのではないだろうか．すなわちここにおいて，「願望」という人間の認識の先にこそ，その願望を具現化するための必要概念が存在し，それを満たす手段としての具体的な欲望概念の存在へと進展，昇華していくものと思われるのである．

ところで，消費行為とは，ものを使用し使い尽す過程そのものであるとすれば，「願望」とはその消費行為に先立つ認識であるといえよう．この言葉は字義的には「ある結果が実現するように願い望むこと（学研，前掲辞書より）」であるから，上述したように，「～したい」とか「将来は～のようになりたい」といった，夢や希望，期待としての意味を表現する用語である．もちろんこれは英語のhopeやwishの概念とも一致する．人間の日々の生活において常に先の時点における自身の状態との脈絡で想起されるこの「願望」としての思いは，特に人間のライフサイクルの絡みで捉えたときにかなり一般的な認識概念となる．たとえば，子供のときに抱く願望，学生の時期や受験の時期に抱く願望，就職時期に抱く願望，恋愛時期に抱く願望，新婚時期に抱く願望，子供が誕生し親として抱く願望，孫ができたときの願望，あるいは仕事上における役職上の願望や人間のそうした様々な局面で抱かれる好奇心の願望等々，人間が社会的存在として人と人との関係を前提とした中で生じるこのような願望の内容は，いかなる時代であれ，いかなる民族であれ，そうした時間的空間的枠組みを越えて共通に抱かれる

感情であろう．様々な多くの友人と遊びたい，学習能力を向上させたい，恋人との楽しいときを過ごしたい，一緒により美味しい物が食べたい，子供や夫をより健康にしたい，親を慰労したい，仕事の能力を高めたい，有名になりたい，社会的な力を誇示したい等々，世界中の誰もが共通に抱く思いであろう．そしてこうした未来に対する願望としての漠然とした思いを実現するための手段として，何を求めるか，何を道具としてその思いを具現化するのか，その求める具体的な対象，すなわちそれが財に向かう場合には，その時代やその空間ごとに獲得可能な財の有り様が異なるだけである．

　オルダーソンらの見解においては，所与の条件としての何らかの内発的な欠乏感が存在し，そこから"必要である"と認識された財に向かう思いこそが「欲望」であるとされた．しかしこれまでの議論からすれば，所与の欠乏感としての「ニーズ」から出発するのではなく，その何かが必要というニーズに先立つ意識としての「願望」の存在を把握することがまず重要となるのである（これは後に詳述されるように，必ずしも消費者が自らのニーズを常に認識しているとは限らないという事実からも強調されることになる）．ようするに，「ニーズ」に関する消費者認知を創造するための手掛かり情報は「願望」の中にこそ潜んでいるからである．

　しかもこの願望は必ずしも人間が外部との関連なしに内発的にのみ抱かれる意識ではないことに注意する必要がある．その個人を取り巻く社会的状況や経済的状況，あるいは文化的な状況といった外部刺激からも，個人の願望の有り様は左右されるといってよい．子供の頃の願望は親の教育状況によっても異なるであろうし，所属した企業文化にも個人の願望の有り様は影響を受けるであろう．こうした意味からするならば，「ニーズ」の源となる「願望」の水準においてすら，やはりマーケティングによって影響を与え得る対象であるとして認識できるであろう．

5 マーケティングの役割認識と製品コンセプトの創造

　ここにおいて，マーケティングの役割はかなり明示的になるであろう．願望自体の発生は個人の内発的な場合もあるが，まったく環境と独立してはおらず，その影響力をもつ環境と間接的に企業は関係をもちうる．またそうした願望を実現する意欲を喚起する環境として，企業はマーケティングを絡み込ませることができる．同時にマーケティングを通じて，企業の意図する特定の財をその願望達成意欲と結びつけることによって，ニーズの意識を喚起し，個人の向かうべき欲望の具体的対象として，その財自体を認識させることができる．

　すなわち，マーケティングは欲望の創造に向けて二重の作業アプローチが可能

なのである．第1に，販売の対象として想定される消費者がいかなる願望をもっているのかを察知する作業である．それが探索され，そしてその消費者の現状がいかなるものであるかを観察し把握して初めて，その願望達成のためにはいかなる問題を解決することが必要不可欠となるのかという消費者の「ニーズ」が明らかになる．ただし，この発見されるべきニーズを消費者自らが明白に認識しているとは必ずしも限らない．そして第2の作業とは，その問題解決の手段として，マーケティング主体である企業の提供財がいかに適切であるのかについて，情報を創造し，理解を促し，そして購入されやすい販売環境を整備するという具体的な諸活動を展開することである．このようなマーケティング・プロセスが容認されるのであれば，第1の作業なくして第2の作業が適切な結果を得られるようには展開できないであろう．

しかし，現実の多くの企業において観察できることは，この第1の作業を無視して第2の作業から入ることである．たとえば，従来のマーケティング・リサーチでは，新製品開発に際しては，「あなたはどのような製品やサービスを欲していますか？」とか「どのような製品を買いたいですか」といった質問をすることで，消費者から直接的にいかなる製品やサービスに対するニーズをもっているかを聞き出す作業が行なわれてきた．たとえばそれが製品であれば，いかなる品質や性能で，いかなる価格で，いかなるデザインで，等々といった製品属性的購買要因を聞き出すことに精を出してきたのである．またよく売れた製品に対しても，「その製品の何が気に入って購入されたのですか」という質問を行なうことによって，いかなる製品属性がその製品購買や製品使用満足に繋がったのかという，いわゆる線型の多属性態度モデルを想定することでそれを明らかにしようとしてきた．

だが消費者自身がそのニーズを十分に把握し得ない状況下で，特定の製品を想起させたり，あるいは評価させたりすることはまったくナンセンスといってよく，実際こうした方法から画期的な製品が開発されたり，過去にはなかったようなまったく新しい需要が掘り起こされたりといったマーケティング経験は皆無といってよいほど少ない．単純に考えても，新製品とは消費者にとって未知の品質や性能，デザイン等々からなるいまだ彼らの経験したことのない製品，具体的な姿をみたことのない製品のことである．消費者は過去の知覚経験において想起される範囲内でしか必要な製品をイメージできないし，新しい技術に関する知識を企業の技術者以上に有してはいないのであるから，新製品開発に真に有効な情報を聞き出すべくもない．また売れた製品の属性を明らかにして，その模倣的製品を開発しても再度売れる製品に成長するかどうかはまったく保証の限りではない．これらのことは多くの過去の事例にみるがごとくであり，マーケティング担

当者であれば周知の事実でもあろう．

　こうした状況からしても，消費者から聞くことのできる事実としての価値ある情報とは，彼らが現在有している願望に関する情報だけではないのか，と言い切っても過言ではないように思われる．ようするに，彼らの現在もしくは将来の生活についていかなる夢や希望，期待といった「願望」を有しているのかについての情報探索の成果にこそ，最も有効に利用できる価値ある情報が見いだせるのではないだろうか．またそうした願望の達成意欲がどれほどであるかについての強弱の程度を探ることも容易に可能であろう．このような情報を前提として，次にそれを充足するために何が必要となるのかについては，企業側が自分達の提供財の能力に関する資源的可能性と技術的可能性を前提にしながら考察すべき課題となるのである．

　ただしこのとき，この充足のための方向性が2つ存在することに注意しなければならない．すなわち，充足に"必要なもの"というのが企業の提供財に向かう場合とそうした財には向かわない場合があることである．たとえば，財に向かう場合とは，「より健康になりたい」という願望を有する人が，近所に適切なアスレチッククラブの存在を知れば，そのサービスを購入したいという特定の財に対する「欲望」が発生するかもしれないということである．しかし一方で，そのクラブの情報を知っていたとしても，経済的な理由や場所的な理由，あるいは信念的理由から願望達成の手段としての財に対する欲望認識が発生せず，居住地近くの公園をジョギングすることによってそれを達成しようとすることも可能である．ようするに願望達成意欲が「モノ（財）」に向かわない場合である．しかしこの場合でも，消費者の願望が探索されれば，その達成に必要な諸条件，たとえば経済的信念的な状態の内容（アスレチッククラブを購入しない理由）を推察もしくは調査することによって，この「モノ」に向かわない願望をもつような消費者に対してさえ，安価で適切なジョギングシューズや発汗吸収性の高いウェアの情報として提供することは可能であろう．すなわちそうした情報を巧みな広告表現で示すことによって，「健康になりたい」という願望を達成するための必要財として「この商品を買いたい！」という「モノ」に向かう具体的な欲望を創り出すことができるかもしれない．

　また同様に，母親が子供の健康を願って，「体の強い子供に育ってほしい」という願望に対しては，上述のアスレチッククラブが，子供用のプログラムを整えることによって，母親にそうした願望達成の支援財としての価値を提供するのであれば，そのクラブに子供を入れたいという母親の欲望を創造することが可能になるかもしれない．このように考えれば，まさにここでいう願望達成の支援というのは，消費者の生活戦略上における問題解決機能としてのマーケティングの役

割が強調されていることにほかならないのである．そして，この問題解決機能を消費者の願望達成意欲と結びつけ，そのニーズとしての価値を認識させる手法こそが「製品コンセプトの創造」にほかならないのである．

たとえば，夜遅くまで学習塾通いをする小学生の子供をもつ母親の子供の安全を"願う"思いは，そうした環境にあるすべての親にとっての思いでもあろう．したがって，その安全の状況がいつも確認できるのであれば，それこそ母親の安心を得たいという願望が満たされることになるであろう．このとき，子供にもたせる「携帯電話」という財が十分にその問題解決機能を果たすことは明らかである．そうであれば，この財は単なる連絡の道具ではなく，母親の「安心を生み出す道具」という社会的必要財としての価値を有するものであり，それこそが母親にとっての携帯電話に対する「製品コンセプト」なのである[17]．

マーケティングにおけるプロモーションとは，このコンセプトを具体的に表現する行為にほかならず，まさにコンセプトを消費者にとってわかりやすくどのように伝えるかというプレゼンテーションの問題そのものなのであるといってよい．すなわち，遅い子供の帰りを心配する母親が，帰宅中の子供からの携帯電話による連絡を受けて安心をするというシーンをテレビ広告等によって消費者に示すことで，携帯電話という財が母親にとっていかなる価値を有するものであるかということを知覚，認識させることになる．夜の塾通いをさせている子供をもつ母親の大部分は，子供にもたせるための携帯電話が必要であり，そのために適切な携帯電話を選択したいという特定の財に向かう欲望を発生させるであろう．同様に，年老いた一人暮らしの親と別居をしている子供が携帯電話によってその心配が解消されるといったシーンの提示は，そうした親をもつ子供すべてに，携帯電話は上述の子供を思う母親の場合と同じ価値の存在を認識させるであろう．もちろん，この場合の財の品質特性として，子供にもたせる場合にはGPSのような位置確認機能や塾および家庭への連絡操作機能のみで十分であり，ゲームやメールといったその他の機能は必要ない．また，高齢者の場合には文字表示を大きくしたり音質を高めたり，操作の簡便性を重視したりしなければならないのは当然のことであろう．

前述したオルダーソンのマーケティングに対する見解としての「マーケティングはニーズに関する消費者認知を創り上げることによって欲望を創造するのであり，またマーケティングは特定の製品をこれらのニーズを満たす手段として認識することによって欲望を創造するのである」という記述は，こうした意味において具現化されることになる．ここにおいても，ニーズに関する消費者認知を創り

---

[17]「製品コンセプト」の基本的な考え方については，大友純(2001)pp.205-231を参照のこと．

上げるための手掛かり探索としての願望分析の重要性が認識されるのである．

6 消費社会におけるマーケティングの基本視点に関する再認識

　ここまで論じてきたことから推察すれば，本章冒頭に述べた現代における高度な消費社会の不可思議な消費現象，たとえば，デフレ不況下といわれながらも，膨大な利益を出している企業や活発な顧客吸引を果たしている業界などの存在は，まさにそうした企業が消費者の生活戦略上の問題解決機能を実に魅力的に提示する能力の高いマーケティングを展開しているからであると理解し得るのである．それは十分に消費者の願望達成の支援財としての価値を明確に彼らに伝達，理解させることに成功し，その欲望を見事に吸収しているからであると考えられるのである．逆にいえば，この不況下で製品の売れ行きが思わしくなく，不審にあえいでいる多くの企業は，そのマーケティング活動の展開において，消費者の生活上の様々な願望を読み込むことができず，したがってその達成意欲をも引き出し得ず，またそこに自社の提供財を欲望の対象として認識させ得ないからではないかと推測しうるのである．

　消費者側からすれば，このような企業の提供財そのものと，その提供財に関して提示されるマーケティング情報からは，自らの問題解決に結びつくような魅力的な存在としてニーズを知覚し得ず，したがって欲望を掻き立てる財として認識できる何ものをも引き出せないのである．それらは消費者にとってはまさに「不要財」にすぎないのである．他方で，現代消費者の支持を得ているような，たとえばテーマパークの東京ディズニーリゾート(オリエンタルランド)や画期的なPC製品および携帯端末ブランドのアップル，あるいは長きにわたって和菓子のトップブランドであり続ける虎屋等々といった企業の提供財に関するマーケティングの展開をみるとき，そこに行くことの，あるいはそれを購入することのニーズを喚起し，是が非でもそれを得たいという欲望を掻き立てる情報の提示とその願望達成を確実にし得る提供財自体の技術力や価格対応力を有していることは明らかである．

　従来の伝統的なマーケティング手法でも十分にその役割を果たし得た1980年代までの背景には，上述したようなマーケティングの製品購買に向かう欲望創造のための2つの作業アプローチの第1の作業を無視しても，画期的な技術力や未経験の画期的便宜性などを提供することによって，マーケティング上の不備を補うに十分な財の価値を示し得ていたという事実があった．しかし，1990年代以降，特にバブル崩壊後から今日に至るまで，消費者の消費に対する欲望の向かい

どころの貧弱性を払拭できない背景には，そうした「豊かな社会」の消費者へのより巧みなマーケティングの働きかけの不十分さがあったことも否めない事実であろう．そうであるほど，これ以上の技術も便宜性も真に必要とはしないまでの消費環境を与えられてしまった今日の消費者の消費欲望を活性化し得るような，伝統的マーケティング手法を超えた新たな発想に基づくマーケティングの体系化が必要とされるのである．したがって，今日の消費財市場における総体的な不活性感を蔓延させた背景には，そうした伝統的マーケティングの枠から脱しきれなかった多くの企業側にこそその原因が求められなければならないといっても過言ではないであろう．

すでに述べたように，現代日本の消費者の多くはいまだその消費意欲を失ってはいないし，それを購入する経済力もそれほど減退しているとは思われない．足りないのは，"豊かな経験"をもつ消費者を沸き立たせるような今日的なマーケティングとしての市場操作能力である．そうした操作の原点を捉えるとき，本章の主題である消費の欲望とは何かに関するアプローチは非常に重要な意味をもつのではないだろうか．たとえば，前節で提示されたような「願望分析」を進めれば，「多様化」とか「同一化」に対する消費者の欲望も，必ずしも彼らの生活上の願望とそれほど関連づけられた課題であるとは考えられないであろう．それは1980年代以降の標準化大量生産方式による需要の飽和期に，生産者側の思うようには売れなくなってきた状況の打開策の一つの方向性として唱えられたにすぎない概念ではないかということに気がつくであろう．

私たち消費者自らが多様化，個性化への必要性や欲望を声高にいったことはない．逆にいつの世でも人間の願望として，そしてそれを達成するための手段として，差別性への欲望と同一性への欲望はまったく同一の次元で混在しているといってよい．特定のブランドへの集中化傾向とそのブランド内でのわずかな差異性が欲望の対象となるのは，同一性と差別性の願望水準での混在性を必然と捉えるのであれば，十分矛盾のない消費行動であるとも理解し得るのである．「個性化の時代」，「多様化の時代」といって右往左往してきたのは生産者側だけであり，それも生産者側が創り出した消費世界への「神話」ではなかったのかとさえ思えるのである．

消費する側としては，生産者側がどんどん多様なものを眼の前に並べてくれるので，一応はそれを経験してみる．そうして個性化を目指して多様なものを消費すればするほど，特に社会関係の中での自らの位置づけにおいて孤立化してしまい，逆に不安感の方が増してきて，できるだけ多くの人と消費態様を同じにすることでの安心感を求めたくなり，たちまち同一化の方向を求める欲望が発生して

しまう．ところが結局，その同一性に浸れば浸るほどその中での微妙な差異性を再び求めたくなる．こうした心の動きは人間の社会性という側面を捉え，そこでの願望水準に眼を合わせれば容易に理解できる問題であろう．

　一方で生産する側は消費者の好みが多様化しており，個性化を求めていると固く信じて生産行為を行なっていながら，ひとたび自社もしくは他社においてヒット商品がでれば，その業界のほぼすべての競争企業がほとんどそれと同一の製品を市場に供給してくる．市場がそのヒットした商品と大差のないもので埋め尽くされれば，当然ながら消費者側の「飽き」を生み出すことになる．こうして現代の特に日本企業の国内向け製品供給競争は常に「多様化」，「個性化」への強迫観念にとらわれて次から次へと"新製品"を市場に投入することに明け暮れながらも，他方では同質的類似的製品供給を目指すことになるのである．しかも技術の発展の速度には限りがあるので，それほど画期的な技術が次から次と生まれてくるわけではない．したがって，その製品たるや，あらゆる業界のほとんどが「マイナーチェンジの新製品」にならざるを得ず，それでも多様化の波に乗り遅れないように，消費者側がそれほど必要としていないにもかかわらず，常に新製品を追い求めなければならないのである．そうした傾向が十年一日続けば，消費者の新製品に対する消費意欲は失せてくるのは当然であり，市場が不活性化するのも必然的状況となる．そしてそうした不要財が市場に出回るほど，その価格をどれだけ低下させようとも基本的な需要増大に繋がらないのも当然のことであろう．ようするに，不要財であるほど価格調整機能は市場において意味をなさなくなるのである．

　近年，多くの企業で低価格政策の行き詰まりがみられるが，本来的に消費者にとって不要財であったからこそ，価格の安さに惹かれて一度は購買してみようという気分が生じただけのことで，その商品そのものの本質に魅力があったわけではないことを，この事実は物語っていると考えられるのではないだろうか．すなわち多くの消費者にとって，常識はずれの低価格だからこそ「買い物の失敗」を気にすることなく，面白く，その価格で購入することの買物行為そのものを楽しんでいたにすぎないのではないだろうか．したがって必要財として購買していたわけではないので，そうした行為そのものに"飽き"てしまえば，いかに価格が安かろうと購買意欲はもう湧かないのである．それは低価格の紳士背広小売業チェーンやハンバーガーチェーン等々のこれまでの事実にみるように，買回り品であれ最寄り品であれ，消費者にとっての必要財として，すなわち基本的な願望を満たすことに繋がるような物理的および意味的な品質や性能上の魅力そのものがなければ，現代の"高度な"消費社会に生きる人々の消費意欲を継続して掻き立てるものではないのである．

消費者が真に望んでいるのは，現代における自らの生活戦略の中で，時間の経過と自らを取り巻く環境の変化の中で次から次へと湧き上がる「ああしたい，こうしたい」という個々人の夢，希望，期待としての「願望」への対応であり，その達成への努力の支援である．しかし前述したように，その湧き上がる願望は時代の変遷とともにその本質を異にするものではない．人間が生物的存在として抱く本能的生理的な願望の本質はもちろんのこと，社会関係の中で抱く願望の本質にしてもそれほど変わるものではない．変化しているのはその願望達成への財の有り様だけのことである．すなわち製造・流通・販売に関する技術発展を背景としながら生産者側が創り出してくる具体的な財の供給形態や供給量の変化に伴って，物理的，視覚的にだけ変化しているにすぎないということである．したがって，こうした現代の閉塞的な状況の中においてこそ，企業は真摯に誠実に消費者の真の願望の有り様を探り，真に必要とされるものを，ニーズとして消費者が知覚認識できるように魅力的な状態で市場に提示し，消費者のその財に向かう欲望を創造するというマーケティング活動の展開こそが望まれるのである（なお，このようなビジネス展開を百年以上にわたり継続してきたのが第9章で論じられる「老舗企業」にほかならい）．

　さてここまでは，現代の消費現象の不可思議さを前提としながら，その謎の解明を人間のニーズと欲望というマーケティングにおける根源的問題にアプローチすることで，従来の見方とは違う光明を見いだそうとしてきた．そしてニーズの概念と欲望の概念のより明示的なマーケティングへの関連づけのために「願望」という意識水準を持ち込むことで，より本質的な消費欲求の根源と，そこに結びつくマーケティングの論理の脈絡を探ってきたが，このことは組織購買者行動においても同様に考えてよいであろう．なぜなら，組織は個人の願望を具体的に叶えるために形成され，そのためにこそ，その組織に参加しようとする意欲が湧くのである．ようするに，それはそうした組織にとっての「願望」，すなわち利益の極大化や組織の継続性等々に関する願いが，ひいてはその組織に参加している人々の個人的な願望達成に繋がるからにほかならない．したがって，産業財マーケティングにおいても，組織顧客の本質的願望は何かを捉えることは，消費財マーケティングの場合とまったく同様に重要となるであろう．

　以上述べてきたように，ここでは特に過去のマーケティング分野における欲望研究に基づきながら，そこに新たに「願望」という概念を導入して考察を進めてきた．そこで次章では，マーケティング戦略への願望概念の導入をより具体的に説明しながら，こうした考え方の実践的適切性についての論証的精緻化を図っていくことにしよう．

■第7章■

願望概念とマーケティング戦略への適応

1 販売の困難性に関する認識の重要性とマーケティングの役割

　人間の欲望は現実として個人の消費行動にどのように機能しているのであろうか．あるいはそうした欲望を求めて，人間が集団として共通の目的を掲げながら有機的に活動しようとする企業組織においても，その欲望が機能するところは現実として個人の場合と同じなのであろうか，異なるのであろうか．こうした欲望のよって立つところとは何であろうか．なぜそれが個人や組織において発生し，また消滅し，その向かうところはどこなのであろうか．

　企業の組織的市場行為としてのマーケティングが明らかにそうした売り手の欲望と買い手の欲望との接点において機能しているとすれば，その双方の欲望をこそ分析単位として，発生過程，仕組み，目的性が検討されなければならないであろう．この意味において，マーケティングにおける欲望問題は，売り手と買い手が繰り広げる市場取引現象の行為前提として重視されなければならないであろう．

　このような問題意識のもとに，前章では従来のマーケティング研究分野の成果としてのニーズと欲望に関する捉え方について検討しながら，そこに新たに「願望」という概念を導入することの必要性について考察を加えてきた．そこで次にここでは，この問題をさらに発展させる作業として，企業組織における販売問題の困難性をどのように捉え，考えるべきかについて検討していく．それこそが経済学や経営学とは異なる固有の領域として確立されたマーケティング論に与えられた基本的課題なのではないだろうか．

　さて，企業のマーケティング活動としての市場行為を可能にする前提条件の最も基礎的な要素は，取引対象として認識される買い手側の需要の存在にあることはいうまでもない．経済学と同様，この見方はこの時点ですでに，需要の対象が製品のような有形財であれサービス行為のような無形財であれ，売り手である企業の有する何らかの財の存在が前提として考えられている．ようするに経済学に

おける分析問題とは，市場における売り手買い手間で生じる取引現象に関してであり，その市場にすでに存在している財にかかわる売り手買い手それぞれの一切の選択問題を扱うことなのである．

　ただしこの考え方では，特に売り手側の生産問題，すなわち生産に必要な資源の獲得とその利用方法に関して，経済合理性に適うような選択的意思決定問題として認識される．このときの買い手側の購買に関する意思決定は，これも常に合理的な選択をするものと仮定される．なぜなら買い手側にとっても，購買は自らの生産なり消費なりに必要な資源の獲得問題にほかならず，その選択決定は経済合理性に適うように行なわれるであろうと思われるからである．すると，資源を獲得しようとする買い手側からみて，自身の経済合理性に最も適う財とは，売り手側において最も経済合理性に適うプロセスを経て産出された財（たとえば，製品1単位当たりの生産費用をいかに低く抑えるかによって達成された生産効率の高い財）のはずである．よって経済学の分析対象は，生産者の販売問題を無視して，彼ら生産者の資源獲得とその利用過程における経済合理性に適った意思決定問題に濃縮して考察することができる．

　ようするに，生産者にとっては資源獲得と生産過程において最も経済合理性的な意思決定のもとで産出された財であれば，自動的に買い手側に引き取られていくことになるので，生産者における販売の困難性という問題は生じないのである．もし販売に困難性が生じるのであれば，それは資源獲得とそれを利用して行なわれる生産過程において経済合理的な意思決定がなされなかったためであると考えればよいのである．

　このとき，なぜその意思決定が売り手も買い手も合理的基準に従うのかについての理由は明白である．それは獲得できる生産資源もしくは消費資源と，その獲得に必要な資源，すなわち資本あるいは所得は，生産者という組織機関においても消費者という個人もしくは家庭においても無限ではないからである．

　確かに，ビジネス組織に限らずあらゆる組織において，その維持に必要な経済収入と経済支出のバランスが常に保たれるように，様々な努力がなされている．同様に家庭や個人においても，意識的であれ無意識的であれ，その家族や自身の生活の維持に必要な収入と支出についてのバランスを保つ努力をせざるを得ないし，現に行なっている．なぜなら，このバランスが崩れると，特に支出が収入を上回ってその補塡が不可能になってしまうと，組織も家庭も個人も経済的な意味での「破綻・破滅」を迎えなければならないからである．この意味で，組織や家庭はその経済活動の根底に必然的にバランスシートの類（貸借対象表や損益計算書）をもっており，そのシート上において経済的に許容される範囲内でしか活動

し得ないし，そのための意思決定は必ずその制約を受けざるを得ないという点で，常に経済合理性に適った行動をしようとしているといってよいであろう[1]．

このように考えると，マクロ的にみてもミクロ的にみても，財の供給と需要との間で生じる経済的な取引現象のメカニズムは，一見，どのような売り手も買い手もともに収支に影響を及ぼすような経済的調整要因として，財の販売価格と購買価格という要因にのみ代表させればすべて解明できるようにも思われる．特に新古典派経済学的にみれば，たとえば資源の獲得においてもそれほど大きな問題はない．なぜなら資源財は生産者にとって，あるいは一般に買い手にとって，所与の存在だからである．必要な財の数や種類，その所在といった選択可能な財に関する諸要素はすべて認識でき，しかもそれらの財は同質であるとされる．その中から自身の生産活動に最も経済的に適う財を購入すればよい．この場合の選択問題の解決は明快である．財が同質なので納入条件も含めて最も低価格のものを選択すればよい．それが最も経済合理性に適った選択となる[2]．

しかし現実の企業におけるビジネス世界でそのような単純な状況は皆無であることはいうまでもない．必要財に関する選択可能な範囲やその諸属性に関する完全な理解や認知は不可能であるし，また買い手にとってどの売り手の財が自身の経済合理性に適うかに関する知識も完全にはもちようがない．それが不十分であれば，その不十分な知識によって獲得された財を用いた生産過程においても的確に経済合理性にかなっているかどうかは認識できない．

またより具体的に，特定の売り手と特定の買い手というミクロな視点でそれを

---

[1] この観点からすれば，たとえばオルダーソン(W. Alderson)のいうところの組織や家庭における諸々の行為(集合，行動，期待)が体系化せざるを得ない拘束的基準の源泉として，すなわち「組織された行動システム(OBS: Organized Behavior System)」として，このバランスシート概念を捉えることができるかもしれない．確かに消費者は1回ごとの取引においては非合理的な意思決定を行っているようにみえるかもしれないが，消費者自身の在庫との調整において長期的品揃えの観点からみると，彼ら自身のバランスシートに合理的に適合した行動をとっている．それは彼らの収入と支出という財務(家計)基盤に対して，自己破産を回避するような意思決定がなされているという結果的事実からしても，十分にOBSとしての概念を満たす対象として家庭や個人消費者を認識することができるであろう．このOBS概念については，W. オルダーソン，田村他訳(1981)[*Dynamic Marketing Behavior* Richard D. Irwin: 1965]を参照のこと．

[2] 新古典派経済学では需要分析における欲望問題の重要性を強調したマーシャル(A. Marshall)に代表されるように，需要の実態としての欲望の充足という問題を十分に認識しながらも，それが直接測定不可能であることから間接的な測定用具として「価格」を導入するのである．詳細はA. マーシャル，馬場敬之助訳(1965)を参照のこと．
またマーシャルの経済学の概要については，橋本・上宮編(1998) pp. 107-133．小林・杉原編(1986) pp. 170-183を参照のこと．

考察してみれば，すなわち個別企業の一製品ブランドの販売問題と，そのブランドに関する個々の消費者側における購買問題として捉えたとき，そこに生じる取引上の諸問題については，取引当事者間における価格調整メカニズムだけでは必ずしも説明がつかない場合の方が一般的なのである．そのことは特に企業人であれば誰もが切実に認識していることは疑いないであろう．

　ようするに，我々の現実界は不完全情報下（あるいは情報の非対称性下）にある世界であり，上述したような売り手の財の生産過程において完全な経済合理性など確保しようもないし，またもちろん同様に買い手も完全な経済合理性に適うような資源獲得など不可能である．もちろんこのことは現代の経済学においても常識であることはいうまでもない．そして売り手も買い手もそうした不完全情報下にしか存在し得ないのであれば，彼らの最大の関心事はそのもとで産出した財をどう販売するか，それをどう購買するかという問題に尽きるはずである．特に産業財を扱う企業のような買い手においては，資源財購買の後に生産を行ない，そしてそれを結局は販売しなければならないのであれば，買い手においても販売の困難性問題こそが解決すべき最重要課題となるはずである．なにしろ販売問題を克服するしか収入は確保し得ないのであるし，それが持続もしくは増大することでしか，経済主体としての事業の継続やその規模を拡大することはできないのであるから[3]．

　そうした売り手と買い手という個別経済主体の総体がマクロの需給問題であることからすれば，マクロ現象予測への影響という側面が強調されるが，それ以上に，個別経済主体の側からみれば，不完全情報下にある個別経済主体の需給問題（ミクロにおいては生産と消費の問題と言い換えてもよい）の解明はまさに自らの生存問題にもかかわる最大の関心事であることは疑いないであろう．しかしそれ

---

[3] 企業の収益源は2つある．一つは「内部的収益源」であり，企業組織内部での種々様々な効率化や経費削減によって得られる利益分である．もう一つは「外部的収益源」であり，顧客への販売価格と製造・販売費用との差額によって得られる利益分である．前者は業務効率化にしても仕入れ費用等の削減にしても，必ず限界が生じてしまう（たとえば人件費をまったくゼロにすることはできないし，従業員数の削減や仕入れ費用の削減は顧客へのサービス提供の質の劣化や製品の品質や性能の劣化を伴いやすい）．しかし後者は顧客から得られる売上高に応じて得られる利益分であるので，それが増える分についての限界性はないからである．ただし外部的収益源はその決定が常に顧客側に委ねられている分，継続的なマーケティング努力に基づく顧客満足の向上が不可欠となる．このことはまた，内部的収益源の増大にマーケティングの知識や努力は必ずしも必要としないが，外部的収益源の拡大・継続にはマーケティングの知識や努力が必要不可欠であることを理解させてくれる．

でも，新古典派経済学の限界を十分に熟知しているはずの現代経済学においてさえ，販売の困難性問題が十分に理論的に探求されているとは言い難い状況にあることも確かである．

たとえばそこでは，情報の不完全性下における競争の発生や製品差別化がなぜ行なわれるかについての議論，あるいは広告の実施が需要曲線をシフトさせることについての理由は検討されても，個別経済主体にとって販売の困難性問題克服のための具体的な戦略的示唆に結びつく理論を提供してくれるところまでは十分に論及されてはいないのである[4]．というよりも本来，マクロであれミクロであれ，経済学の理論展開は政治的目的や政策的経済制御を目的としており，個別経済主体に対する戦略目的に貢献するという役割は認識されていないといったほうが適切であろう．それこそが，マーケティングの分野に与えられた理論構築の目的であり課題なのであろう．

2 消費者市場における販売の困難性問題

企業という個別経済主体にとって最もその販売の困難性が認識されるのは，その対象が家庭もしくは個人という個別経済主体の場合である．企業間取引においては，買い手側の購買目的が経済合理性基準に沿っていることが明らかである場合が一般的であるので，買い手側の経済的な仕入条件や生産条件に適合する財の提供方法を示せばよい．単純に解すれば，生産条件に適合するような財の修正も含めた意味での高品質財を可能な限り低価格で提供することである．そうであるほど，買い手側にとってはその財に対して何等かの効用を付加[5]した後の再販売時に，自身の市場における競争状況に適合的な低価格戦略やさらなる高付加価値販売も容易に可能となる．しかも企業という買い手は一般に売り手の品質状況をかなり正確に理解してくれる．

---

4) 代表的には，現代経済学の基本的なテキストとして普及している，J. E. スティグリッツ，藪下他訳(1994)，および同著者同訳者(1995)を挙げることができる．
5) 有形財であれ無形財であれ，その買い手が生産者である場合には製造加工や組み立てといった何らかの製造技術を付加した形態変換による付加価値づけおよびその販売に伴う諸々のサービス提供による付加価値づけを行なう．買い手が商業者の場合は品揃えや配送，取引場所や時間等の便宜性的付加価値づけを行う．なお本章でいう効用(utility)とは，売り手の提供する特定の財が，買い手のもつ何らかの欲望を満たし得る能力の程度においての使用価値および購買（交換）価値そのもののことであり，主観的な満足の度合いである．財の効用とは何かに関する詳細な議論については，大友純(2001)pp. 205-231を参照のこと．

しかし，家庭や個人からなる対消費者市場における取引においては，対企業取引のようなわけには行かない．第1に，消費者の購買目的が再販売利益に向けられていないこと．第2に，品質に対する認知という点に関して，企業組織の購買担当者のように適確に判断できる知識が売り手に比べて相対的に劣っていること．第3に，財の物理的な認識価値よりも意味的な認識価値を重視しがちであること[6]．第4に，購買の真の目的が売り手からみえにくいこと．これらの要因が，売り手側からみれば，経済合理性基準以上の購買価値を求めているように認識されることになる．

もちろん消費者の購買行為は，上述したように，決して自らの経済的収支バランスを崩してしまうほどの無秩序で価格無関心的な買い方をするものではないが，消費者自身にとって所定の経済的余裕の範囲であれば，企業のように1回の取引ごとに具体的な金銭上に換算しての厳密な収支上のバランス概念を気にせずとも，大抵の場合，家計の維持が可能なのである．そうした意味では，家庭や個人は企業のような社会経済的な観点での公的経済主体とは言い難いかもしれない．したがって，一般に製造企業が常識としてパラダイム化しているような「よいものを安くつくれば売れる」といった考え方は，現実の最終消費市場では成立しない場合が少なくないのである．

ようするに，消費者における財認識においては，一般的に，物理的には同質でも，意味的に異質であれば，買い手にとって必ずしも価格が安いほうが適切な購買対象財とはならないのである．しかもそれが適切であるかどうかの判断すらも，消費者のその時点までの知識と経験の範囲に制約されたものでしかないのである．もちろん，物理的に同質であるとの事実さえ，適確に認識されるかどうかは保証の限りではない[7]．したがって，売り手からみれば，消費者の財の購買行為そのものは，単純に価格に還元できない主観的で意味的な価値認識に拘束されることの強い，きわめて非経済合理性的な，いわゆるポストモダン的消費行為[8]を行なう存在として映るところに，まさに販売の困難性の源があると理解できるのである．

こうした消費者を買い手として認識するためには，特にその購買行為における意思決定の動因でもあるところの，購買の真の目的がどこにあるのかということに関する情報は，したがって，販売の困難性を克服していきたいとの戦略的願望をもつ売り手にとって不可欠なものとなるのである．不完全情報下にある市場においては，どれほど経済合理性基準に基づいた生産過程を経て産出された財であっても，市場でどれだけ販売できるか，言い換えればどれだけその財への需要が見込まれるかについてはまったく不確実なのである．高品質低価格の財以上に低

品質高価格の財が買い手の経済合理性基準に適うと認識されることも，現実の市場において至極一般的な現象であることは周知の事実であろう．

3 財に対する需要の発生と欲望の存在

　このような状況下におかれている企業にとっては，特に製造企業にとってはどのような財をいかなる内容や方法で創り出せばよいのか，そしてそれをどのように消費者に認識させれば販売の困難性を極小化することができるのか，という2つの問題こそが最大の関心事となることは疑いないであろう．ようするに何をいかに創り，いかに市場にその価値を伝えるかという問題である．この問題を解決するための最も重要な情報こそが，消費者の財の購買行動における目的はどこにあるのかということに関するものである．なぜならこの購買行為，すなわち「買物」という行為は，それを通じて得た財が使用されることで可能となる何らかの効用を享受するための手段的行為にすぎないからである．しかも売り手によって提示される財がこの利用目的に適わなければ，一般的にはそれを"買いたいという欲望"も発生しないであろう．もちろん，何らかの財に向かう欲望の存在というこの条件に加えて，その消費者にとって購入可能な価格が提示されなければ買

---

6) ここでいう物理的な認識価値とは，財の使用者の物理的な何らかの問題解決のために，製造業者や販売業者によってその提供財に固有の属性として付加された解決能力のことで，たとえば頭痛薬であれば実際に頭痛が緩和されるという効用であり，美容院であれば顧客の思いどおりの髪型にしてくれる技術力のことである．一方，意味的な認識価値とは，財の使用者の意味的・精神的な何らかの問題解決のために，使用者自らがその財に対して認める解決能力のことで，効能は変わらないのに高価な頭痛薬を選択したり，芸能人御用達のカリスマ的な美容師のいる美容院を選択したりすることによって自己満足感やステータスに対する欲望が叶えられるというような価値を与えてくれる能力のことである．

7) このことは，家計が限りある収入のもとでの極大効用の達成が困難であることを思わせ，いわゆる効用関数として簡単に定式化できないことの理由でもあろう．また，日常の購買生活においては，収入の限界性に基づいて経済合理性にのっとった意思決定をしたいという漠然とした願望はあっても，いかなる購買方法がそれをもたらすかについて完全な情報が得られないのであれば，経験的意思決定に従わざるを得ないであろう．まして購入額が経済的危機を招くほどの「買い物の失敗」に至らない程度であれば，他者の観察からすれば非合理的な買い物決定であってもそう大した問題ではない．しかし消費者がそうした判断をもって売り手の目の前に出現するという事実は，企業にとってマーケティング戦略構築上，特に消費者の購買行動問題に関して非常に重要な分析視点であることは疑いないであろう．

8) 現代の消費社会における消費行為の特質を分析した代表的なものは，J. ボードリヤール，今村・塚原訳(1979)である．

物行動に結びつかないことはいうまでもない．これは古くから経済学だけでなく，マーケティング研究やその実践においても周知のことであるが，したがって，特定の財に対する消費需要は，消費者側のその財の利用目的に対する欲望とそれを得るための金銭的な購買力が存在して初めて可能となるのである[9]．

そうであるからといって，結局は経済学における価格要因こそが需要を決定づけるのではないかと考えるのは早計であろう．買い手が企業組織である場合のいわゆる産業財においては，その組織が自らの市場において永続的な維持発展を望む限り，その組織価値を生じさせるための財の生産や売販に必要となる資源財として，売り手の財に対する欲望は継続的であり，また財の利用価値を高める上での低価格条件に対する関心も大きいであろう．しかし基本的な生存にかかわる必要財が十分に満たされているような現代消費社会においては，その財から得られる効用自体に魅力がなければ，どれほどの低価格であっても需要に結びつかないことは，これも周知の事実であろう．逆に，その利用価値が高いと認識された財に対しては，自らの収入では賄いきれないような高価格であっても，将来の収入への期待や貯蓄額，あるいはすでに所有している財を手放すことによって得られる収入によって，あるいはギャンブル的な行為すらいとわずに，その欲望を充足するための購買行為が発生するという事実は経験的にも確認されるところである．ようするに特定の財の需要の発生に関しては，価格という条件以上に，その財に対する欲望の存在こそが重要となることは容易に理解できるところであろう[10]．したがって，この欲望概念に対する論及こそが，なぜその財の購買行為を生み出したのかという理由を探る分析単位として重視されなければならない[11]．

4 消費者の購買目的と願望概念の重要性

それでは財に対するこの消費者の欲望の向かうところ，すなわち買い手が企業の場合であれば，それは金銭的利益であり，購買した財がどれほどの収益を創り出せるのかという点に凝縮されるのでその購買目的については理解しやすいが，消費者の場合のこの「購買目的」とはどのように理解すればよいのであろうか．

一般的にマーケティング研究においては，消費者の購買目的としての欲望問題はニーズ(needs)および欲求・欲望(wants)の概念として捉えられてきた．しかしすでに第6章においても検討されたように，そのニーズや欲望は市場にある既存の財に向かうもので，企業の行なうマーケティング活動の主たる目的もその財に向かうニーズや欲望をいかに創造するかというところにおかれてきた．しかも

そこでのニーズや欲望は，消費者に本来的に備わった所与のものであるとの認識が一般的であった．ようするにニーズは消費者の生活上の意識において内発的に発生し，それを充足する対象として外発的に認識させられた特定の「財」に向かう欲望が発生するものと捉えられてきた．したがって，企業のマーケティング戦略の構築に際しては，何よりもまず「消費者ニーズを探索せよ」あるいは「どのような製品が求められているのかを調査せよ」といった課題に集約されたマーケ

---

9) 需要の発生に関するこのような考え方は，古くはアダム・スミスにおいても使用価値および購買（交換）価値の重要性として論じられている（アダム・スミス，大内・松川訳(1959)『諸国民の富』pp.146-147）．

10) 欲望概念については古典的には政治学や法学の分野でも論じられてきた．たとえば，ホッブス（T. Hobbes 1588-1679）は何らかの意志的な努力が向かうところのものを欲求（appetite）あるいは意欲（desire）という語で表した．それは拒否されるべき苦痛とは対極にあるもので，自身にとって有益と思われる対象物に向かう情念（passion）的なものと捉えた．これは次々と人間の目の前に現れ，将来の利益に向けて保有される手段であり，能力はもちろんのこと，財産，名声，友人といった要因そのものであるとされる．この欲望こそが宗教や道徳以上に人間の行動を方向づけるものであるとする立場をとった．さらにベンサム（J. Bentham 1748-1832）は，人間として快楽を得たい，苦痛を回避したいという願望は自然であり，感覚的欲望としての「肉欲」，性欲としての「色欲」，富への欲望としての「貪欲」，名誉欲としての「虚栄心」，権力欲としての「野心」，苦痛への恐怖としての「臆病」といった欲望の動機は善でも悪でもないとした．さらにミル（J. S. Mill 1806-1873）はこのベンサムの考え方を基盤にしながら，人間の「個性」の重要性についても考察したが，このような考え方は，本章のような情報の不完全性に支配された資本主義制度下における「豊かな社会」で生じているマーケティング問題の解明には重要な意味をもつと思われるのである．そしていわゆる彼ら功利主義者たちが唱えた「最大多数の最大幸福」こそが目指すべき人間の善の基準であるとした考え方は，マーケティング活動によって提供財の快適性や便宜性といった価値を訴え，消費者の欲望を刺激し拡張していこうとする現代企業にとって，あるいはマーケティング活動の社会的適切性を標榜しようとするマーケティング世界の人間にとっては，資本主義経済を擁護し，自由な市場競争の正当性を主張するためにも，まさに「至福の論理」といってよいのかもしれない．これらについては，T.ホッブス，水田・田中訳(1974)，B.マギー，中川純男監修(1999)，自由国民社編(1998)を参照のこと．特に功利主義については，J.ベンサム，山下重一訳(1967)，J. S.ミル，伊原吉之助訳(1967)を参照のこと．

11) この欲望の"要素"は「認識」の水準である．これは人間の意識の仕方としての物事に対する判断あるいは心理的機能の有り様を示す概念であり，測定困難な非変数概念としてのそれである．この有り様は，その個人の属してきた自然的社会的文化的環境に影響されているので，その内的露呈としての特定的な方向性というものを予見することのできにくい概念である．したがって，そうした環境の影響に基づいて認識される欲望というものは，認識の部類として1つの"次元"でしか定義的には捉えられないかもしれない．たとえば「小さい欲望-大きい欲望」，「限りある欲望-限りない欲望」，「夢想的抽象的欲望-現実的具体的欲望」，「好ましい欲望-好ましくない欲望」，「緊急的欲望-非緊急的欲望」等々といった尺度概念である．

ティング・リサーチが声高に奨励されるようになり，そこから消費者の"ニーズに適合する"製品の開発を行なうことをマーケティングの基本的な手法としてきたのである．

しかし経験の教えるところによれば，生活上の必要性の程度が高く，しかも便宜的効用の程度が高い画期的な新製品は，消費者の認識を超える技術に裏打ちされたものや，消費者の意識せざる用途の提案が企業によってなされた結果であるところのものが多い．すなわち，消費者の欲するところの財として消費者自身によって想起されるものは，既存の市場にすでに存在しているものを前提としてしか考えられない場合が一般的であろう．そこではせいぜい既存製品の改良案程度のアイディアしか想起できないのである．また既存の財に消費者自らが新たな意味的価値を与えることで需要が創造されたり，消費者のニーズとは関係なく，競争上の理由から差別化を図らざるを得ない結果としての新製品アイディアが登場したりすることの方が一般的である[12]．

たとえば，電気信号で音を出すというコンパクトディスク（CD）プレーヤーに対するアイディアは，普通の消費者では想起不可能であり，またその製品が市場に登場する前に具体的にCDという財に対する欲望があったわけではない．また必ずしも複雑な技術を伴わない製品でも，たとえばレンズ付きフィルムやソニーのヘッドフォンステレオであるウォークマンといった製品は既存のカメラやテープレコーダーを，単に素朴に写すだけ，再生するだけといった基本機能のみに特化させた製品であるが，消費者に与える効用は非常に大きなものがあり，市場に出されるや「新製品」としてかなりの驚きとともに迎えられヒットした製品であった[13]．さらには，既存の財に消費者自らが意味的価値を与えた比較的記憶に新しい過去の例としては「ルーズソックス」が挙げられる．厚手の白のソックスは決して女子高校生の存在証明のためにつくられた商品ではなかったはずである．しかし周知のように，セーラー服には白のルーズソックスという組み合わせのファッションが日本国中の女子高校生に取り入れられた．

---

12) 企業間における競争状況の中で新たな使用価値が創造されていくという問題については，競争的使用価値概念の提唱として，石原武政（1982）の成果を参照のこと．
13) 新製品としての「レンズ付きフィルム」や「ウォークマン」のように，新たなコンセプトの下に過去の素朴な手法を用いて創り出すような技術を「後退新技術」という用語で言い表してもよい．特にこのような技術で創り出されたものは，複雑な技術で創られたものよりも一般にそのエネルギー的な環境負荷が小さくなるという特質を有している．最近注目されているバイオマス技術などもそうである．また技術の程度（驚きの程度）と必需性の程度が財の需要特質を決めるという増分効用の論理については，大友純（2002）pp. 165-180 を参照のこと．

このような実例は何を物語っているのであろうか．消費者の意識下にあった欲望は電気信号で音を出すというコンパクトディスク技術による製品自体を想起してのものではない．あったのは，従来のレコードの溝を針でなぞって音を出すといういわゆるアナログレコード再生システムにおける問題点への願望，すなわち「好きなレコードを何回聴いても劣化しないような，ノイズのないレコードがあったらいいなあ」という願望であり，「ジョギングしながら音楽が聴けたらいいなあ」という夢のような思いである．だからといってアナログシステム以外のものを望んでいたわけでも，もちろんそのような画期的な技術を想像していたわけでもなかった．またそうした"夢のような"財に対する必要性(ニーズ)が緊急的絶対的に意識内で充満していたわけではなかった．あるいはレンズ付きフィルムのように，どこでも買えて，難しい操作なしに誰でもがそれなりの写真を撮れて，しかもフィルム装塡の要らないカメラが，あのように至極簡素な仕組みで可能になるとは消費者の誰が想像し得ただろうか．あったのは「軽くて安くて小さくてどこででも写せてフィルム装塡の失敗のない簡単なカメラがあったらいいなあ」という夢のような思いだけである．しかももちろんそれはそうしたカメラに対する差し迫ったニーズではなかった．

ルーズソックスにしても女子高校生が自分たちのアイデンティティを示せるような品質やデザインの靴下をつくってほしいと靴下メーカーに消費者としてのニーズを表明したわけでもなんでもない．あったのは自らが準拠する集団としてのシンボリックな差別的ファッションに対する漠然とした願望だけではなかったのだろうか．たまたま目の前にあった製品に自らの欲望を乗せて口コミで広まったというのが実状であろう．このような例は枚挙にいとまがないほどである．ここに例示した製品の場合を考えただけでも，これはマーケティングにおける従来の「ニーズ」という概念の範疇内にあるものではないであろう．

多くの製造企業にとって，レンズ付きフィルムやヘッドフォンステレオのような成功は望みたくても簡単には実現し得ない事例であろう．売り手からみれば，それらの製品に対する需要は市場に出すまではゼロの状態であった．ということは，それらは市場に出せば売れると保証された製品ではなかったはずである．多くのメディアによっても報道されたように，これらの製品が市場に出される前の時点で開発者や販売担当者たちが考えていたことは，多くの人々に共通する夢や希望や期待を叶えるだけの特質(使用価値)をこの製品がもっているはずだという漠然たる予想的期待程度のものでしかなく，社内では「売れないであろう」という見方が大勢を占めていたという．おもちゃのような単純な構造のカメラ，録音もできず，皆で聞くこともできないスピーカーのないテープレコーダーは，売り

手側の常識からして当時としては当然の思いであったろうし，まったく見たことのない未知の製品に対する消費者ニーズなど探りようもない．一般に多くの企業ではこうした画期的な製品は大抵の場合，市場に出す前に断念せざるを得ないであろう．まさに収益性の拡大を使命とする現実の市場経済下にある企業においては，製品が市場に出されてから需要がないことに気づくわけにはいかないのである．その売れる保証がなければ生産・販売しないほうが無難であると考えるのは無理もないことである．

　したがって，本章冒頭に述べたような市場に所与として存在する財や，その財に対する需要の存在が前提として論理が組み立てられている状況だけをマーケティングの議論の対象とするわけにはいかないのである．マーケティングが論理的に解決すべき市場問題は，「需要が未知の状態の中で適切に市場導入が果たせる製品とはどのようなものであればよいのか」という，その財が市場に出現する前の状況における導入時導入後の予想あるいは予測に貢献できるような論理が構築されなければ，販売の困難性の克服に繋がるような戦略構築は不可能であろう．そのためにこそ，何が需要を発生させるのか，買い手の，特に消費者の購買の真の目的はいかなる願望達成を意図してのことなのかについての分析がなされなければならないのである．この点からするならば，消費者の買い物行為は経済行動としての考察の枠組みを超えているといってもよいであろう．

5 マーケティング戦略における願望創造の重要性

　ここまでの議論の観点からすれば，一般に企業で重要となる情報は，どのような財を企画すれば売れるのかということに関するものであることは疑いないであろう．企業のこうした思いに貢献すべきマーケティングの世界においては，市場にいまだ存在しない製品を，現実に市場に登場させたときには"売れる"製品になっていなければならないという確信に繋がるような製品開発や市場開発の考え方とはどのようなものであろうか．

　上記事例の脈絡からすれば，その情報を生み出す中核となる要素は，買い手の有している願望にこそ求められなければならないであろう．すなわち買い手の願望を叶えるに必要な具体的価値対象として，売り手が提示する財をいかに認識させるかが重要となる．そしてその認識に必要な財の効用をどのような技術やサービス等を駆使してそこに付加すべきかを考えなければならない．買い手が企業組織である場合については，一般に購買や生産，流通，販売といった諸行為における経済的合理性に貢献できる価値をその財に付加することを考えなければならな

い．買い手が消費者である場合には，その生活の脈絡の中でいかなる願望に貢献すべきであるのか，そのために必要な価値をどのように当該財に付加すべきであるのかを考えなければならない．そうして売り手の提供財に付加されたそれらの価値をいかにして買い手に認識してもらえばよいのかについての方法を探らなければならない．ようするに買い手の何らかの願望達成のための問題解決能力をいかに売り手の提供財に付加し，それを認識せしめるかを考えることが重視されなければならないのである．その考察と実行のプロセスこそがマーケティング活動にほかならないと考えてもよいであろう．

　具体的にいえば，「ダイエットしたい」，「恋人と楽しいひと時を過ごしたい」，「子供を健康に育てたい」，「老後の不安を解消したい」，「有名になりたい」，「他人と差をつけたい」，「知識人に見られたい」，「カッコいいスポーツ選手になりたい」等々といった人間の様々な願望的課題解決に向けた欲望が充足される製品として，消費者の目の前に登場したときに初めて，「その製品が欲しい」という意識が発生するということである．このような「～したい」という思いこそが「願望」という概念にほかならないが，別の言葉を捜せば，前章第4節で記したように「夢」「希望」「期待」といった言葉でも表現可能であろう．

　このような買い手の願望がどこにあるかを探索し，その願望達成に貢献できるような売り手の財の価値創造という視点は，同時にその逆の創造プロセスも可能であるという視点を提供してくれるのである．すなわち，マーケティングは一般的に内発的に生じると思われているこの願望すら創造することが可能であるということである．たとえば，「サッカー選手になりたい」という我が国の子供たちの願望はJリーグのマーケティングが1992年に華々しく行なわれるまでは存在しなかった．プロ野球の選手になりたいという子供はいても，プロのサッカー選手になりたいという子供はほとんどいなかったのである．しかしJリーグの発足と同時に進められたプロ選手の育成システム，すなわち地域の子供たちのクラブチームから中学，高校，そしてプロのチームまでの一貫した育成制度が整えられたことで，その願望の達成がまずはそのリトルクラブに入ることによってどのような子供にも叶えられる機会が均等に与えられたのである．ここにおいて，プロのサッカー選手になりたいという願望はそれを叶えてくれる必要財としての特定の「リトルクラブ」に入りたいという具体的な欲望に昇華されたのである．

　このように，売り手はその提供財について，買い手のビジネスや生活の脈絡の中で様々に抱かれている願望レベルに焦点をあて，その願望達成に叶うような効用（物理的・意味的な有用性）をいかに付加するか，そしてそれが願望達成にいかに必要であるかということを買い手に認識させることによって初めて，その提供

財に向かう買い手の欲望を創り上げることができるのである．これまでのマーケティングにおいて一般に常識とされていた欲望の捉え方では，市場における買い手の真の購買目的を明らかにするには不十分であるといわざるを得ない．従来のように，特定の財に対する人間の欲望について，「使用価値概念」から出発すると，欲望への影響要因をその財に固有の諸属性（たとえば品質，性能，デザイン，価格，便宜性等々）と結びつけざるを得ず，欲望の根源をもその属性の中に閉じ込めてしまわざるを得ない．ようするに，その財を買いたいという欲望はどの属性に強く刺激されたために生じたのかという点にのみ注目することになるからである．たとえば，マーケティング調査においてよく利用される多属性態度モデル[14]による分析はまさにこの点に焦点をあてたものである．

　この認識においては，人間の欲望分析はマーケティングという個別経済主体である企業の特定財の市場需要問題において何の有効性ももたらさない．すなわち，こうした財の諸属性のどれが購買を促したかについての情報が明らかになるだけで，なぜその属性に買い手は欲望を刺激されたのかについての情報までは明らかにできないからである．明らかになるのは，その財を欲しくなったのは「価格が安かったから」，「デザインが気にいったから」，「低価格なのに品質がいいように思えたから」，「それがあると便利だから」等々といった直接的な「購買理由」だけである．すると売り手は大抵の場合「次も他社以上に安くすれば売れるだろう」，「もっと凝ったデザインにしよう」，「より便利な機能を付け加えよう」といった努力に向かうことになるのが一般的事実であろう．

　しかしそうした努力が実れば現代企業に苦労はないはずである．現実の買い手は売り手側のそのような期待に単純に応える存在ではない．重要であるのは，その財を手に入れたいという欲望はいかなる願望に基づくどのような目的達成のためであるのか，いかなる問題を解決しようとしてその財を欲したのか，という点に関する情報である．企業間取引における買い手の財に対する欲望の充足目的は単純である．すなわち，すでに述べたように，その財の購買は自身の販売においてどれだけ収益的であるかという一点に凝縮して考えてよい．しかし消費者の場合においては，特定の財に対する欲望の具体的な充足目的は生活の脈絡の中における願望達成意欲にこそ内在していると捉えたほうが適切であろうし，またマーケティング活動による市場へのアプローチはその願望すらも創造できるものとし

---

14) これは財に固有の様々な諸属性の中で，どの要因への好意的態度がその財の購買という結果に結びついたのかという因果性を明らかにしようという線形回帰式に基づく統計解析手法である．代表的にはFishbein型モデルがよく知られているが，詳細は，田村正紀(1976)，中西正雄編著(1984)を参照のこと．

て捉えることによって，売り手としての企業のマーケティング戦略の構築に新たな光明を与えるものと考えられるのである．

6 消費者の真の購買目的と生活戦略

　それでは消費者の欲望達成の対象としての目的とはどのように理解すればよいのであろうか．すなわち購買行為を通じて達成されるべき欲望の対象としての戦略目的とは何かという問いである．それこそが「真の購買目的」といってよい．企業という組織購買者における戦略目的は容易に理解できるであろう．それは一般に，経済的な意味での収益の確保や増大，そのために必要な市場占有率の増大，その企業の属している業界や市場における名声の獲得，従業員の福利厚生的利益の増大等々，基本的には経済的価値の増大という戦略目的の達成のために，したがって，いかにして生産あるいは再生産，販売あるいは再販売のために好都合な資源獲得方法をとるかが最大の関心事で，それにかなうと判断されるような財を売り手は提供すればよいことになる．

　しかし，一般的に消費者は再販売目的で製品を購買するわけではない．あくまでもその製品のもっている効用としての物理的・意味的な使用価値を消費するために購買するのである．たとえば，エアーコンディショナーは冷房と暖房という物理的な機能の消費と，現代社会で"時代遅れ"の家庭と思われたくないためという意味的な価値の消費のために購買されるかもしれない．この2つの理由は多くの消費者に共通する購買目的でもあろう．もちろんそれだけでなく，ある家庭では，「夏の子供の勉強環境を快適にしてあげたい」，あるいは「エアコンの除菌機能がアレルギー症の子供の健康によいかもしれない」といった理由であるかもしれない．すると一般的に消費者が購買理由として応えるであろう「部屋を涼しく快適にするため」，「皆がもっているから」といった前者の理由に比べると，後者の子供に対する愛情ゆえの理由はなかなか表には出にくい理由かもしれない．とすれば前者のように応えた一般的な購買目的の背後に，その家庭に固有の購買目的，あるいは親がエアコンを購買決定したときの決め手としての購買目的こそが「真の購買目的」といえるであろう．あるいは前章でも述べたように，スーパーで，ある母親が"カルシウムが特に豊富"であることをイメージさせるようなネーミングの牛乳を購買したとき，それは自分が飲むためではなく，「子供を健康にしたい」という母親としての願望が叶えられる手段として選択されたのかもしれない．そこには家庭の購買代理人としての母親の様々な生活戦略があり，その戦略達成を目的とした「買い物」という"仕入れ"行為がその目的達成

のための手段として実行されていると考えられるのである.

　恋愛中の男性にあっては,相手の女性をどのように楽しませるかという戦略目的のために,それに適切と思われる特定のテーマパークやレストランといった場所の選択を考えているであろう.とすれば,選択されたテーマパークやレストランの従業員はその彼の戦略目的に奉仕しなければならない.病気がちの夫を料理を通じて健康にしたいという戦略目的を達成したいと考えている主婦に対して,スーパーの食品売り場の従業員は,その主婦の戦略達成に繋がるような製品を薦めなければならない.子供の喜ぶ笑顔が見たいという欲望を達成するための手段として父親が土産にチョコレートを買って帰るのであれば,企業は間違いなく子供の笑顔が引き出せるような,たとえば子供に人気のあるキャラクターをデザインしたり,子供が美味しいと感じたりするようなチョコレートを製造・販売しなければならないであろう.もし結果的に子供が喜ばないものであれば,その父親は2度とそのブランドを子供への土産としては購買しないし,他者にもその経験を伝えるであろう.上記の恋愛中の男性が相手の女性を特定のテーマパークやレストランへ連れて行き,その女性がそこでの経験に満足して楽しんだことが確認されれば,そのテーマパークは再度選択されるかもしれないし,その楽しい経験は他者にも伝えられるであろう.病気がちの夫が食品店で推薦された食材によってその病が少しでも改善されたとするならば,その食品店に対する主婦の信頼性は一層高まるであろうし,そのことは他者にも伝えられるであろう.

　いずれにせよ,消費者も自らの購買の先にある生活上の戦略目的があり,その願望達成のための手段として特定の財が選択されているということは,企業が自らのビジネス上の戦略目的を達成させるために特定の資源獲得に向かうときの財の選定理由とまったく同じ視点でなされていると解することができよう.売り手の戦略目的が達成されるとその成果は金銭的収益となって返ってくるが,消費者の場合においては,子供や夫をより健康にしたいという願望から特定の牛乳や食材を購買した主婦の"再販売相手"はまさに自分の子供や夫であり,その"販売成果"は彼女の子供や夫の笑顔や健康や感謝の表現という形で返ってくる.成果の形態は異なっても,企業の場合も消費者の場合も本質は同じである.

　以上の例示から理解できることは,売り手の提供財の買い手は,再生産や再販売を目論む企業などの組織購買者と同じく,消費者という買い手も何らかの「販売対象」が存在し,その販売戦略の達成を前提に資源獲得という買い物行為が展開されていると考えられるのである.そうした意味からすれば,常に「買い手の仕入れ(買い物)戦略は販売(生活)戦略に従う」ということができ,まさに売り手と買い手の間の取引関係は「売り手買い手間関係」ではなく,「売り手売り手間

図7-1　学習と欲望対象の変化

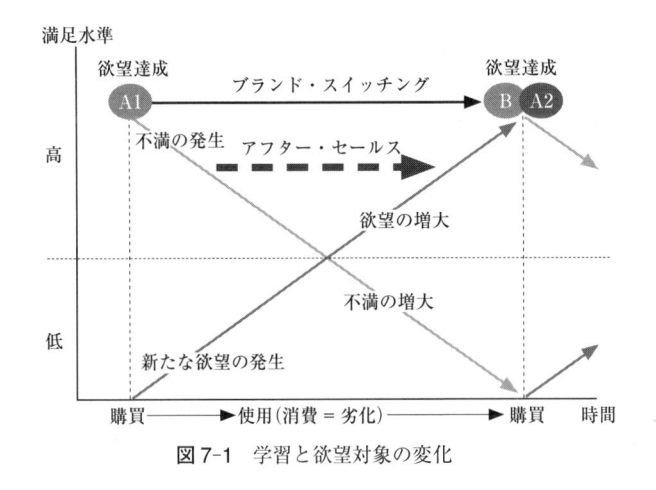

関係」として捉える必要があると考えられるのである[15]．すなわち，売り手はその提供財が買い手の仕入れ(買い物)戦略にいかに貢献する財であるかではなく，買い手の販売(生活)戦略にいかに貢献できる財であるかという点を訴求しなければならないことが理解されるのである．ようするに買い手の戦略目的としての真の購買目的に貢献し，その願望達成をどれだけ支援できるのかによってのみ，売り手の戦略目的，ひいては売り手自らの願望達成が可能になると考えられるのである．

7 買い手における欲望認識の変化とマーケティング対応

さて，願望刺激に基づくニーズの充足手段として特定の財に向けられた買い手の欲望は，購買・使用行為によって満たされることになるが，それではその欲望対象や内容は買い手および使用者の認識においてどのように変貌していくのであろうか．ようするに，欲望の対象は個人において固定的ではなく，学習によってその欲望の対象や内容は進化していくのが一般的である．図7-1はこのことを示している．

何らかの特定の財，ここではブランドA1が購買された時点で，そのときの欲望がまずは達成されたことが示されている．しかし購買された財は使用時間の経過とともに劣化していくが，その消費の過程において，購買された財に対する使

---

[15] こうした考え方に対するより詳細な検討については，大友純(1999)を参照のこと．

用の習熟が進むにつれて，他の同種財の情報や，より新しい効用度の高そうな財が市場に登場したりすることによって，購買時点では十分に満足できていたブランドA1も徐々にその欠点について認識できるようになる．それはその財に対する不満の発生でもある．その不満が常に他の財や新しい財との相対的な比較の中で生起してくると，それはより新しい財への新たな欲望の発生であると捉えることができる．そしてその不満と新たな欲望との交差点を超えると，機会があればできるだけ新しい財と替えたいとの思いが一層強くなる．ブランドA1の劣化が進み，使用不可能な状況が近づいてきたところで，新たな他社ブランドBが購買されることを図は示している．すなわちブランド・スイッチング(brand switching)が生じたのである．

　この図の重要な点は特定の財に対する不満の発生プロセスは新たな財への欲望の発生プロセスでもあるということである．すなわち，財は買い手に購買された時点からその財の価値評価に関する経験的学習がなされることによって，買い手の欲望はどんどん進化するのである．したがってこの図から示唆される戦略的な認識は，ブランドA1を扱う企業はその使用者のブランドBへの買い替えをいかに阻止するかを考えなければならないということである．そこでブランドA1が購買された時点から常に買い手を監視し，その不満の解消を積極的に進めるようなマーケティング対応を行なうことが重要となる．たとえば不具合が生じたときの迅速なアドバイスや無償修理，その間の代替品の無料貸与，新たな自社の財の情報提供や買い替え時期の提案，その際の下取り価格の提示等々といった積極的な支援活動を展開することによって，自社のブランドA2という新製品を購入してもらえるようなマーケティング活動を展開することである．まさに販売した後からが真の販売活動であり，いわゆる「アフターセールス」概念の理解の重要性がここにおいて示唆されるのである[16]．

　このような欲望の進化と需要の関係についての事例は枚挙にいとまがないが，たとえば，パーソナルコンピューター(PC)の市場においては，それが最も普及伸び率の高かったWindows 95発売当時と比べれば，今日の多くのユーザーは格段にPCに関する知識が増え，自分自身のそれぞれの用途に合った使い勝手のよさこそがPC選択時の最重視点となり，通信販売の利用も盛んになってきた．特に価格と性能のバランスを重視するような業務用の大量需要においては，低価格

---

16) このような考え方を"アフター・セールス"という概念で「売った後こそが真のセールス活動の始まりである」と論じているのは，刀根武晴(1984) pp. 77-94 である．
　　また企業におけるアフターセールス活動の多数の実践例については，刀根武晴監修(1980, 1983)を参照のこと．

でカスタマイズ可能な専門的用途に応えられるメーカーのPCがシェアを伸ばし，また持ち運びしやすく商談時の顧客に様々な情報を提示しやすいパッド型のPCが個人用途も含めて需要を伸ばしている．さらにはPC機能の多くをスマートフォンのような携帯端末でも代替できるようになってきた．しかしこうした需要者側の格段に向上したPC利用に関する学習段階に至っても，従来我が世の春を謳歌してきた日本の大手メーカーのPC販売の現場では，相変わらず付属ソフトの多さやデザインなどを中心にマーケティングを行なっており，PC普及時代初期の販売方法とさほど変わってはいない．また修理サービスにおいても売り手本位の対応が行なわれている．結果的に我が国のPCメーカーの販売不振状況が続くのも当然のことであろう．

8 買い手の願望充足に関する戦略的基本視点

　これまで述べてきたように，消費はそのプロセスにこそ意味があり価値がある．それはすでにいうまでもなく，新たな欲望を生産するプロセスとしての意味であり価値なのである．また消費は消費のための時間を必要とする．特にこの時間概念は消費者の「消費行為における消費概念」と生産者の「生産行為における消費概念」を区別する上でも重要である．消費者がものを消費するにふさわしい時間は，短い方が価値が高くなる場合と，長い方が価値が高くなる場合がある．それを分けるのは個人の消費行為が手段的である場合と目的的である場合かどうかである．手段的である場合には一般的に短い方が価値が高くなり，目的的である場合には長い方が価値が高くなる．前者はファーストフードでの食事やスーパーマーケットでの買物を考えてみればよい．後者の場合では高級料理店での食事や豪華寝台列車の旅や世界1周クルーズを考えてみればよい．これに対して，企業が資源を消費することでなされる生産行為としての消費は，どのような場合であっても短時間に行なわれるほど効率的であり，逆の場合は考えられない．生産者における消費行為は，効率的効果的な生産と販売という目的を実現するための手段的価値行為でしかないからである．

　このように，消費者における消費行為はそれ自体を満足の対象とする目的価値を有する場合が数多くあり，消費の時間の中で目的とする満足の生産が行なわれる．そこでは常に一定の時間を必要とし，その時間そのものが満足を消費する上で必要であることから，こうした場合の効率性概念は必ずしも高い価値を消費者に与えないことになるのである．言い換えれば，消費者側の消費行為の生産的価値が非効率的プロセスの中で生じている場合，といってもよい．一方の生産者側

の消費行為における生産的価値は，常に効率性を追い求める中でしか達成されないのである．

したがって，産業財購買者としての企業が，仕入れ対象としての資源財に関して向かうところの欲望とは，その財がいかに生産効率に貢献する価値をもっているか，すなわち購入金額に対してどれだけの収益産出に繋がる財であるのかということになる．資源財の売り手としては必然的にこの買い手の購入金額における要望に応えることが最も買い手の欲望に合致することになると考えるのは当然かもしれない．一般に売り手は買い手の価格削減要求にどこまで応じられるかが企業間取引の決め手になっているという周知の事実からもうかがうことができる．

しかし，できるだけ低価格で購入したいというこうした買い手の欲望は，資源獲得に関してのことであり，それはあくまでも組織内部的収益性の高い産出結果に結びつけるための手段的欲望でしかないことは明らかである．真の購買の目的は生産された製品の販売においてどれだけ市場からの外部的収益性が望めるかという点にある．そうであれば，販売の成果が資源獲得および生産過程において支出した費用を補うほどのものであればあるほど，資源財の価格が少々高くても問題はないはずである．したがって買い手が自身の販売成果をいかに達成すべきかという課題解決こそが，買い手側の欲望の真に向かうところであるとするならば，売り手にとってはそこを見据えた販売戦略の展開こそが重要となろう．

さらにそうであれば，この買い手の欲望を売り手が充足するためには，徹底的に買い手の販売戦略の何が収益拡大の支障になっているのかを分析することであろう．このとき，それは必然的に買い手以上にその彼らの販売市場についての情報をもっていなければならないことはいうまでもないであろう．その問題が分析されて初めて，売り手の提供財が買い手の販売問題をどのように解決し，収益性の拡大に寄与することができるのか，それこそが買い手が最も売り手の提供財に期待するところであり，それが買い手にとって最も効用の高い資源財となるであろう．ここにおいて，売り手は買い手の手段財としての購買効用を高めようとする戦略ではなく，買い手側の販売効用を高める戦略に対する欲望をこそ充足しなければならないと考えることができるのである．

経済学では生産と消費の概念はまったく対極のものとして認識されているが，上述のような視点から捉えるならば，生産行為と消費行為は経済主体においてまったくコインの裏表の関係にあるといえるのである．この考え方に従えば，消費者ですらしたがって，生産者としての意味で捉えることが可能となるのである．たとえば，消費者が食物を消費するという行為は，活動のためのエネルギーを生産している行為にほかならず，また母親が食材を調理という仕方で消費しながら

料理を生産し，子供や夫がそれを食するという形で消費し，栄養としながら元気に走り回ったり，仕事をするためのエネルギーの生産行為として機能したりすることになるのである．また母親にとっては"料理の生産プロセスは家族への愛情の販売行為である"ということもできよう．

　このことは消費から生産へ，生産から消費へという一連の価値増幅プロセスとしても認識できる．製造企業では原材料や部品を購入，消費しながら特定の製品への形態変換を行なうという生産行為を通じて新たな価値増幅形態としての製品を販売する[17]．卸売業者や小売業者という商業者は，その製品を仕入れ，品揃え形成や陳列という労働消費を行なうことで，新たな価値を生産し，その生産過程の中で増幅された価値を販売する．消費者は小売業者から自らの消費価値対象となる製品を買物という行為によって"仕入れ"，家庭内にすでにある既存の財との「在庫調整」も考えながら，日々の生活における願望達成に向けた「生産活動」や「販売活動」を行なう．ただし，すでに上述したように消費者の場合は販売活動の対価として得るのは金銭的なものではなく，販売した相手からの感謝であったり賞賛であったりするだけの話で，本質的には企業も消費者も同じ経済主体としての活動プロセスにおける願望や具体的な欲望を有しているものと考えられるのである．

　まさに企業のマーケティング成果はこうした様々な買い手の様々な願望達成手段として認識されたときに可能になる．たとえば，社会的な存在としての人間におけるもっと基本的な願望である他者との差別性や同一性への願望は，次々と提案され市場に登場する企業の様々な提供財によって叶えられている．「他者以上の能力を有して組織内での評価を高めたい」といった"個人的な認識能力差別化への願望"は，市場に溢れるセミナービジネスや書籍出版ビジネスによって叶えられるであろう．「変身したい」あるいは「他者よりも一層美しく健康な体になりたい」といった"肉体的差別化への願望"は，美容整形外科やエステティック，化粧品，スポーツジムなどのビジネスによって叶えられるであろう．「身辺を飾って気分を変えたい」といった"装飾的差別化への願望"はファッションやインテリア・コーディネーターといったビジネスの存在によって叶えられるであろ

---

[17] このような企業の生産・販売行為における資源財の消費行為は，たとえば古くはマルサス(T. R. Malthus)によれば，消費者の消費行為と区別して，"生産的消費"として「将来の生産を目的としての，資本家による富の消費または使用」であると定義され，この「富」の概念についても「人間に必要な有用な，または快適な物質的対象であって，それを占有したり，生産したりするのに一定の人間の努力を要したもの」と定義されている(T. R. マルサス，玉野井芳郎訳(1950) pp. 171-185)．

う. 豪華な旅行やパーティーを行ないたいといった"空間的差別化への願望"は交通機関や旅館・ホテル, 旅行代理店などのビジネスが叶えてくれるであろう. そして同一性の願望のほうは, 多くの企業の市場規模拡大競争の結果としての低価格大量販売によって叶えられるであろう.

このように, 買い手の抱える様々な願望の達成手段として特定の財の存在を認識したとき, その財の購入による期待感が醸成され, その財に対するニーズが確固たるものとして意識される. そうであれば, まさに特定の財の存在認識が願望達成手段として期待認識に変化した瞬間, それこそが特定の財に対する欲望が発生した瞬間であると考えてもよいであろう. 企業がマーケティング活動を通して, 自社の財の購買に買い手を向かわせるためには, したがって, その財がいかに買い手の願望達成手段として従来製品や他社製品よりも適切であるかということを認識させる努力こそが重要なのである. マーケティング戦略策定の基本視点もそこにおかれなければならないことが強調されるのである.

9 マーケティング行為としての欲望創造

従来のマーケティングにおける欲望概念においては, 人間の必要とする財に向けられた購買意欲の大きさとして認識されてきた. いわゆる特定の財に向けられたニーズ充足手段としての認識対象こそが欲望の対象なのである. そこでまず売り手としてのマーケティング活動は, 買い手のニーズが何であるか, あるいはいかなる財が欲望の対象となっているのかということを知る作業から開始されるのである. そしてその作業は, 市場調査もしくはマーケティング・リサーチという概念のもとに, 買い手の欲しい財が何であるかを特定化するための情報探索努力として意味づけられ, 価値づけられてきた. したがって, そこでの情報探索の主たる関心は「どのような財が欲しいのか」という売り手の提供財に付加すべき具体的な属性情報に向けられてきたのである. あるいはマーケティング・リサーチの重要な役割の一つでもあった消費者のライフスタイルを探るという作業についても, 購買行動として観察される生活の表面的な様相に関する情報から, 具体的な財の属性の組み合わせをいかにすればよいかを考えようとするところに主眼点が置かれてきた.

しかし, 調査対象者である消費者が想起し得るのは, 自らの経験として認知されている範囲内の財に関する「思い」でしかなく, それは既存の財に関する表面的な属性情報という範囲を超えるものではなかった. したがって, 企業の将来の市場競争力を左右するような価値創造に結びつく示唆, すなわち画期的な品質や

性能に繋がる物理的効用を創り出すような新製品開発に寄与する情報はそこからは得られないことのほうが一般的である．さらに有形財であれ無形財であれ，そうした物理的効用を生み出す技術が企業側に存在したとしても，その財が買い手にとって物理的にも意味的にも必需性の程度が小さければ市場需要は創造されないのである．これこそが売り手が最も必要とする情報であるにもかかわらず，それを消費者側から聞き出すことができないとするならば，その必要情報はどこに求めればよいのであろうか．この問題の解決に繋がる論理の探索こそが本章の課題であった．

　そこで検討されたのが前章も含めてここまで論じたところの買い手側の有する願望認識についてであった．買い手が財として必要としているのは何か，あるいは欲望充足財は具体的にいかなる形であればよいのかを探ることではなく，買い手の将来の願望は何であるのかを探索することの重要性が指摘されたのである．自らの将来に関する有り様としての願望は，まさにビジネス組織としての，あるいは消費者として漠然とした夢であり希望であり，期待である．それは誰でもが何がしかの情報を提供できる性質のものであろう．まさに本章においては，その情報に基づいて，そこからその願望達成のための支援財として，あるいは人々の新たな願望の対象を創り上げるような事業開発やそこでの願望達成に必要な製品開発として，売り手側の資源をいかに適合させながら製品化し，そこに売り手として意図的に込めた買い手側にとっての効用の適切さをどのように理解せしめていくか，という努力こそがマーケティング活動の本質であることを述べてきた．そしてそうした買い手の願望達成意欲を刺激し，その充足のために購買可能な財としての状態を創り出している主体が企業であることからすれば，一方的に売り手側のマーケティング行為として買い手側の財に向かう欲望が創造されていると考えてよいのかもしれない．

　以上述べてきたように，人間の様々な願望やその達成意欲に基づいて，内生的にせよ外生的にせよ，特定の財に向かう欲望が形成される限り，またその欲望の発露として，人間が個人的社会的に自身の内なる夢や希望，期待を有する限り，そうした願望充足手段の提案として，あるいはその願望自体の誘発装置として，企業のマーケティング活動を捉えることの重要性が認識されるのである．なお，実際の企業においてもこのような考え方を具体的なマーケティング戦略に適用し，成果を上げている実例も報告されている[18]．

18）このことについては，小堺規行(2006)，大越哲仁(2010)を参照のこと．

■第8章■
社会的価値システム概念とマーケティング行為の本質

1 財のもつ価値効用の多様性

　我々の日常の生活行為において利用される有形・無形の商品としての財は，単体でよりも複数の財との組み合わせによって，その行為目的が達成される場合が一般的である．たとえば，朝に必要不可欠な洗面行為について考えてみよう．そこでの行為目的は，寝起きの乱れた頭髪や顔面や口内の処理を行ない，屋外活動に備えた身だしなみを整えることである．そのために必要な財とは，たとえば企業等に勤める成人男性であれば，洗面器，歯ブラシ，歯磨き剤，タオル，櫛，整髪料，ドライヤー，石鹸，髭剃り用カミソリ(razor)等々であろう．朝の洗面行為とは，それら一つひとつの財が固有の役割をもっている数多くの品物を，私たち自身がその目的達成に向けて意識的に意志をもってシステマティックに統一的に使いこなすことによって可能となるのである[1]．もちろん，そこにはそれを行なうための洗面所という「場」が存在し，上記の品物以外にも湯水を使うのであれば水道や電気，ガス，コンロ，ヤカン，あるいは電気温水器等々といった設備や道具も必要であり，それら用意された一連の財との対応によってなされる行為なのである．これは洗面所というものが，そうした一つの「場」として意味ある全体性概念を形成するために必要な種々の財(要素)の連携的機能統一を人間自身が行なうことによって成立させているのであり，それはまさに，一つの構造体としての要素間関係システムを形成しているものと認識できるのである．

　同様に喫煙の場合について考えてみよう．タバコを吸うという行為を果たすためには，まずタバコ自体の存在がなければならないが，それに火をつけるマッチやライターがなければならないし，屋内での喫煙には灰皿もなければならない．それらの要素を人間が組み合わせて操作して初めて"タバコを吸う"という行為が完結する．

　今度は，儀式(ceremony)としての「婚約」という状況を考えてみよう．婚約式を成立させるためには，主役である婚約者本人たちはもちろんのこと，仲人，

2人が着る紋付羽織袴や着物，式を執り行なう婚約式場，日本酒や各種の縁起物としての品々等々，それぞれの役割をもった人間や財が必要不可欠な要素として存在しなければならない．そしてそれぞれの品物や人間はその儀式を成立させるために決められた役割を順序よく的確に果たすことによって，婚約式という一つの価値ある「場」の全体を形成することになる．

---

1) "システム"とは複数以上からなる要素間の関係から一つの効用が創出されるまとまりのある全体的有機体であり，この一つの全体がさらにいくつかの要素体からなる分解された下位システムの統合体として捉えられる．ここでの事例ではしたがって，歯ブラシやタオルといった財は一つひとつの要素体であり，それらを統合的に使用して行なわれる行為が"洗面"という統合された全体行為ということになる．
今日の社会学における「構造(structure)」や「機能(function)」という用語に最も近い意味で用いたのはH. スペンサー(Herbert Spencer 1820-1903)であるとされ，彼の時代にはまだ初期段階であった近代産業社会の工業や流通，政治等々の仕組みを「システム(system)」という用語で表現したのも彼であったとされる．事実，彼の1859年の著作である『知識の価値(*What Knowledge is most Worth*)』の「教育論第1部」でも散見できる．また，「社会システム」という用語は最初にV. パレート(Vilfredo Pareto)によって用いられたという．彼はすでに「パレート最適(資源，技術，選好傾向が所与であるとき，他の個人の満足を減少させること以外に全体の満足効用をこれ以上高めることができない状態)」の論理で著名な経済学者であったが，社会学に対しても関心が高く，人間の社会的行動の特質を"感情(sentiment)"という側面から探求し，それを生涯最後の著書となる『一般社会学大綱(*Trattato sociologia generale*: 1916)』にまとめた．ここで彼は，ある社会や集団の状態を個人の欲望や利害関係，そして不確定的な先入観などに基づく意思決定状況こそが，社会そのものを動かす基本的要因であることを示そうとした．このような決定状況を彼は"社会システム"と呼び，ここにおいて，社会現象を構成する諸要素間の関係を「システム」という用語で常態的に表現されることになった．こうした経緯については，T. レイゾン編，鈴木他訳(1972)pp. 183-196，富永健一(1984)pp. 222-318を参照のこと．
またスペンサーの『知識の価値』は，清水幾太郎編(1980)pp. 443-486に所収されている．マーケティング論の分野においてこうした考え方をいち早く導入し，理論づけたのはオルダーソン(W. Alderson)である．彼は様々な製造業者によって生産された単体としての諸製品が，消費者の段階においては特定の行為目的を達成するために必要な種々の製品集合が整えられてはじめてそのそれぞれの製品価値が消費されると考えた．そのための重要な機能こそが流通段階において達成されることによって果たされ，結果としての消費段階での価値ある製品集合が成立すると捉えたのである．こうした特定の目的に向けた品揃え(assortment)機能こそがマーケティング論の最大の関心事であるべきとした．そしてこの消費のための製造・流通機能を果たす主体の組織として家庭(household)と企業を捉え，それら主体が組織型行動体系(organized behavior system)に基づいた効率的効果的運動をするという本質的特性に目を向けたのである．この詳細については，W. オルダーソン，田村・堀田・小島・池尾訳(1981)を参照のこと．
またこの品揃え概念に関するより具体的な説明については，上原征彦(1999)pp. 160-167を参照のこと．

さて、ここに例示した洗面行為の「場」と喫煙行為の「場」、そして婚約というセレモニーを執り行なう「場」のそれぞれは、まったく独立してそれぞれの目的行為を果たす「場」として機能していることはいうまでもない。婚約というセレモニーの場に洗面行為で必要とした歯ブラシや洗面器が必要なわけではないし、喫煙行為の場に仲人や羽織が必要なわけではない。それぞれの道具や品物、あるいは仲人といった特定の役割をもった人間も含めて、それら何らかの使用価値を有した諸要素は、それぞれの特定の目的を達成するための行為の場を成立させる上でのみ必要なものである。ようするに、こうした諸要素は特定の目的達成のために必要な意味をもった組み合わせを行なうことによって、特定の関連の仕方で各要素の使用価値としての固有の役割効用が発揮されるのである。

また、これらの財の所有者がその財に与える役割は、必ずしも財そのものによって特定的に規定されるわけではなく、その所有者の目的行為に応じて自由にその役割としての使用価値を変えることもできる。靴の汚れをとるためのブラシとして朝の洗面行為に使用した歯ブラシを用いて、靴墨や靴拭きようの布と一緒に靴を磨くという目的行為に利用してもよい。翌日の洗面行為に使う歯ブラシはその日に新たに購入し直せばよいだけである。すなわち、この消費者は"歯ブラシ"のブラシ機能の部分に着目して、そこに靴磨き用としてのブラシという「消費価値」を認めたということにすぎないのである[2]。

したがって、その財の価値は製造者側が意図した当初の製造目的として想定された使用価値効用とは必ずしも一致するものではなく、他の財との組み合わせいかんによって、その価値を多様に変貌させることができるのである。もちろん、その変貌を促す主体は製造者側の場合もあれば、消費者側の場合もあるであろう。特に後者の側からみれば、そうした財の有している消費価値そのものは、その財の物理的性質としての使用価値自体の中に所与のものとして存在しているわけではないのである。財の真の価値は、消費する側としての行為主体者の目的達

---

2) マルクス(Karl H. Marx)はその著『資本論』において、「自分の生産物で自身の欲望を充足させる者は、使用価値はつくるが、商品はつくらない。商品を生産するためには、彼は使用価値を生産するだけではなく、他の人々にとっての使用価値、すなわち、社会的使用価値を生産しなければならぬ」という。これに従えば、ここでの歯ブラシの事例は、製造業者が"歯ブラシ"として市場に提示したのは"商品としての社会的使用価値"であり、それを消費者が購買し自身の所有物として"靴ブラシ"に使った"歯ブラシ"は消費者が自らの気づきによって見いだした単なる"使用価値"そのものとしての歯ブラシの存在であるといえる。このことからすれば、生産者側が製品に付加する社会的使用価値との混乱を防ぐために、消費者側にとっての使用価値は「消費価値」という用語で論じる方が適切であると思われる。マルクスについてはK.マルクス、エンゲルス編、向坂逸郎訳(1969) p.77を参照のこと。

成のために必要となる要素間システムを形成する一要素として，すなわちシステム価値そのものの中にその行為主体者自身が見いだすものなのである．よって，財はその所有権を有する者の行為目的の内容に応じて，その達成のためのシステム要素として自在にその価値を変容しうるのである[3]．

しかも，そうした特定の目的達成のための行為に必要な財は，永続的にその行為システムの中に位置づけられるわけではない．たとえば，洗面時の"髭を剃る"という行為について考えてみよう．髭を剃る行為で必要不可欠な財を挙げれば，まずカミソリそのものがなければならないし，それをそのまま髭にあてて剃るわけにはいかないので，石鹸が必要であるし，それを入れる容器と泡立てるためのお湯と刷毛が必要である．そうして剃って洗い流した後の拭き取りタオル，さらに肌のヒリつきを抑え，カミソリ負けを防ぐためのローションを塗って，やっと髭を剃るという行為目的が達成される．しかしここに特定の企業によって製造されたシェービングクリームの利用という方法が登場し，それを消費者が受け入れると，石鹸およびその容器，泡立てるために必要なお湯と刷毛は不要のものとなる．さらには同様に電動シェーバー（電気カミソリ）が登場し，その利便性や性能に関する製造者側の推奨を消費者側が受け入れて購入し使用するのであれば，カミソリもシェービングクリームもお湯もタオルも不要となる．

もしここで，髭を剃るという一連の行為システムを効率性という観点からみるのであれば，電動シェーバーを用いる方法が最も適切であり，この行為に必要なシステム構造は最も簡単で合理的なものとなる．余談ではあるが，そうした意味では床屋というサービス業者が行なう髭剃り行為は，最も複雑で非合理的なシステムで行なわれる分，それが髭剃り行為における最も"丁寧な行為"となるのであり，そこにこそ床屋としてのサービス価値の存在理由があるのであろう[4]．

---

3) たとえば過去の事例でも，高級ステレオで音楽を聴いたり，ピアノを弾いたりという製造業者側が意図した本来的な使用価値を消費するためにそれらの商品を購買したのではなく，その消費者の生活水準の高さを示す象徴的な"家具"の一つとしての消費価値を重視してそれらが購買されたという事実を我々は知っている．

4) 「サービスとは何か」に関する概念的で具体的な思考は，野村清(1983)pp.26-115，近藤隆雄(1999, 2007, 2013)に詳しい．
またマーケティングにおけるサービス概念の既存文献における詳細な吟味については上原征彦(1986)pp.215-237，上原征彦(1999)pp.269-279を参照のこと．
一方で，経済学の分野ではこのサービス概念の問題が長きにわたって歴史的に考察されてきており，アダム・スミスからK.マルクスやJ.K.ガルブレイスを経てダニエル・ベルのポスト工業化時代における「サービス社会」とは何か，そしてJ.ガーシュニーの「現代は"セルフ・サービス社会"へと向かっている」という300年来の研究が続けられている．これについては，J-C.ドゥロネ & J.ギャレド，渡辺雅男訳(2000)を参照のこと．

次に同様に，喫煙行為について考えてみよう．上述したように，この喫煙という行為目的を果たすためには，タバコ，マッチもしくはライター，灰皿といった財が必要であったが，今日では，特に会社内や駅構内などの公共的な場で喫煙行為を果たすためには，喫煙室やその中での吸煙機が不可欠であるし，家庭内ではベランダが不可欠な存在となるかもしれない．さらには，もし通常のタバコがもたらしてくれる満足感とほとんど変わらない価値を与えてくれるような"電子タバコ"という財が普及すれば，それまでの喫煙に必要な道具はまったく不要となり，この世から消滅するかもしれないであろう[5]．まさにタバコ自体の"市場崩壊"という現象が発生する．

このような新しい商品の登場は，したがって特定の行為目的を達成する上で，既存のシステム要素への追加や組み換えを次々と生じさせているのである．たとえばジョギング行為において必要な要素といえば，ジョギングシューズ，トレーニングウェア，ストップウォッチ，スポーツタオルなどが必需品であるが，今日ではそこにヘッドフォンステレオや携帯電話が不可欠の要素として組み込まれている．またこの2つの道具は，高校生や大学生の通学時においても，教科書やノート，筆記具，それらを入れる鞄そして通学定期券などとともに不可欠の道具である．特にこの携帯電話は，1990年代末頃から子供と高齢者を除いて，多くの日本人の日常生活において必需性を増し，今日では小学生から大人まで授業中も通勤通学中も仕事中も家事労働の際も，あるいは入浴時や食事中，睡眠時においてすら，衣服や靴などと同様に私たち自身の体から片時も離すことのできない製品になってしまったようである．

新商品がもたらすこうした情景の変化は，我々の今日の生活において様々な局面で見いだすことができるであろう．例えば，日本の食事行為においては食後の緑茶やほうじ茶の使用が常識であったが，今日ではそれらを押しのけて，烏龍茶が選択され，食事システムの不可欠な要素として機能している．入浴行為においては固形石鹸に代わり，液体のボディソープがその行為目的達成のための機能構

---

[5] 近年では，デジタルカメラの登場により，消費財としての写真フィルムの市場が崩壊しており，フィルム製造企業がレントゲンフィルムなどの医療用市場や他の産業財市場用製品に特化せざるを得なくなっている状況は記憶に新しい．またカメラ市場においても同様で，携帯電話にカメラ機能が備わったことで，写真を撮るという状況におけるカメラ専用機の需要が縮小している．特にこの携帯電話においては，電話やメールといった基本的な通信機能だけでなく，辞書機能やヘッドフォンステレオ機能，ラジオ機能やテレビ機能，さらには時刻表機能，目覚し時計機能，地図機能，地域の飲食店や病院等々といったあらゆる情報紹介機能などが備わっていることで，それら従来からの既存の専用財の需要を縮小させているのである．

造の不可欠なシステム要素として定着している．こうして，企業によって次々と繰り出されてくる新商品が，我々の日常生活においての必需性が高く，しかも従来とは比べ物にならないほどの便利さや快適性に繋がるような効用の増分の大きい，すなわち「製品力」の強い商品であればあるほど[6]，それまでの常識であった日常的な行為システムの変化を促し，その行為自体の"様相"を大きく変貌させているのである．

　他方，婚約式や結婚式といったセレモニーなどの社会的行為についても同様である．たとえば，宝飾財を扱う企業であるデビアス社が，ダイヤモンドという財の何よりも硬く混じり物のない物理的な特質を利用して「男性は婚約者に給料の3か月分に相当するダイヤに"永遠の愛"というメッセージを託してプレゼントしよう」という意味的な価値の提案が社会に受け入れられ，それが常識化すると，それまで日本の婚約式に引き出物として必要であった品々の多くが今日では不要となってしまった．また結婚式も教会やホテルでの洋風のセレモニー形式が受け入れられれば，文金高島田や角隠し，内掛けといった婚礼衣装や神主，三々九度用の日本酒等々はすべて必要なくなり，ウエディングドレスにモーニング，神父に聖書にエンゲージリング，そしてウエディングケーキやらシャンペンやらが不可欠となるといったように，まったく有り様の異なる儀式行為の姿が登場する．

　さらには，こうした婚約式や結婚式のような従来からある儀式への提案ではなく，その儀式自体が何らかの財との絡みで意図的に創造的にまったく新たに提案される場合も多々ある．たとえば第6章3節でも採り上げたが，我が国で一般化した，菓子メーカーによる「バレンタインデーには女性から男性に愛情や感謝の気持ちというメッセージをチョコレートに託して送りましょう」という場合などはそうである．こうした提案に対して多くの消費者が賛同し，そこに込められた"意味的メッセージ"自体の価値を消費することになるのである．

　このように我々人間の様々な目的をもった行為は，その行為の主体たる人間自身がその目的達成のために必要と思われる財やあるいは他者という人間をも含めた諸要素を集合させ，意図的にそれらを関連づけることによって成立し成就するのである．そしてそれら諸要素の組み合わせには既定の図式が存在するわけではなく，我々自らの意志によって，あるいは他者や企業の提案によって，その時その時の状況に応じながら，また必要と思われる時間的効率性や目的的効果性に応

---

6) 「製品力」はここでいう必需性の程度と効用の大きさの程度をそれぞれ「需要の強度」と「当該製品に対する技術的な代替力」と捉え，それらの積によって表すことができる．またこの「技術的な代替力」については「増分効用」と言い換えてもよい．このような「製品力」の捉え方については，上原征彦(1999) pp. 39-41 を参照のこと．

じて, 自由にそれら諸要素の組み合わせや順序性を変更したり, 他の要素と入れ替えたり, 新たに加えたりしながら, 自らの求める目的成就に向けた主体的操作を行なっているのである.

すでに第6章と第7章でも検討したように, まさに我々の様々な行為における願望成就に向けた特定の財に向かう欲望は, 常に社会的な意味をもった価値願望として捉えることができるのである. そして財はこの価値を具現化するために必要な技術的な特質によって"物理的な価値"が付与され, また他者との関係的な価値を具現化するために必要な特質によって"意味的な価値"が付与されることになる. したがって, 上述のシェーバーやヘッドフォンステレオ, あるいは電子タバコといった財の開発行為は前者の価値創造に繋がっているのであり, それが私たちに髭剃りの簡便さを提供したり, 戸外でも音楽を聴くことができたり, 煙害から人々を守ったりといった物理的な有用性を認識させるのである. また婚約時にダイヤモンドをプレゼントするとかバレンタインデーにチョコレートをプレゼントするとかいった提案は, 後者における人的関係価値の創造に繋がっているのであり, それが私たちに意味的な有用性を認識させることになるのである.

2 社会的価値システムの概念とそのマーケティング的重要性

これまでに検討してきたように, 洗面行為や化粧行為, 食事行為等々といった個人的で日常的な行為はもちろんのこと, 婚約式や結婚式, 入学式, 卒業式等々の儀式行為, あるいは様々なパーティーや会合, 仕事等々といった社会的な日常的および非日常的なあらゆる行為において, そうした種々の特定的行為のそれぞれが, 他の行為とは独立的に機能するところの「システム構造」を形成していると考えられるのである. そこにおける各行為目的達成のために必要な複数の財は, 関連的な集合体であるところの"役割関係間構造"としての機能的システムを形成しているのであり, しかもそれは企業によって担われている諸財の製造, 流通, 販売といった社会的な経済行為の価値連鎖の存在の上に成立しているものであることは疑いないところである. したがって, 人々のこうした行為構造は, そこにかかわる企業の技術的な成果やマーケティングとしての提案行為の成果と密接に関連しながら, ある特定の時代的社会的背景の中で, 多くの人々によってその行為価値が認められたところの「社会的価値システム」として捉えることができるのである[7]).

このことは, 人間関係の特定の範囲として設定された「場」における人間自体の役割間関係構造についても同様に考えることができる. たとえば, 家庭や学校

のクラス，趣味のサークル，会社等々といった場の中に位置づけられた個人は，そうした場の社会的な存在目的に従った意味関係を前提として，種々の役割やそれに伴う責任関係が必然的に発生することから，その目的達成のための統合過程の中で組織的な産出価値を生み出すことができるのである．逆に，そうした場としてではなく，たとえばインターネット掲示板のように情報発信者自体の存在特質が明示されず，その交信範囲も世界的に無限であるような，すなわち何らかの目的をもった特定的な「組織」としての「場」の存在しない世界であれば，そこには役割関係も責任関係も存在していないので，そこでの個人間の情報連関の総体からは，何の意図的な産出価値も生じないであろう[8]．したがって，人間が認識可能である特定の意味的範囲性をもった「場」であって初めて，そこで何らかの役割を果たし合う要素（人間）間の関係の全体としての機能システムを発生させ，一つのまとまりをもった「構造体」としての価値そのものが認識できることになる．

このように，「場」とはまさに人間関係の「舞台」としての意味をもち，そこ

---

[7] ここでいう「社会的価値」とは，前記の（注2）でも述べたマルクスの「商品としての社会的使用価値」概念と基本的には同義と考えてよいが，彼のいう「社会的」とは，生産者の外部に存在する他者によって認識される単体としての商品に込められた使用価値のことである．本章における「社会的」とは，特定の商品が果たす他の複数の商品との間の関係を，人間が意図する目的に適うように統制して初めてその使用価値が発揮されるという目的性そのものを意味した「社会」である．したがって「商品の使用価値」についても，常にシステム構造体としての関係において生じるものという捉え方をしており，語意からして，（注2）で記したように，「商品の消費価値」と表現したほうが本章の意図に適しているであろう．

[8] だからこそ，交信，交流する相手がどのような属性をもっているのかについて明らかにし，少しでも生産的な交流関係をネット上に築こうとする欲求が「ミクシィ」や「フェイスブック」，あるいは「LINE」として大きな支持を受けることになったのであろう．しかしこれとて所詮交信し合う互いは異空間に存在しているので，実際に同時空間内で面と向かって交わされたときのコミュニケーションの場合に比べれば，互いが互いについて知るための情報量は圧倒的に少ない．その分，こうしたネット上において互いを信用・信頼する関係に導く際の危険性は依然として変わらないであろう．ただし，個人を特定できないようなインターネットの「場」であっても，唯一その特質ゆえに逆に価値を産出できる場合がある．たとえば，一般の人々が公権力による圧力によって特定の意思表明のための集会すら認められないような状況下においては，それを望む不特定多数の人々への呼びかけが抵抗集団としての「場」の組織化をもたらすことがある．実際，人々の自由な政治的集会が認められていないような国々では，インターネットによる反政府デモの呼びかけなどで功を奏し，さらにはその状況映像がネットで世界中に配信されたりしている．まさに，個人を特定できず，しかも国境を自由に越えて情報の無限拡散を可能にするインターネットは，そうした反民主主義的な国家権力にとっては脅威の「場」の創出を招く装置として機能しているのである．

での自身の存在価値を高めたいとする様々な願望が，その成就に必要不可欠と思われる財に向かう欲望に転換されているのである．ようするに人々の特定の財に向けられる欲望の背景にあるのは，この願望そのものであり，その成就目的を妨げる諸問題の解決に繋がると認識される財こそが「価値あるモノ」として他の財と識別されることになるのである[9]．そうであるならば，人々のこうした願望を背景とする諸行為の目的達成のための手段として行なわれる財の購買選択は，その社会的価値システムとして機能している文化的な価値構造ときわめて連動的に形成されているものと認識してよいであろう．なぜなら，諸財の組み合わせの有り様と，その関連づけの機能的な方式の違いは"文化の違い"という概念によって表象化されているからである．まさに「文化的相違性」という概念は，特定の地域なり，社会なりの歴史的経緯の中で醸成された人々の生活の有り様に関する五感的な認識上の違いとして規定された「社会的価値システム」という概念にほかならないのである．

3 社会的価値システムにおける文化の表象化

ある特定の地域なり社会なりで生活をしている多くの人々において，ある何らかの特定の目的をもった行為遂行時にみられる特定の現象を「文化」という概念で捉えるとき，それは複数の財の関連する結合から一つのまとまりをもって構成される特定的な現象として認識でき，それをすでに上述したように「社会的価値システム」として表象化することができる．そうであれば，ある目的を達成するために採用される行為システムは，常にその社会における「文化」という特質に影響を受けているはずであり，したがってその文化自体を理解できていないと，その行為の意味をまったく理解できないことになる．しかも上述したように，その「文化」の内容は，特定のシステムを形成する要素の何かが大きく変化したり，人々の価値観が変わったりしただけでも，著しく変貌してしまうのである．このことは，財の物理的な組み合わせの有り様と，その組み合わせによる関連づけの機能的な方式の違いが，"文化の違い"という概念によって表象化されることを意味している．

具体的な例として，食事行為の遂行について考えてみよう．まずは特定の食材を複数組み合わせ，特定の調味料で特定の方法で調理した料理を食す場合，たと

---

9) これが製品コンセプト概念の本質である．詳細については，上原征彦(1999) pp. 36-39 を参照のこと．

えば，鯵をまな板の上に載せ，三枚に下ろして刺身にし，皿に大根の千切りを敷き，大葉やワサビを添えて，醬油の入った小皿と箸を置き，さらに徳利に日本酒を入れ，杯を添えて供すれば，それは刺身料理としての「和食」という文化的表象として認識されるであろう．他方，同じ鯵に塩と胡椒を振り，小麦粉をつけてフライパンにバターを溶かして焼き，スライスレモンをのせ，グラスで白ワインを添えて供すれば，それはムニエルとしての「洋食」という文化的表象として捉えられる．

　和食であれ洋食であれ，同じ食材を用いても，他の組み合わせる食材やそれらとの調理方法が異なれば，それはまったく認識を異にする料理として，そして文化的な差異を示す常識的行為として表象化されるのである．この複数の食材という要素間の関係を調理法という「システム」によって統合し，刺身料理なりムニエル料理なりといった，ある特定の目的を達成する行為こそが，まさに特定の地域なり社会なりに歴史的文化特性として規定された「社会的価値システム」という言語記号で捉えられる概念なのである．

4 画期的な新製品がもたらす従来の社会的価値システムの変貌

　社会的価値システムを構成する要素としての財が，従来の財と比較して画期的であればあるほど，すなわち増分効用が大きく，しかも日常生活上の必要性の程度が高ければ高いほど[10]，特定の行為目的達成のための既存のシステム構造そのものを変貌させるだけの力を有している．たとえば，ご飯を炊く行為における電気炊飯器の登場や衣料の洗濯行為における電気洗濯機の登場，部屋を清掃する掃除行為における電気掃除機の登場など，今日の私たちの日常生活における必需品のことを考えてみればよい．こうした財の登場が，それまで必要であった竈も洗濯盥も洗濯板も箒やはたきや塵取り等々多くの品々を不用にした．それは主婦のそうした家事行為の情景を大きく変えたのである．

　この家電製品のような技術的な面での画期的な新製品の登場は，趣味嗜好の消費行為の情景においても同様の変化を促している．例えば[1]と[0]の信号で音源を創り出す技術は，コンパクトディスクプレーヤーの開発に繋がり，レコード盤の溝を針でなぞって音を出すというそれまでの常識をまったく覆した．それはノイズのない明晰な再生音と小サイズのCD盤への大量の音楽情報の収録化を実現

---

10) 増分効用の程度と必要性の程度，およびそれに伴うプロモーション費用の関係に関する図式モデルについては，大友純(2002) pp.170-174 を参照のこと．

させたのである．さらにはインターネットを利用して音楽配信企業から直接的に情報として流された商品としての音楽を，消費者側が自身のパソコンなどの記憶装置に収録化するという購買方式を実現させるに至っている．このような技術展開によって，音楽再生に必要不可欠であった従来の室内配置型のレコードプレーヤーやスピーカー，アンプといったアナログ装置を一切不用にしてしまった．音楽を室内で聴くという情景から，いつでもどこでもパソコンや再生専用携帯プレーヤーで高技術を駆使したヘッドホーンを利用して聴くという情景へと変貌させたのである．こうした結果として，今日ではレコード(CD)屋と呼ばれた小売業者の縮小を招き，またアナログ仕様の音響再生装置もごく少数の音響マニアの需要に対応するだけの市場となり，その製造や販売にかかわった多くの業者を衰退させている．

　あるいは，我が国の伝統的な日常の茶事行為という情景においても近年大きな変化がみてとれる．たとえばペットボトル茶の登場は，急須や茶葉，湯飲み茶碗等を必要とせず，また会議等の場にボトルそのままで供されることによって，いわゆる"ラッパ飲み"という飲食行儀作法上の"無作法"概念をまったく排除し，さらに飲んだ後の片付けにおいても単に空のボトルを捨てるだけでよく，急須や茶碗を洗剤で洗い，食器布巾で拭いて茶箪笥にしまうという行為を不用にし，「日本茶を飲む」という日本文化における代表的な社会的価値システムの有り様を大きく変貌させたのである．

　このような変貌は万年筆製造業界にも顕著にみることができる．1960年代まで万年筆は大人の筆記具として中学・高校・大学への入学卒業祝の定番商品であり，我が国のその製造業者間でのシェア争いも激しいものがあった．鉛筆と違って消すことのできない万年筆の機能特質は，文書作成時の個人的使用だけでなく，商談・契約時にも不可欠な道具であり，輸入ブランド品などはステータスシンボルとしての価値もそこには認められた．しかし，1960年代半ば頃から万年筆の機能特質そのままに低価格のボールペンが市場に現れると，1970年代初めには個人的使用だけでなく事務作業の現場でも圧倒的に使用されるようになり，相対的に万年筆の需要は縮小することとなった．さらに1990年代半ば以降，急速にPCが普及し始めると，文書はPCソフトの利用により作成されることとなり，他者へのその文書送付も一国内だけでなく全世界の誰にでもインターネットを通じて運ばれるようになった．このことはそれまでの文書送付が国家的に組織化された郵便制度によって行なわれていた仕組みそのものを不要とし，必然的に民営化の方向に至るのも当然のことであろう．

　このような万年筆業界の衰退や郵便制度の現状をみるとき，それら企業組織に

おいて，たとえば筆記具を使って文字を書くという行為が，他者とのコミュニケーションを目的としたものであり，万年筆もそれを書く紙も封筒も切手もポストも，すべて文書作成システムおよびそれを相手に送付するためのシステムを構成する一要素にすぎないということへの認識の欠如こそが問題と思われるのである．もし万年筆製造企業側に「万年筆は"文書作成システム"の一要素でしかない」という概念が存在し，近い将来，その中核にPCが鎮座し，それがペンや紙などの役割を果たすことになるかもしれないとの認識があれば，そのシステムの中に従来の「ペン」という概念で入り込むためのアイディアとして，室外で何かに筆記したときにその文字情報が記憶され，それがPC内で再生可能となる"電子ペン"のような企画がひらめいたかもしれないし，その技術が万年筆製造企業側になければ，それを可能にする企業と提携するような戦略がとられたかもしれない．

　まして日本の万年筆メーカーが，1980年代前半に家電メーカーからワープロ専用機が発売される時点でこのことに気がつけば，電子ペンの開発でなくても，誰が書いた文章かの識別ができないワープロ文末に印字インクと同じインクの万年筆で"サイン"をすることの重要性を積極的に家電メーカーに働きかけることで，ワープロ機に万年筆ポケットが装着されたかもしれない．すなわち，多くの日本の消費者にワープロ文と万年筆によるサインの不可欠な関係が認識されたかもしれず，それは日本の印鑑文化からサイン文化への社会的価値システムの変更が促される切っ掛けとなったかもしれない．もちろんその場合には従来の万年筆の概念そのままに存続し得たであろうし，ブランドのステータス性自体を商品化できたかもしれない．当然そうした認識は今日まで受け継がれていたであろう．このことは，当時，ワープロ専用機の市場導入期に家電メーカーがこぞって「書院」や「ルポ」といったネーミングをつけたことでもわかるように，それが文書作成のための筆記具であるというイメージを想起させる上で，すでに日本社会に浸透していた万年筆ブランド企業との提携や共同開発に基づくプロモーションは好都合であったのではないだろうか．

　私たち消費者は特定の行為目的を果たしたいという欲望解決において，常にコストパフォーマンスを考え，その行為成果において特に問題がない限り，楽で便利な手法を選択する．万年筆を使用せずとも，郵便制度を使用せずともその行為目的は果たされるのである．ここにおいて，万年筆製造各社はその同業者同士が競争相手なのではなく，"真の競争相手"はボールペンの製造企業であり，PCを製造する家電メーカーであり，あるいは郵便局の真の競争相手はインターネット関連の業界であったと考えてよいであろうし，さらにはそうした手法を購買，選

択した消費者そのものこそが真の競争相手だったとも考えられるのである．まして郵便局が行なっている業務の中で我々が現在一般の企業に託すことができないのは「現金書留」ぐらいである．文書だけでなく貯金や物品配送等々，銀行や宅配業者でも可能であり，またいまでは現金出納から各種支払い，宅配依頼まで消費者は近所のコンビニエンスストアに行けばよいだけである．

このように，企業のマーケティング業務としての新製品開発とは，この社会的価値システムに必要不可欠な財と認識されるようなものを創造することにほかならない．さらにはその中でも，従来の財に取って代わってそのポジションを獲得してしまうような財は，一定期間にわたって安定的な需要を確保できることになる．そして従来の財と比較したときの増分効用の程度や必要性の程度が大きければ大きいほど，すなわち従来にはない画期的な新製品であればあるほど，それまでの行為目的達成に必要不可欠であったシステム構造を根幹から変えてしまうかもしれず，したがってそこに関連する財やそれを扱う企業の多くを不用にしてしまうという，いわゆる"市場破壊"にすら繋がりかねないのである[11]．まさにこうした状況こそが，私たちの日常生活における"文化的有り様の変貌"を促すマーケティング本来の"力"であるといってもよいであろう．

このような「社会的価値システム」という考え方を念頭に置きながら，新しい製品開発や事業開発をすることによって，より効果的で創造的なマーケティング戦略の成果が期待できるのではないだろうか．そのための思考手順は次のように整理できるであろう．

① ある特定の行為目的を達成するための既存のシステム構造は，どのような要素関係の全体から成り立っているのかについて調べる．
② 既存のシステムのどこが改善されれば，最終顧客の効用がより向上するのかについて考える．
③ その問題を解決するために，自社の技術や製品は既存のシステム構造のどの要素と代替できるのか，システム内のどこに割り込むことができるのかを考える．
④ その技術や製品が既存のシステム要素と入れ替わった際に，このシステム構造全体の効率性や効果性といったアウトプットの効用はどの程度高まるの

---

11) C. M. クリステンセン(Clayton M. Christensen)は技術革新の市場への影響性を「市場破壊」という概念で説明しながら，技術革新自体のもたらす組織の自己変革への課題を興味深く検討している．これに関する彼の一連の代表的な著作の邦訳文献は以下のとおりである．玉田俊平太監修，伊豆原弓訳(2001)．玉田俊平太監修，櫻井祐子訳(2003)．C. M. クリステンセン・S. D. アンソニー・E. A. ロス，宮本喜一訳(2005)．

かについて予想・予測を行う．
⑤ 自社の技術や製品が，既存のシステム要素のいくつかを統合したり，システム全体の潤滑油的役割を果たしたりということによって，従来よりもどれだけコスト効率を向上させることができるのかについての可能性を予測する．

5 マーケティング思考における構造主義的概念の重要性

我々が20世紀初頭から今日まで，マーケティング現象としてその視界(visibility)に組み込んできた対象は，それが特定の商品としての物体であれ，人間の営む何らかの特定の個人的もしくは組織的行為であれ，それは我々に等しく認識できるような概観なり様子なりを特定的に示すものであった．またそれらは一定の様式(pattern)を示しながら，ある特定の全体性(a whole)を有したものであった．そしてそれら対象は特定の価値を示すための機構なり構成なり，あるいは組成なり仕組みなりを有しており，そうした対象のもつ特性の全体性を「構造(structure)」という概念で捉えてきたのである[12]．

まさにそれはたとえば家電品や自動車，食品，衣服などといった衣食住にかかわるあらゆる製品そのものであったり，あるいはそれを消費する行為自体であったり，販売行為や購買行為，流通行為などといった様々な取引行為であったり，工場や機械，そして店舗といった種々の施設や設備を用いてなされる産出行為であったりと，それらのすべてにおいて，それぞれその特定の「構造」概念を有しているといってよい[13]．そしてこれらの"構造群"が我々に特定の行為目的達成

---

[12] このような現象認識の仕方は「構造主義」と呼ばれており，この概念を明確に特質づけたのはレヴィ＝ストロース(Claude Lévi-Strauss)の業績によるとされている．彼の主張をまとめれば「構造主義とは社会の諸問題についての一つの認識態度である．特に言語のように無意識的な現象の下部構造に目を向け，システム概念を導入することで，それを形成する構成要素間の関係の役割性を抽出して，社会現象分析としてそこに見いだされる法則性を明らかにしようとする手段的方法論である」ということである．構造主義そのものの詳細に関しては，以下の文献を参照のこと．J. ブイヨン編，北沢方邦他訳(1968)．北沢方邦(1968)．J. ピアジェ，滝沢・佐々木訳(1970)．C. レヴィ＝ストロース，荒川・生松・川田他訳(1972)．J. P. ピアジェ，芳賀・佐藤功・佐藤貴美子訳(1980)．

[13] たとえば，我が国における「流通構造」を取り上げてみよう．それを形成する骨格的機関としての専業的流通業者とは，製品製造業者，卸売業者，小売業者であり，さらに最終の受け手として消費者という4つの連鎖機関に代表される．それらはまず業種なり地域なりの規模を四則演算可能な比率尺度で実数としての集計レベルで捉えることができる．すなわち業者数，従業者数，施設規模，売上高，売場面積等々であり，消費者はその業種製品の対象者数，地域の居住者数，平均所得額，年齢構成等々である．それらの数値はすべて関連し合っており，「代数的構造」としての「機関構造」を形成しているの

に寄与するような価値を提供するには，その主体である人間自身によって目的成就に向けた諸要素の有機的な連携が意図的に図られなければならないのである．したがって，そこでは必然的にシステマティックな構造体が形成されることになる[14]．

しかもそれは機械的無機的な構造物ではない人間の社会的行為としての構造体

---

13) である．
次にそれら消費者をも含めた各業者が担う流通過程における固有の役割がある．すなわち製造業者の製品製造業務，卸売業者の収集・仕分け・配送という品揃え業務と分配業務，小売業者の仕入・陳列という品揃え業務と販売業務，そして消費者の購買・消費行為といった流通過程における一定の方向に向けた時間連鎖関連的な「機能構造」が存在しており，いわばそこには序数尺度で捉えられるような「順序的構造」が形成されているのである．
さらにそれら各業者間には地理的な懸隔が存在している．すなわち製造業者の製品取引に応じてくれる卸売業者の地理的範囲としての商圏域があり，卸売業者には取引を行なっている小売業者の地理的な範囲としての商圏域があり，そして小売業者にとっては自らの店舗に買物に来る顧客の地理的な範囲としての商圏域が存在している．そこにはまさに「位相」的に捉えられるところの「空間構造」が形成されているのである．これら3つの構造が業種的地域的な流通構造としての全体構造を形成し，さらにそれらの全体が我が国の流通構造そのものを形成しているのである．このそれぞれの構造の全体は，機関構造であれ，機能構造であれ，空間構造であれ，どこかの一部分に変化があれば，たとえば，小売機関おけるある地域の売場面積に何らかの変動が生じれば，その地域の機関構造はもちろんのこと，機能構造なり空間構造なりといったすべてに影響を及ぼし，結果として全体構造自体に対しても様々な波及的変動を引き起こすことになる．このような流通構造概念については大友純(1982)pp. 125-138 を参照のこと．

14) 1940年代頃から全体性概念の操作的考え方としてシステムの研究が始まったが，我が国で1960年代後半にシャノン(C. Shannon)やウィナー(N. Wiener)の情報システム論が紹介されると，1970年代初頭から"システム論"が一大ブームを巻き起こした．しかし社会的組織をオープンシステムと捉えて，単に構造を形成するブラックボックスとしての要素間での情報の入出力関係だけを想定してしまったがために，たとえば，流通現象の解明や消費者の購買行動における情報処理問題の解明等においても，すぐに分析的限界を招き，その研究は一過性に終わってしまった．また一方では，社会学分野におけるシステム論ブームの火つけ役を演じたタルコット・パーソンズ(Talcott Parsons)らの考え方においても，その構造論やシステムズアプローチの示唆するところである人々を支配する社会構造の制度的深淵部分には迫ることのないままにその思考的限界を招いてしまったのである．

本来的には，前記(注12)でもみたように，特定の現象を生じさせる上で必要不可欠な要素群間の関連形式(system pattern)を一つのまとまりのある「構造」と捉えることによって，そこからその現象の根幹をなす規則的な原理を発見，抽出しようとする思考形態を「構造主義」的方法論として概念づけたのである．まさにそれは，我々の個人的周辺に生じる様々な特定現象をそこに関連していると思われる要素間の関係からなる一つの「全体」として捉えることによって，なぜその現象が生じているのかについての説明原理を見出してみようという考え方なのである．

であることから，至極当然ながら，常にその効率性や効果性を高めるための新しい要素をそこに導入したいという欲求が生じていると考えてよい．それはもちろん，構造自体の諸要素の関係価値の変動をもたらすかもしれず，そうした意味では，常に構造は不安定的であって当然であり，またそこには常に新しい革新に向けた欲求の発生も，したがってきわめて自然なこととして捉えられるのである．

このことは，まさにマーケティングの観点からすれば，消費者の生活状況における既存の安定的均衡的システム状態を，自社のいかなる製品やサービスによって不安定的にし，そこから新しい秩序だった安定性を人々の生活構造の中にいかに定着させていくか，ということの重要性を認識させることとなるのである．それは一つには，ある特定のシステムの要素とはその全体システムにとってより高

したがって，「構造」が一つの「全体」としての"まとまり"をもってある特定の完結した「機能（役割）」を果たしていると認識するからには，必ずその"構造境界"が存在するものと想定せざるを得ない．そして構造が形成される前提として，まずは複数要素間での機能し合う関係の存在があり，しかもその要素自体は，必ずしもその全体性から強制的にそこに存在し続けることを義務づけられているわけではない．それは人々の時代認識や技術的な発展というその「構造」を取り巻く環境の変遷によって，要素自体が新たな特質をもった別の要素と常に変換されることもありうるし，また要素間関係の中で自己革新（詳細は第 9 章の注 36 を参照）を起こす場合もあるので，まさに不安定的であること自体がその本質であるといってよい．そうであればこそ，そうした旧来の要素から新しい要素への変換によって構造の特質自体が変わってしまうまでの安定した時期をそのシステム構造の「均衡状態」であるといってもよいが，それはあくまでも「一時的なもの」でしかないのである．

ところが，パーソンズはアシュビー（W. R. Ashby）の定義するような状態確定的システムとしての安定概念に基づき，システムの「均衡状態」を一時的なものではなく，その状態の永続性こそが社会安定の理想の状態と捉え，そのために機械論的な因果関連的図式の探索に陥ってしまったのである．すなわちそこには，家電製品におけるサーモスタット機能のような一定の状態を保つための制御システムである「サイバネティックス（Cybernetics）」の概念が想定されており，社会システムの一定的安定的状態を生み出す目標対象モデルとして位置づけてしまったのである．まさにそれは，意志をもたない道具としての物理的な財構造システムと，意志をもって従来のシステム以上の状態を常に願望してやまない人間の社会システムを同一視してしまったがための思考的混乱を招いたところに，その研究の限界があったと考えられるのである．このようなパーソンズの考え方やシステム論およびサイバネティックスの論理等については，以下を参照のこと．T. P. パーソンズ・N. J. スメルサー，富永健一訳（1958），松田正一（1973），H. A. サイモン，高宮晋監修，稲葉・吉原訳（1977），N. ウィナー，池原・彌永・室賀・戸田訳（2011）．

また W. R. アシュビーのシステム概念の詳細については，富永健一（1984）pp. 235-245 を参照のこと．

さらに，1970 年代における我が国のマーケティング研究分野で盛んに取り上げられたシステム研究の一端は，東京ワークショップ（1974）をみるとよくわかる．

度なシステム成果をもたらすような他の要素が存在すれば常にそれと取り替え可能であるということ，加えて，次の第9章13節の(注36)で示される N. ルーマンの考え方にみるように，そのシステム自体がそれを形成する要素間のコミュニケーションによって内発的に発展をしていく，という論理にこそ目を向けさせることになる．まさにこうしたコミュニケーション活動こそが，"マーケティング"という概念で捉えられているところの企業努力の本質なのではないだろうか．そして次章で論じられるように，この考え方は，たとえば100年以上のビジネスを続けてきた「老舗」と呼ばれる企業が，「家訓」という絶対規範を守り，しかもその中に指示される継続的な革新への努力を義務と認識し，外部環境の変化を適切に判断しながら，常に顧客適応の方向性を見いだしてきた経営スタイルの中にも見いだすことができるのである．

6 マーケティング戦略としての生活構造概念の取り込み

これまでにみてきたように，我々の消費生活における様々な目的達成のための行為の一つひとつは，その目的単位ごとに種々の財や他者をも要素として巻き込むところのシステマティックな構造体を形成しているものと捉えることができるのである．したがって，朝の起床行為に始まり，洗面行為，朝食行為，着衣行為，通勤行為等々，そして夜の就寝・睡眠行為に至るまで，一日の日常的な行為の連続と日々のそれら行為の繰り返しによって，我々の人生そのものが費やされているのである．すなわち，我々人間はそれらの行為連鎖として形づくられる生活全体としての構造の意思主体として存在しているのである．そしてそれらの行為目的達成のために必要と判断されて我々が購買した"モノ"こそが，企業の生産物としての"商品"にほかならないのである．ようするに私たちの手にする特定の商品とは，各行為目的成就に必要な構造体を形成する要素群の一つとして位置づけられて，他の一連の商品と連動しながら特定の機能価値を発揮させるまさに"システム財"として認識されるのである．

それはこうした自分自身にまつわる個人的行為においてだけではない．他者との関係構造においても同様である．たとえば，夫婦が互いの両親をもてなすときや親戚との関係における様々な行為目的ごとに形成されているような固有の関係構造を想定してみても，その際に選択される両親が好むような食事の場所やプレゼント品，あるいは法事に出席するために必要な衣装や供養の品々など，いつも決まった複数の財の構成によってそれらの行為が行なわれたりする．あるいは家族で旅に出るときに必要不可欠な乗用車あるいは新幹線，ホテル，トランク等々

といった財は，家族旅行という行為目的を成就するために必要な構造を形成する重要なシステム要素群として機能している．またたとえば，12月24日に恋人同士が過ごす場所としてのディズニーランドの花火大会や周辺のホテルなどは，2人で楽しいひと時を形成するための必要不可欠な要素として，彼らの関係構造の中に取り込まれている．前述したバレンタインデーのチョコレートや婚約のダイヤモンドなども，私たち消費者個人が他者との関係願望を叶えるための重要な手段的システム財として確固たる構造の中に定着させた例なのである．

同様に，仲間同士で，会社の同僚と，取引先との関係で等々，それぞれの関係構造において，ある特定のシステムが形成され，それぞれの関係を少しでも豊かにするような要素群としての財が選択されている．あるいは大学などの授業空間を考えてみても，そこには教師と受講学生だけでなく，それを行なう場所としての教室や机や椅子，黒板，チョーク，パソコンやプロジェクターなどのプレゼンテーション機器等々の諸財が必要不可欠であり，それらが一定の"秩序"のもとに支配され使用されて初めて，大学における授業空間という構造が産出する価値を我々は消費することができるのである．

このように，個人的な目的を達成するための行為であれ，他者との社会的な関係における目的を達成するための行為であれ，我々の生活の様々な局面で生じる構造的特質を形成するために不可欠な要素として，自社の製品やサービスをどのように価値づけるかという努力行為こそが企業が行なうべき「マーケティング」という業務活動なのである．したがって，マーケティングとはその行為構造からの産出価値としての時間的効率性の向上や関係性の一層の改善に向けた"提案行為"そのものとして認識されなければならないのである．それによって我々の日常の常識的な行為構造を形成していた諸財の組み換えが多様に行なわれることで，その行為構造の様相自体もダイナミックに変貌を遂げることになるのである．

ここにおいておのずと新製品開発や新サービス開発の効果的な姿がみえてくるであろう．そこで最も重要となるのは，消費者の日常的な生活空間の中での種々様々な行為構造の中の不可欠なシステム要素として組み込まれるような製品を開発することである．すなわちそれは，消費者の行為目的達成のために必要であった従来のシステム構造を大きく変えるような必需性の高い，しかも増分効用の大きい製品でなければならない．本章第4節で取り上げた電気炊飯器や洗濯機などの例のように，それはそれまでに必要不可欠であると思われていた製品のいくつかを代替することで費用効率を高めたり，行為目的の達成を一層効果的効率的に可能にしたりすることで，消費者側に行為目的達成のための新たなシステム構造

の必須の要素として組み込まれたものである．

　このことはサービス財についても同様である．たとえば通常，我々は社会的な日常生活においても，その行為目的達成に必要な諸財の構成システムをあらかじめもっている．たとえばある恋人同士がデートをするときには，いつものお決まりのコースが決まっていたりする．好みのレストランや商店街，好みの映画や映画館，その日のデートの最後に行く公園等々．ところがある日突然，そこに新たにあるテーマパークの存在が認められ，それを選択することが２人の恋愛関係をいままで以上に深めることに繋がるであろうとの消費価値が期待された瞬間，映画館やよく足を運んでいたレストランがデートの際の選択システムの構成要素から弾き飛ばされ，代わりに次のデートの最適な場所として認識されたそのテーマパーク内の遊戯施設やレストランがこれまでのものに取って代わることになる．

7 企業と顧客の共通価値構造の構築と協働型マーケティングの重要性

　ところで，上記のテーマパークという特定のビジネス空間においては，顧客である２人はテーマパークの様々な機能を利用しながら２人の関係をより高めようと努力し合うであろうし，施設提供者の側は当然ながらこうした顧客の期待に応えられるような努力を行なおうとするであろう．そうであれば，この施設の消費財としての社会的な存在価値は，施設を提供する売り手側とそれを利用して自らの価値を得ようとしている顧客側との息の合った協働関係がなければ実現し得ないであろう．すなわち売り手側，顧客側，どちらかの存在だけではテーマパークという商品の価値を発揮することはできないのである．こうした考え方に立てば，あらゆる商品において，その消費価値を発揮するためには，売り手側と買い手側の双方の協力関係，もしくは協働関係によって初めてその財の社会的な存在が許されるといってよいであろう[15]．

　たとえば，美容院や医療機関においてその価値が十分に発揮されるためには，売り手側と買い手側との間の十分な情報交換が前提であり，互いの協働関係が緊

---

15) 「協働マーケティング」の概念は，すでに1960年代初めには認識されていた．しかしそこでは，あくまでも製造業者と卸売業者，そして小売業者が，その地域的な市場標的に向けた統一的整合的な販売戦略を可能にするためのチャネル・メンバー間での協働マーケティング活動の重要性を指摘するものであった(徳永豊，博報堂編(1963)pp.111-114)．

　本章で展開しているような売り手側である企業と買い手側である最終消費者との協働概念に基づくマーケティング活動の重要性を論じたものとして嚆矢とされるのは，上原征彦(1999)pp.245-295である．

密でなければならない．学校も同様であり，授業を行なう側と受ける側との協働関係が不可欠であるし，ホテルやレストラン，映画館であっても事業者側と顧客である利用者側が互いのルールを守って初めてその事業価値を十分に消費できることになる．まして「ネット社会」と呼ばれるような今日では，インターネット上でのサイト運営事業などは，供給者側と需要者側の協働関係がなければ成立しない．すなわち需要者側自らが情報商品の提供者となり，それが多様で膨大な量であるほど，そのサイト自体の価値も高くなるのである[16]．

　まさに通常の商品の多くが，顧客の側の適切な使用方法によってその商品の本来の価値が消費されるのであり，それはもちろん上述のサービス財だけに限られるものではない．たとえば，いまここにお世話になった方への何らかの感謝の気持ちを表したいと思っている消費者がいるとしよう．その消費者はいつもそうした課題解決のための商品として，常に「虎屋の羊羹」を送ることに決めている．なぜなら，品質といい価格といい，それが感謝の気持ちを表すに十分に価値のある品物であることを，それを受け取った相手も認識してくれるに違いないという予測が立つからである．そのような価値のある品物であることを社会の大方が認めていると知っていればこそ，その消費者は他の商品ではなく「虎屋の羊羹」を選択するのである．すなわち，その消費者の生活構造において，感謝の気持ちを表したいという行為目的達成のためのシステム構造の中に，常に確定的な要素として位置づけられているといってよいであろう．このような贈答品としての価値は，買い手である顧客の先にいる送られた相手が，送り手の感謝の表現としての価値を認識したときに初めて発揮されるのである．それはまた送り主側が，相手もその価値を十分に認識できるであろうと推測した上でのその贈答品の選択であるから，製造し販売した側の贈答品としてのその社会的価値は購買してくれた顧客の側に依存して消費されたということができるであろう．

　この事例のように，顧客の側の生活構造全体における様々な行為構造の欠くことのできない必須のシステム要素として入り込んだ財は，そうした贈答の欲求が

---

16) こうした事例は「ユーチューブ」や「ニコニコ動画」，あるいは芸能プロダクションによる消費者参加システムに基づくクラブ財型アイドル商品開発のマーケティングなどに代表的に見ることができる．このような情報化の進展に伴う協働型マーケティングによる商品化の隆盛傾向について，上原征彦(2001)pp. 5-15 では今日のそうした現状を十分に予見した論理が展開されている．
　また，インターネットの利用によるマーケティング戦略の本質と問題点についての詳細は，W. ハンソン，上原征彦監訳，長谷川真美訳(2001)の文献を参照のこと．
　なお，クラブ財の詳細とその戦略展開の特質については，今井賢一(1984)pp. 40-84，上原征彦(1999)pp. 275-279 を参照のこと．

生じるたびの選択財としてその顧客から安定的な需要を導き出すことになろう．このことは個人的な使用目的に適う財の選択行為においてもまったく同様に考えてよい．たとえば母親が子供の大好きなカレーライスを料理するときに購買する特定のブランドのカレールーは，それを使うことが確実に子供の期待に応える，すなわち喜んでたくさん食べてくれて，しかも子供の体への栄養吸収に繋がることを知っているのであれば，いつもそのブランド品を購買することになる．それは母親の夕食メニューの特定の料理をつくる際のシステム構造の中に，常に想定され位置づけられている商品なのである．したがって，そのカレールーの商品としての消費価値は，購買者であり利用者である母親と，それを食する家族の側によって引き出されるのである[17]．

このように社会的価値システムとして売り手と買い手が互いに協働して初めて，その商品の製造や販売を手がけた企業の側のマーケティングの社会的な行為価値が発揮されるのである．このことは，売り手と買い手の関係構造において次のように述べることができるであろう．たとえば，売り手側からみたとき，買い手側との関係は単なる商品と貨幣との交換取引という"経済関係"でしかなく，したがって売り手側にとってのその商品自体の果たす役割とは交換によって得られる貨幣利潤を目的とした"手段財"でしかない．ところが，売り手側との経済関係において手に入れた買い手側にとってのその商品は，感謝の意を表したり，子供の喜ぶ顔や栄養吸収に繋げたりという目的を達成するために購買された財なのである．ようするにそれは，買い手側における未来に向けた生活戦略達成への欲求を満たし，人的関係のよりよい創造に繋がることを期待して交換された"目的財"そのものなのであり，それを使用して得られた顧客にとっての戦略的成果こそが，その財の果たした"消費価値"そのものにほかならない．したがって，買い手側が売り手側との接触を計り，財を購買する買物行為そのものは，生活戦略達成に向けた財入手のための手段的行為に過ぎないのである．ここにおいて，商品に本来的に内在している使用価値と買い手との関係は，まさに「社会関係」そのものとして認識されなければならず，この関係を具体的に創り出すための行為，すなわち企業側の提供する使用価値を顧客側が期待する消費価値に変換していくために必要な業務こそが"マーケティング"なのであるといってよいのではないだろうか．

そうであるとすれば，そうした商品の売り手としての企業の視点は，買い手側

---

[17] もしこうした状況下に直面した多くの消費者の大部分が同じように「虎屋の羊羹」やそのカレールーのブランドを念頭に浮かべるのであれば，それがまさに「ブランド品」として認識されているところの財にほかならない．

の期待し要求するところの目的に適うような社会関係としての財の価値の創造にこそ注がれなければならず，そこにこそ，売り手側が商品から得るべき利潤対象としての本質を真摯に求めなければならない．ここにおいて，企業が努力すべきマーケティング活動の目的目標も，顧客との間の単なる"経済関係"としての繋がりの強化ではなく，自社の商品を購買してくれた顧客の生活戦略に寄与するところの社会関係としての繋がりの強化を目指すところに求められなければならない．まさにマーケティングの役割とは，売り手と買い手の間の単なる経済的な関係を社会的な関係へと変換する行為そのものであると捉えられるのである．次章での考察対象となる「老舗企業」とは，まさに顧客とのそうした関係を100年以上にわたって継続してきた企業なのである．

■ 第9章 ■

永続性原理の探索と現代企業の基本課題
―― 不拡大永続主義のすすめ

1 現代のビジネスの問題点とマーケティング行為

　21世紀に入り込んで10年以上の月日が流れる中で，20世紀末に人々が夢をもって期待していた新世紀の現実は，あまりにも非常なものであるかもしれない．我が国のあらゆる分野のあらゆる業界の多くの企業で働く多くの人々がそう感じているのではないだろうか．すでに第Ⅱ部第6章の冒頭でも述べたように，前世紀末から引き続く不景気感は中々改善の気配をみせず，保守政権に戻った2013年に至っても，金融市場を除いて一般企業や消費の現場においては政府主導の好景気政策には笛吹けど踊らずの感がある．生産部門での長期見通しはまったく立たず，生産の現場はその規模が大きいほど低賃金低コストを求めて中国や東南アジアの各国へ移動し，"産業の空洞化"と呼ばれる現実が，ついこの間まで技術立国ともてはやされたこの日本に生じようとは，いったい誰が予想し得たであろうか．しかも今世紀に入ってからのそうした流れを，リーマン・ショックやサブプライム・ローン，異常な円高による為替差損といった個別企業の努力とはまったく無関係で国際的な金融世界からの影響や東北地方の太平洋沿岸地域を中心とした未曾有の大震災，さらには福島第一原発の不祥事による影響などが，追い討ちをかけるように加速化させているのである．

　特に今世紀に入ってからは，世界規模で戦える企業や個人を目指して，"グローバルの時代"，"グローバルな対応"，"グローバルな企業でありさえすれば……"，"英語さえ身につければ……"，企業組織から個人までそう信じ込んで日本国中が"グローバルにならなければ……"と邁進してきたその果てに待っていたこの現況において，いかなる経営やマーケティングの理論が，技が，知識が，智恵がいまの日本の企業やそこで働く人々の夢や希望や期待を実現しうるのであろうか．もちろん生産部門だけではなく，サービス部門も含めて，そこで働く人々の将来に対する経済的不安が払拭され，希望のある日常生活を保障する安定的な収入の見込みが確保されない限り，その働く人々やその家族が消費する潤沢

第9章　永続性原理の探索と現代企業の基本課題——不拡大永続主義のすすめ　151

な消費額が潤沢な売上や利益となって返ってくることはないであろう．

　しかしいまの日本社会では労働の不安や老後の不安が増すばかりで，まじめに働いた国民の支払う多額の税金も我々の日常生活に資するところには中々戻ってこない．一方で企業という社会組織の不安も同じところにある．働く人々への多くの所得を安定的に支払うためには，だからこそより多くの売上を求める必要があるし，そのために企業が行なうべき行為とは，まじめに技術を向上させ，品質を上げ，人々の"幸せ感"の向上に資するような従来以上のよりよい価値のある有形・無形の財を創り出すこと以外にはない．ところがそうして創出したからといって，それが必ずしも企業成果として具体的な利益になって戻ってこないという現実がある．すなわち，1960年代以降，営々脈々と築き上げてきた日本人のものづくりに対するまじめさの伝統は，世界中の誰からも決して非難されるものではないにもかかわらず，そのこと自体が市場での価値評価の基準とはならなくなってきたのである．

　他方，近年我が国の多くの企業で生じている種々様々な不祥事の何と凄まじいことであるか．朝刊にどこかの企業の謝罪文が載らない日はないほどである．消費・賞味期限や原材料記載の改ざんなどは当たり前．産地偽装や誇大広告，あるいは教育産業や旅行代理店のようなサービス企業でさえ，顧客へのあらゆる不誠実な対応を指摘される昨今であり，数え上げれば切りがない．問題はなぜ，何のために多くの企業がこのような顧客あるいは消費者に対する不誠実なビジネス行為を行なうのであろうか，ということである．

　もちろん，それはビジネス主体としての企業の利益を前提としてのことであることは疑いのないところである．商品の消費・賞味期限の改ざん延長は廃棄による損失を免れることになるし，実際以上の原材料品質表示に改ざんして高品質低価格を謳ったり，地域ブランド効果を狙って産地偽装をしたりするのも，それによって販売促進効果を高めて売上増大に繋げようとする意図からであろう．また不誠実な顧客対応しかできないような従業員の存在の多くは，基本的には不十分な教育投資の結果による場合が多い．それらは売上を増やし，一方で仕入れ費用や従業員費用を削減して少しでも利益を増大しようという魂胆以外の何物でもなく，そこには「商品(注：本章ではサービス財のような無形財の意味も含めて用いる)の提供を通じて，お客様にとっての利益となるようなものを少しでも多く提供したい」という思いなどまったく存在していない結果であると考えざるを得ない．ようするに，このような企業にとって自社のビジネスとは，自らの儲けを得るための手段でしかないのであろうと思われても当然かもしれない．

　しかし，こうした儲けのために顧客側に具体的な損失を与えたり，そうした企

業行為を多くの消費者が認識したりした場合の企業側の損失の大きさは計り知れないし，廃業にすら追い込まれる場合も少なくない．そんな危険を冒してまで，なぜそうした顧客側にとって不利益となるような不正なビジネス行為に走る企業がそれほど多く存在するのか．他社の不祥事のニュースをまったく知らないわけではあるまい．ましてそれが自らの同業者であればなおさらのことである．しかるになぜ同じ業界なのに次々と同様の不正行為を犯してしまうのか．それが特定の業界に固有の問題ではないことも皆が知っている．それとも，そうした行為が社会的に大事（おおごと）として発覚せず，結果として，売上が拡大し，シェアが増大しさえすれば，ビジネスを「成長させた！」として企業やその組織人たちが評価をされることになるという事態の魅力に侵されてしまっているからなのだろうか．もし企業の目的がそうした意味での"ビジネスの成長"にあるのだとすれば，それは果たして肯定されてしかるべきことなのであろうか．

ところで，企業の"利益"というものを，その商品が多くの一般の消費者や組織顧客に評価され，実際に購買され使用されて，最終的に満足を感じてもらえた結果である，と考えるのは，企業の利益創造の最も基本的で否定されることのない捉え方であろう．この見方は決して新しいものではなく，江戸時代の昔から"商人道"の本質として言い伝えられてきたことでもある[1]．これを今日風にいえば，「商家（商人）」を「企業」とし，「商い」を「ビジネス」と，そして「お客様」を「消費者や組織顧客」と言い換えるだけでよい．結局それは，「買い手の都合に合わせたビジネスを行なうことであり，決して売り手の都合でビジネスを行なわない」ということである．

実はこのことは，1930年前後のアメリカでマーケティングの定義が確立されて以来，ひたすら叫ばれてきた理念としての"顧客志向（customer orientation）"という考え方そのものでもある[2]．すなわち，買い手の都合を前提に組み立てるビジネス戦略の基本概念としてのマーケティングの本質的行為そのものなのである．

---

[1] "商人の道"として不道徳な商行為に対する徹底した諫めの言葉が公の書物に明瞭に記されたのは，江戸時代に石門心学の祖である石田梅岩によって1739（元文4）年に著された『都鄙問答』においてである．商人の心得としてこの書で具体的に示されているのは，顧客への誠実で謙虚で正直な対応を心がけることや，主人も含めて使用人同士においても詐称を許さず，奢侈を戒め，倹約を奨めるといった社会的信用を創造する行為の重要性についてである．商行為を営む際の基本理念としてこのようなことを尊んでいる現代の商業者あるいは経営者も少なくない．たとえば，伊藤雅敏（2001），黒川光博（2005），細田安兵衛（2009）を参照のこと．

また，石田梅岩および『都鄙問答』については，加藤周一編（1984），石田梅岩，足立栗園校訂（1935）を参照のこと．

この考え方が先に述べたように，現代の企業において平気で無視されるのはなぜなのだろうか．なぜ自社の儲けだけを目的としたビジネス戦略が横行しているのだろうか．もしかして，それは企業の個別的問題なのではなく，資本主義経済社会における企業の制度上の問題であり，そうせざるを得ない必然性がそこに存在しているからなのであろうか．もしそうであるとすれば，国の内外を問わず，資本主義経済下にある企業のすべてが反マーケティング的であり，そうでなければこのビジネス社会に生き残れないということになる．

このような"顧客志向"というマーケティング理念が無視されたビジネス世界に身をおくこと自体，自らの崩壊の行く末を予感し得ない不幸な日常の存在は，そのビジネスが生息せざるを得ない社会そのものにとっての不幸をも意味しているのではあるまいか．こうした考え方をもし"是"とするのであれば，その不幸の論理の根拠そのものがどこにあるのかを探求してみることは，決して意義のないことではなかろう．まずは以下の節においてこのことから考えていくことにしよう．

2 我が国企業が直面する本質的危機について

今日の市場世界における企業への価値評価の大方は，生産や販売の現場で働く人々やその成果の受け手である消費者に対して与える価値の大きさ以上に，その企業に投資をした人々にもたらされる価値の大きさによって測られる．したがって，そこでの企業は人々の生活に資する価値ある財の提供者としての価値ではなく，投資家にとって投資額以上の収益がどれだけ見込めるか，どれだけ短期にそれが実現するかどうか，といった価値が問われる対象なのである．ようするに，創り出される財そのものの価値ではなく，株式市場の中での投資家の欲望を充足できる価値の大きさなのである．ここにおいて，企業自体が「商品」として"売り"対象なのか"買い"対象なのかという純然たる投資対象品としての市場価値財として認識されることになる．そこは企業が"生産した財を売るための市場"ではないのである．

---

2) アメリカで発生したマーケティング理論の草創期の経緯に関しては，Bartels, R.(1976) pp. 21-34, pp. 141-155. 徳永豊(1966)pp. 1-16. 徳永・森・井上編著(1989)pp. 1-8 に詳しい．
また日本におけるマーケティング概念の導入期に関して，およびマーケティング・コンセプトの詳細については，澤内隆志編著(2002)pp. 1-16 を参照のこと．
さらに，商人道や顧客志向の目指す売り手と買い手の関係維持のための具体的行動概念としての協働型マーケティングの重要性については，上原征彦(1999)pp. 13-15, pp. 245-295 を参照のこと．

したがってこうした株式市場に投下される貨幣というのは株の売買のためのものであって，消費価値のある財を購入するための手段価値として機能しているわけではない．そこでの売り手と買い手のやり取りは，互いに投下する貨幣量からより多くの貨幣量を得ることを求めてのそれぞれの思惑だけに支配された純然たる市場取引の場を形成しているのである．ようするにそこは，単にどの企業が手持ちの貨幣量を増やしてくれる"玉手箱"であるのかを「物色し合う場」であるといってもよい．ここでは企業によって生産された財と消費に必要と思われる財の交換のための媒介手段として用いられるべき貨幣が，その交換対象そのものとして求められる存在なのである．したがってこの市場においては，本来的に市場価値に影響するはずの生産された財自体の消費価値などは，もはやどうでもよいのである．まさにそこに参加している売り手と買い手にとって，玉手箱としての企業とは"投資"の対象というよりは"投機"の対象そのものなのである．もちろんこのことは，企業自体も利益余剰が豊富にあれば，資金運用ビジネスを手がけているような巷の金融関連企業の誘いに応じてその余剰分をこの投機市場に注ぎ込めば，通常の生産や販売といった事業活動からは得ることのできないほどの貨幣を瞬時に得る可能性すらあることをも意味している[3]．

いずれにせよ，こうした株式市場に身を委ねている企業にとって，その価値を高めるために行なうべき努力は，膨大な需要を短期に引き出せる能力を発揮することであり，人々にとって必需性の高い製品に結びつく財の生産供給能力を高める作業である．そしてそこでの収益性の高さである．したがって，そこでは生産された財の消費の現場において，少しでも長期的に保たれるべき品質や性能といった価値よりも，どれだけ標準化された財を大量に供給でき，それをどれだけ低費用で可能にして低価格品として販売するかという規模の経済性の徹底した追求

---

[3] 多くの企業経営者にとって，運転資金の長期投資によって得られる未来の収益の不確実性よりは，短期的な収益が期待できそうな証券市場等の利用による資金運用を考えることへの誘惑は，非常に大きいものがある．しかしそこは自らの努力とは関係なく展開される投機市場そのものであり，一国内での経済成長期のような安定的な投資収益を約束してくれる市場状況下でなければ，かえって非常に危険性の高い投資行為となることは明白である．まして海外証券市場等への投資はその投資先企業はもちろんのこと，その他諸々の投資対象にしても，それら諸外国の経済状況や企業の経営実態の状況把握には一層の困難がつきまとうであろう．そこで必然的に海外の資金運用会社の市場分析力に100% 頼らざるを得ず，気がついたときには本業をも傾けてしまうような損失を一夜にして被ってしまった企業も少なくない．そうした事例は現実に後を立たず，特にデフレ経済が長く続いている我が国においては，短期的収益増大を焦るあまり，"大企業"と呼ばれるような会社ほどそうした罠に陥りやすい状況が生じている．なお，市場経済下における「投機」行為の問題点については，岩井克人(2006) pp.10-21 も詳しい．

の中で達成されるべき課題こそが重要視されることになる．それに沿って国境に関係なく，それこそ差異性原理[4]に従って，生産設備や労働賃金といった産出コストの安い地域への資本移動や下請け企業への"丸投げ"生産，そして同業他社への積極的な吸収合併化戦略を推進することで，さらなる規模拡大による低価格化と市場専有化が推し進められることになる[5]．まして労働コストの低下を求めて国外投資による生産物の供給を進めた場合には，その結果として，安い価格で他社のシェアを奪い，それが低い利益率でも大量に販売することができれば膨大な利益が経営者個人や株主である投資家たちに転がり込むだけで，決して生産物自体が稼ぎ出す利益がその生産に携わった労働者の所得の増大には繋がらない．しかもそうした図式の中では，投資企業の地元の国の雇用者所得とは何ら関係がないために，いわゆる有効需要（effective demand）の概念[6]すら成立せず，結局，その地元の国の経済は疲弊することになる．

　一方でこうした企業組織における生産現場の従業員は，必然的に低賃金単純労働を永久に求め続けられることになり，そこから生産される財自体に対する愛着心はもちろんのこと，労働意欲の向上などは求めるべくもない．したがってそうした状況下においては，企業に投資をする投資家も，その資金に基づいて経営を行なう経営者も，そしてその従業員も，あるいは関連する下請け会社の人々も，その企業の事業行為そのものや産出される財そのものに対して，誰一人として関心も責任感ももたないという事態が生じても不思議ではない．まさにその企業に

---

4) 差異性の原理は"利益"概念の根幹を形成している．たとえば，古代から商人は移動手段を用いて財の生産地と消費地での利用価値の差異性を利益として享受していたし，18世紀後半からの工業化社会においては農村社会と都市社会における労働差益を前提として成立していた．さらに今日的工業化社会では情報をもてるものともたざるものの間の差，すなわち情報格差にその利益性の根源が見いだされるようになった．

5) このような進展過程は，商業資本主義，産業資本主義，ポスト（or 情報）資本主義という流れの中でも特に産業資本主義段階において固有のものである．競争の概念が同業者世界に特定化される中では，生産の差異性原理に基づきながら低価格販売による市場制圧を目指して，より生産効率性を高めるためのコスト削減体制が求められることになる．過去においては農村社会から供出される低賃金労働者によってそれを支え，その供出が十分でなくなればそれを求めてより低賃金雇用可能な労働力供出地域を求めて海外へも生産拠点が移動することになる．そして一層の標準化大量生産という規模の経済性を求めて，低教育でも可能な単純労働に見合うような製品構造システムに基づく徹底した低コスト生産システムを追求し，同業者間競争において圧倒的な強みを発揮した企業のみが生き残ることとなる．特に半導体に代表されるような産業財部品市場やそれを利用するデジタル家電製造業者，あるいは自動車関連製造業界や軽衣料品製造業界等々に顕著にそれが常態化しているのである．なお，資本主義の進展過程については，岩井克人(1992)，P. F. ドラッカー(1993)，G. アリギ，土佐弘之監訳(2009)を参照のこと．

かかわるすべての人々にとって，そこは単なる「貨幣を得る場」でしかなく，より多くの貨幣が得られる企業やそうした「場」があれば，そちらへ移動すればよいというだけのものとなる．そうした職場はもはや人が人のために支配をすべき業務時間消費の「場」としての価値ある企業組織という存在ではなく，貨幣によって支配された人々が貨幣のために業務時間を費やす「場」としての意味でしかない会社が，そこには存在しているのである．こうした状況の中にこそ，今日の我が国の企業が直面している真の"危機"が存在しているのではないだろうか．

そこで次節においては，上述のような危機認識のもとに，アメリカ企業にその典型をみる株主資本主義的事業運営観の浸透傾向に関する問題点を探りながら[7]，現状況下における常識的経営観やマーケティング観の問題点について考察してみよう．

---

6) 生産物の製造行為自体が国境を越えるということは，ようするに国外総生産がその製造主体である投資企業の存在している地元の国の国民所得には寄与しないことを意味し，ケインズ(John Maynard Keynes)のいう「供給は需要に従うことで財市場の均衡が達成される」という"有効需要"に繋がらないのである．この状況下では，その生産物が生み出す所得はその企業の株主へと流れ，ましてその株主すら別の国外にいるのであれば，それら投資家個々人や経営者の個人所得として，あるいは銀行などの機関投資家の所得に向けて流れていく．ようするに資本投資の場としての貨幣市場は国境で閉ざされているわけではなく，常に開放されているのであり，一方で我々一般国民の日常の生活の場と労働の場で行き来しなければならない貨幣経済の場は国境によって常に閉ざされているのである．したがって，第2次大戦以前のような領土主義的植民地経済下にでもあればまだしも，今日ではその企業の生産物がその企業の労働者の所得，マクロ的にみれば国民所得そのものに寄与することはないというのはこのような理由からである．結局はその企業の存在する地元の国内経済は疲弊していかざるを得ないことになる．このように，企業の国外投資による製造行為からつくり出される生産物は，回り回って他国にいるその企業の株主の所得として流れていくことになるのである．このことは，自国内生産投資以上に海外投資比率の高いアメリカに代表されるように，ほんの一握りの想像を絶するような大金持ちと明日の食にも困るような多数の貧しい労働者層との所得格差が広がり続けている原因の大きな理由の一つとしてもうなずけるところであろう．なお，ケインズの有効需要の原理については，Keynes, J. M.(1960) pp. 23-34. J. M. ケインズ，塩野谷九十九訳(1941) pp. 27-39. J. M. ケインズ，間宮陽介訳(2008) pp. 34-48. J. M. ケインズ，山形浩生訳(2012) pp. 74-86 を参照のこと．

7) 資本主義経済下における企業経営の問題点を論じた研究書は多いが，特に以下に挙げたような文献はマーケティングとの関連を探る上で非常に重要な示唆を与えてくれる．佐伯啓思(1993)．J. A. シュムペーター，中山・東畑訳(1995)．髙橋洋児(1996)．見田宗介(1996)．岩井克人(1997)．松原隆一郎(2000)．相沢幸悦(2006)．A. コント＝スポンヴィル，小須田・カンタン訳(2006)．柴田徳太郎(2009)．岩井克人(2009)．佐伯啓思・三浦雅士(2009)．D. ハーヴェイ，森田・中村訳(2011)．

3 資本主義経済制度下における企業経営の特質と問題点

　"資本主義"といったときの"資本"とは貨幣そのもののことであり，その貨幣とは提供者を募って創った具体的な事業資金そのもののことであることはいうまでもない．提供された資金額は，株券によって保証され，株主としてその事業が成功したときには，提供した資金以上の金銭的収益を得るための利益配当請求権が約束される．だからこそ提供者は自ら所有する大切な貨幣を提出するのであって，それ以外の何物でもない[8]．

　ここで異論があるとすれば，その事業の社会的必要性に賛同して貨幣を提供する者もいるのではないかというかもしれないが，それがまったくの"寄付"と同じような機能しか果たさず，1円の収益すらもたらさないとわかりきっているのであれば，果たしてその提供者となったかどうかは定かではないであろう．何百人何千人という提供者の中には，捨てるほどの貨幣が膨大にあるという奇特者がいるかもしれないが，株主としての社会的立場が法的にも認められているような事業資金提供者がそうでないことは，誰もが知っていることであろう．だからこそ，こうした提供者は"投資家"と呼ばれるのである．

　それでは，赤の他人が行なっている企業のビジネスに，この投資家たちが自ら所有する財産としての大切な貨幣を投じようとするその第1の目的とは何であろうか．それは上述したように，まさに自らの投資額以上の配当金を得ることである．もちろん，一人の投資家がその提供資金に余裕があれば，複数の企業に投資することも可能である．そうした対象企業が増えるほど，その投資家の関心が対象企業の配当率の高低にのみ向かうのは自然なことであろう．特に，投資家のこうした立場を補強するのは，株主として，法人である企業を所有はするものの有

---

[8] 「株主」の概念については，社会的存在としての株式会社の発展段階に応じて，すなわち商業資本主義の時代や産業資本主義前期の時代にあっては，創業者や経営者そのものが所有するところの一体的な存在として捉えてよいが，20世紀に入ると大衆投資家の参加の一般化が，株式会社を私的事業の手段的方法から一つの社会的制度体としての存在に昇格させた．たとえばバーリーとミーンズ（A. A. Berle, Jr. & G. C. Means）によれば，こうした傾向において，株式会社の所有権をもつ株主たちと，その実際の経営権を掌握する少数の支配者たちとの間の乖離が進むことを問題としていた．ところが今日のポスト資本主義経済下においては，逆に銀行や政府をはじめとする機関投資家による株主権限に基づく圧倒的な支配力が強まり，企業の本来的な事業目的の遂行から外れた証券化された価値としての企業の存在が，深刻な社会経済的問題として表面化してきている．株式会社の所有権問題と今日の株主主権の限界性に関する問題については，A. バーリー・G. スメルサー，北島忠男 訳(1958) pp. 61-154 [*The Modern Corporation and Private Property*: 1950]．大瀧雅之(2011) pp. 90-116 を参照のこと．

限責任であり，企業の事業運営に不可欠で重要な経営戦略的要素である生産手段としての土地や建物，機械，設備といった企業資産については所有権をもたないということである．したがって，彼ら投資家の関心事は投資額に対する利益の大きさだけに唯一集約されざるを得ないのである．

一方で，その資金提供を受けて，実際に事業活動において運用を託された企業側にとって，そこからどれだけの利益的事業創造が行えるかどうかは，その事業内容自体の市場価値[9]の大きさにかかわっている．すなわち，事業の成功は事業内容の如何に唯一依存しているという関数関係にあるといってよい．したがって，企業側はその事業の内容が市場を形成している顧客の購買欲求をどれだけ刺激し，購買後の使用満足をどれだけ引き出せるのかという点に最も高い関心を抱かざるを得ない．言葉を換えれば，まさに市場に向けてのマーケティング戦略の内容そのものへの関心である．ところが，投資家側にとってはそうした戦略的内容がどうであるかよりも，その事業の結果からどれだけの配当金が得られるか，ということだけが関心事なのである．

そうした利益が得られるのであれば，彼ら投資家にとってその対象とするビジネスは何も国内に限定する必要もない．海外の企業であれ市場であれ，そこから投資額以上の貨幣利益が得られるのであればそれでよい．事業内容の具体的な問題については間接的な関心事でしかない．こうして投資家の有する資本貨幣は，自己増殖の場を求めて簡単に国境も越えることになる．もちろん，そこでは増殖自体が目的であるので，どこまで稼げば満足なのかという頂点を問うことさえ無意味であろう．こうなると，もう彼らは"投資家"ではなく"投機家"と呼んだほうが適切かもしれない．したがって，貨幣によってさらなる貨幣を生み出すことだけに関心が向かうのもきわめて当然のことである．このことは近年の世界的な金融危機を引き起こすに至った過程をみても容易に理解できるであろう．

4 企業にとっての商品価値と消費者にとっての商品価値

こうした資本を基に生産や販売されたりする商品自体の目的効用とは，まさにそこからどれだけの貨幣利潤が出るのかどうか，すなわち資本剰余金や利益剰余金がどうであるのかが問題なのであり，顧客側に提供される商品そのものはそうした利潤獲得のための"手段"でしかないのである．ところが市場を形成してい

---

9) ここでは買い手である顧客側にとっての購買価値および使用価値を意味している．すなわち，買い手側にとっての「効用(utility)」の大きさをいう．

る買い手側にとってはそうではない．顧客の購買・消費する商品自体の目的効用とは，明らかに，その使用(消費)価値としての利潤である．ただしここでの利潤とは貨幣で与えられるのではなく，その商品自体が与えてくれる便利さや効率性といった効用としての"物理的な有用性"と，その商品が家族や愛する人や大切な友人といった他者の笑顔に繋がったり，自らのステータスといった精神的な満足感に繋がったりするような効用としての"意味的な有用性"のことである[10]．したがって，ここでは消費価値そのものを得る手段こそが商品なのである．

　このことは，企業の利潤極大化のために商品の内容価値は必ずしも必要ではないが，逆に消費者の利用満足(効用)極大化のためには商品の内容価値が最も重要であることを意味している．さらにこのことは，企業側にとっては貨幣利潤極大化のために"マーケティング"は必ずしも必要ではないが，消費効用極大化のために企業側によって行なわれる"マーケティング"は，顧客側にとって必要不可欠な要因となることを意味している．したがって，もし企業が貨幣的利潤極大化だけを求めるのであれば，商品の内容価値云々以上に単純にその事業規模を拡大することに精力を傾けたほうが効果的かもしれない．すなわち，事業規模の拡大とは具体的には生産量や販売量の増大による売上高やシェア，利益等を増やすことをいうのであり，そのための努力を永久に行ない続けるということである．

　しかし，個々の企業の生産物の増大に合わせて顧客側の需要も増大するとは限らないので，結局は必ず供給超過となってしまう．企業は常にこの問題の解決のために，消費者側の欲望を限りなく増長させていくことが不可欠となる[11]．たとえば1年に1度の購買で事足りるものであっても，それを2度，3度と消費したくなるような認識を創り出していかなければならない．食品であれば「もっと食べたい！」とか「週に1回の消費ではなく，毎日消費した方がよいのではないか」，あるいは衣料品であれば「先月よりも今月，去年よりも今年，もっと様々な洋服が着たい！」，さらには高額品である自動車のような商品であっても「この車はあと10年はもつが，早く下取りに出して別の新しい車を買いたい！」というように，「この新しい商品はいま自分が使っている商品よりもより高い効用

---

10) 物理的有用性と意味的有用性に関する概念の詳細は，大友純(2001)pp. 221-229を参照のこと．
11) 経済学においては，不完全情報下にある市場想定において，需要の単純拡大のための解決手段として機能するのが「広告」であると説明される．まさに広告に代表されるような企業のプロモーション行為こそが不完全競争の原因と捉えられているのである．この点に関しては，J. E. スティグリッツ，藪下・秋山・金子・木立・清野訳(1995)pp. 520-526を参照のこと．

が得られるのではないか」と常に他社の類似の新製品以上に高次に評価されるような新機軸を提案し続け，それを多くの消費者に理解してもらうことで，購買したいという思いを次々と抱かせ続ける作業を行なっていかなければならない．必然的にその頻度が高まるほど差異性は縮小し，その結果としてコストダウンによる低価格化に向かわざるを得ないことになる．こうした努力は企業にとって非常に"疲れる"ものであろう．消費者に対して常に旧製品と新製品の異質価値の受け入れを強制するという作業は並大抵の努力でできるものではない．それには限定生産を前提とした収益システムの構築や技術の改良，そして巧みなプロモーション戦略などが不可欠となるし，それなりの投資も能力も必要となるからである[12]．

5 経営拡大志向への疑問と経営陣の個人的立場による意思決定への影響

ところがこのような努力が困難な作業であるからといって，それですまされるものではない．株主のためにも常に収益額を増大しなければならないのである．そこで上述のように商品の新評価軸を創造し，その価値の理解を消費者に促すという作業よりも容易にこの問題を解決する方法があるとすれば，それは常に地理的な販売範囲を拡大し続けるという作業である．県内を越えて他の県へ，そして全県に行き渡れば次は国境を越えて世界中にその販売地域を拡大し続けていくのである．その地域の人々にとってそれが「新商品」であれば，プロモーションも容易に行なうことができるし，画期的な商品であるほど高額で売れる．同種の商品がすでにその地域で販売されているのであれば，価格を安くして売ればよい．

しかし，この戦略の唯一の問題点は，いつかは結局その地域での需要が満杯になれば，あるいは世界中の市場でもそれが満杯になれば，やはり売上は停滞せざるを得なくなるということである．それでも「売上を増大させろ！」というのであれば，やはり企業側は限られた市場地域で商品の購買頻度をあげるための新基軸を打ち出すしかなくなるが，それは上述したように容易なものではない．しかも「需要が減ったからといって工場の稼動率を下げたり止めたりするよりは，メンテナンスコストの点からしても従来どおり稼動させたほうがよい」というのであれば，既存商品の生産を継続せざるを得ず，流通業者も含めて，その商品を売り続けなければならないのである．そうすると必然的に残された手段は，製造業

---

12) この能力こそが，第7章で述べた消費者の願望や欲望の創造力にほかならない．

第9章 永続性原理の探索と現代企業の基本課題——不拡大永続主義のすすめ 161

者であれば利益が出なくても大手チェーン量販小売業者の誘いに乗ってPB生産に手を染めるか，あるいはその誘惑を拒否するのであれば，あらゆるプロモーション技術を講じて，新機軸ではないのに新機軸であるように装ったり，高品質低価格を謳うために品質表示を実際以上に改ざんしたりするといった顧客を欺いてでも売らなければならないという結果を招くことになるかもしれない．こうなると，買わされる消費者側はもちろんであるが，マーケティングや販売を行う企業の従業員側にとっても悲惨極まりない状況であるといわざるを得ないであろう．

このように述べてくると，これは常に他企業との競争を制しながら，売上高やシェアを対前年比で伸ばし続けることだけを株主から求められている企業側にとって「仕方のないことかもしれないな」と逆にその要請を受けざるを得ない社長をはじめ経営陣に対して，同情すら禁じ得ないものがあるかもしれない．ここに至り，「顧客満足の創造を前提とした事業内容をどうしていくか」ということよりも，「今期，来期の利益をどう確保していくか」という短期的な数値目標の達成だけが関心事とならざるを得ない状況が創り出されるのである．まして雇われ社長である場合や定年間近の経営陣が多数を占めているような企業であればなおさらのこと，自らの役職在任中だけは業績低下を避けようと思うのは当然のことであろう．

したがって，顧客満足に繋がるかもしれないというような不確実な戦略への投資や作業努力は否定され，明日の利益に繋がるような戦略のみが支持されざるを得ない状況が組織内で常識化されてしまうのは，容易に理解できるところである．実はこれこそが本章1節で述べた"売り手の都合に合わせたビジネス"を生み出すための組織的状況となるのである．

6 常識的競争概念への疑問と真の競争概念

ここまで述べてきたように，ビジネスにおいて新基軸を打ち出すことは難しい．だからといって安易に売上げ増大やシェア拡大戦略に走り，闇雲とグローバル化を図ったり，チェーンシステムなどで膨大な数の出店戦略を行なってみたりしたところで，あっという間に需要の行き詰まりを生じてしまう．まして現代はこの"グローバル化流行り"に終始しているきらいがあるが，一度でもグローバル化される側の立場でものごとを考えたことがあるのだろうか．多店舗展開戦略でも同様である．それは多くの同業他社企業の犠牲の上になりたっており，"だからこその競争であり，常識である"といわれても，逆にそのために廃業せざるを得ない人々の立場を考えれば，それがどこまで肯定されて然るべき競争である

のかとの疑問をもたざるを得ない.

　まるでスポーツと同じような競争概念でビジネスを捉えてよいものかどうか. 同じスタートラインやルールのもとで競技は成り立つが, ビジネスにおいても同業者とはそうした競争相手と同じなのだろうか. そこでは1位でゴールした勝者が最も評価されるが, ビジネスでは消費財や産業財を問わず, たとえば低価格化競争販売で1位になっても, それを評価するのは最終ユーザーであり, 結局, 買い手側にとっての効用が大(だい)であるとの認識が得られなければ, 売り手企業側にとっての利益には繋がらないのである. まして画期的な技術開発が行なわれたりすると, 特定の業界そのものが消滅することすらありうる. 実際, 技術の進展や社会的価値観の変化によって消え去っていた業界が, 例を挙げるまでもなく数多くあることは, 歴史的事実として誰もがよく知るところであろう.

　このように考えてくると, 企業側にとっての真の競争相手とは同業者ではなく, 需要市場を形成している最終ユーザーとしての消費者一人ひとりなのではないだろうか. 過去の商品とその業界を捨て去り, 新しい技術による商品やサービスを選択するのも彼らである. 彼らとの戦いこそが「真の競争」なのである. 彼らに"勝ち続ける"とは, まさに彼らに「他の商品ではなくこの商品こそが私にとって(あるいは家族にとって, 仲間にとって)利益的効用の高い価値あるブランドである」との認識をしてもらい, 永続的に選択, 購買され, しかも満足し続けてもらうということにほかならないのである. したがって, 製品やサービスが売れずに潰れてしまう製造業者や商業者, あるいはサービス業者というのは, 決して同業者との競争に負けたからなのではなく, 買い手側によって, 特に最終ユーザーであるところの消費者によって潰されたと考えてしかるべきなのである.

　しかし, 永久に顧客に選択され続けるなどという状況を創り出すことが, はたして同業者間競争に勝ち抜くことをその戦略的思考の原点に据えざるを得ないような資本主義経済下においてどこまで可能なのであろうか. もし可能であるというのであれば, それはいかなる原理によるのであろうか.

7 老舗企業に学ぶ顧客満足創造の本質

　明治時代の森鷗外や夏目漱石が通い絶賛し, 今日においても"名店"と消費者に評価されている飲食店の経営者は, 明治大学商学部の学生たちが行なったヒアリング調査において,「なぜ支店を出したり, チェーン化したりしないのですか」との質問に「私たちはこのビジネスを拡大したいなどと思ったことは一度たりともありません. 私たちは朝起きたときに, 今日きてくださるお客様方に昨日

以上の料理が提供できるかどうか、それだけが唯一の関心事なのです」と応えてくれた[13]。また同じように明治時代の初期から続いている老舗企業の社長さんは、明治大学の社会人講座で「私たちは130年前の商品を現在においてもそのまま提供しているわけではありません。常にお客様が喜ぶような新しい商品をいかに創り出していこうかということで日夜悩んでいます」と述べ、さらに「私どもが所属している老舗企業の団体である『東都のれん会』では"伝統とは革新の連続である"とのキャッチフレーズを用いています」と紹介されておられた[14]。

　確かに調べてみると、100年以上のビジネスを続けていてその団体に所属する大部分の企業が、それぞれの業界において常に画期的な商品を開発してきていた。なんとこうした老舗企業においてこそ、お客様に提供している商品についての新しい評価軸の創造や新技術の開発が次々となされてきていたのである。しかもそれらは"有名ブランド"としてよく知られているにもかかわらず、所属している業界の中でも決して経営規模が大きいほうではなく、ほとんどが中小企業といってよいものである。またそれら老舗企業の従業員の方々の給与水準も他の一般の企業に比べて決して低いわけではない。いや、親子代々で従事しているという社員がいる企業も多い。一連のその講座で一人の社長さんが「今日まで長いことビジネス活動を行なってまいりましたが、誰お一人としてご迷惑をおかけしたことはありません」と言い切られたときには、受講していた方々のすべてが感動しておられた。

　このような事実はどのように説明できるのであろうか。まず、第1に考えなければならないことは、企業存続のために必要な利益獲得の主役である商品の、その最終ユーザーである消費者にとって、企業側の売上拡大やシェアの拡大、あるいは経営陣の安泰、そしてその株主たちの利益の増大等々といった問題には何の関心も関係もないということである。企業を長続きさせる決定権を唯一有している消費者にとって最も重要で関心があるのは、その企業が提案してくる「購買するに値する商品ですよ!」という申し出に対して、それが真に我々にとっての今日、明日という日常生活の充実化や1年後、5年後、10年後といった未来の夢の実現のための手段としてどれだけ効用が高いかどうかということだけである。そして、そのために伝えられたプロモーション情報に「まさにそのとおりである」と共感、

---

13) 2008年に明治大学商学部大友ゼミナール3年生の課題研究『老舗企業の経営・マーケティング実態に関する調査研究』において実施された際の報告による。

14) 明治大学リバティアカデミー2006年度後期プログラムにおける『老舗ビジネスの経営とマーケティング』において10月25日に実施された㈲藪蕎麦代表取締役社長堀田康彦氏の講演による。

理解を示して具体的な購買行動を行なうかどうかだけが関心事なのである．

　後はそのような期待感を抱いて購買し，消費してみた商品から期待どおりの効用が得られたと実感できたかどうかである．実感した瞬間に，その企業の商品をまた購入してもよいと思ったり，自らの近親者にその実感した満足経験を笑顔で伝えたり，今日ではブログ等を通じて不特定多数の人々にもその経験を伝えたりすることになるかもしれない．もちろん，逆に期待した効用が実際の消費結果として得られなかった場合については「騙された！」と心底怒りの否定的な情報が周囲に流されることになる．このことは一度でも消費者側の期待を裏切れば，老舗企業であろうとなかろうと，一夜にして廃業せざるを得ない状況に追い込まれるかもしれないということを意味している．近年では，関西の超有名老舗料亭が廃業したニュースなどは，まだ記憶に新しいところであろう．

　いずれにせよこうしたことから考えてみると，1世紀以上もビジネスを続けてきた企業というのは，消費財を扱う企業であれ，産業財を扱う企業であれ，それこそ時代を超えて様々に変化する諸環境の中で，需要市場を形成している最終ユーザー側の期待を一貫して裏切らなかったという事実が存在すればこその結果であるといってよい．そして"革新(innovation)の連続"とはそのための必要不可欠な条件だったのであり，だからこそ組織構造や事業内容，商品の品質や性能などを時代の変化や価値観の変化に適応させることができたのであろう．このことは，決して"革新"が商品に対してのみの問題ではなく，企業組織としての活動のすべてに対しての意味をもっていることを我々に理解させてくれる[15]．こうしたことを組織に可能ならしめたのは，まさに常に顧客側の観点から自分たちのビジネス活動をコントロールしてきたからであるといえよう．ここにこそ，真のビジネス活動の本質が存在するのであり，そこでは政治体制の違いも，経済の好不況も，文化的価値観の変化も何も影響しない．そこには企業が我々消費者の生活によかれと思って提案してくれる商品と，それを購買し使用する消費者との間の普遍的な関係の有り様のみが存在しているのである．そしてこれこそが，第Ⅰ部第1章や第3章における"関係性を貫き通す"という企業が行なうべきマーケティング活動の本質そのものなのではないだろうか．

　このように考えてくると，ビジネスというものは企業自らが自社の都合によって拡大を求めても仕方のないもので，結局はそれを受ける需要市場の側にその要求や欲求がなければ意味のないことであるといってよいのではないだろうか．こ

---

15) 近年，こうした老舗企業に関する多くの知見については，東京商工会議所中央支部が発行した報告書(2010年3月)に優れてまとめられている．

れは，決して"ビジネスを拡大してはならない"といっているのではない．ビジネスの拡大とは，お客様や世間に対して真摯に貢献し続けた結果として，社会にその情報が伝わり，まだ接したことのないお客様や地域の方々，そして他の企業の方々から乞われに乞われた上で，販売やら出店やら取引やらを拡大せざるを得ない状況が創り出されてからの検討課題なのだということである．企業のビジネスを永続させてくれるかどうかはすべて顧客側の意志次第なのである．したがって，企業にとって唯一許されるべき戦略とは，市場拡大戦略ではなく，顧客満足創造戦略だけなのである．そしてその結果としてのみ，顧客によってその企業の永続性が保証されるのである．

そこで次に，こうした弱肉強食的資本主義経済下における従来のビジネス拡張型価値観とは異なる価値観のもとで，顧客からの支持を受けながら，100年以上もの長い間ビジネスを続けてきたような企業，すなわち「老舗」と呼ばれているような企業の経営特質に焦点をあててみることにしよう．

8 時代の変遷と老舗企業経営の特質

現代の凄まじいビジネス社会の中でも，何と100年前，200年前といった明治や江戸の時代，果てはもっと昔の時代からビジネスを続けている，いわゆる"老舗"と呼ばれる企業が我が国に数多く存在していることは，よく知られている事実である．江戸時代から明治時代に変わっただけでも，天地が逆転したごとくに日本人のあらゆる価値観が変化して，社会の制度や仕組みまでが西欧の考え方をよしとした．さらに第2次大戦が終わると，今度はアメリカ型一辺倒の価値観が浸透し，あらゆる制度や文化においてアメリカの二番煎じ的考え方をよしとした．その後の1960年代や70年代の経済成長期，そしてジャパン・アズ・ナンバーワンと煽てられた80年代，さらには90年代のバブル崩壊後から今日まで続く長い低成長の時代．これらの時間経過の間に，親子関係や男女関係などに関する価値認識はもちろんのこと，政治，経済，ビジネス，文化といったあらゆる面で私たち日本人の価値観そのものが変化してしまった．

しかしそうした時代の動きや変化をものともせず，1世紀以上も生き延びてきたビジネス組織こそがまさに上述した老舗企業なのである．しかも驚きであるのは，これらの企業が売上高や従業員数，店舗数といった規模的な面からみれば，中小企業が圧倒的多数を占めていることである．第2次大戦後に急成長し，日本一の売上げを得た企業や膨大な数のチェーン店数を誇った企業もあったが，30年や40年程度の"天下"でしかなかった場合も数多く存在する中で，規模的には

大きくならなくても，顧客側が親から子へ孫へと代々愛顧客として継承し続けてくれている企業の存在は，"凄い"といわずになんと表現しようか．こうした老舗企業はビジネスを"拡大"してきたのではない．あるいは規模的に"成長"させてきたのではない．ただ一途に「お客様にとってのビジネス」を代々長年にわたって深掘りしてきたのであり，まさに「深長」させてきたのである．

ところが，現代の資本主義経済下においては，いわゆる同業者との"競争戦略"の遂行こそが，成長の要と考えることのほうが一般的である．それは昨今のビジネス本はもとより，経営学やマーケティング関係の書物のテーマや内容をみれば一目瞭然であろう．それらの主張に従えば，他社より1円でも販売価格を下げるための製造費用や販売費用の削減への努力と，他社との些細な製品差別化を行なうための技術的努力を通じて，売上の増大と市場シェアの拡大を実現することこそが，同業者との厳しい競争を生き抜いていくための唯一の戦略である，と考えてしまうのも無理のないことかもしれない．

しかし一方で，この弱肉強食を"是"とするような資本主義経済下の"常識"の中で，同業者との競争など少しも意識せず，ひたすら顧客満足をいかに創り出すかということだけを考え，利益も一定で，拡大も成長もしないけれど，何百年もビジネスを続けている企業の存在などは，いかに説明できるのであろうか．たとえば，老舗企業のビジネス志向の底に流れている基本理念として一般にもよく知られている「売り手よし，買い手よし，世間よし」という，いわゆる「三方よし」の精神などはどのように理解すればよいのであろうか．それは近江商人にその概念の発祥をみるとされ，現にその近江の国から今日まで続く老舗企業の多くが輩出され，この精神がそこに脈々と受け継がれているという[16]．

この精神のいわんとするところは，まずは買い手が満足するような良い品質の製品を妥当な価格で提供し，使用してもらい，満足を感じてもらい，しかもその取引にかかわる一切を真摯で誠実な対応で行なう．そしてその商い行為そのものは同業者を苦しめることなく，余分な利益は常にその買い手の地元の利益になるような"施し"を行ない，その時代の社会一般において，誰からも後ろ指を指されることのない清廉潔白な商いの結果として，日々商人の生活が続けられるという"売り手よし"に繋がるというものである[17]．

---

16) 近江商人の「三方よし」の精神に関する研究は，小倉榮一郎(2003)，松尾匡(2009)，末永國紀(2011)に詳しい．

17) 室町期から江戸期にかけて商業者にこのような精神が生まれてきた背景には，鎌倉時代からの浄土信仰の影響があるといい，たとえば，伊藤忠商事(株)の初代伊藤忠兵衛などは親鸞聖人の書いた『教行信証』(岩波文庫，1957年を参照)の'行の巻'の巻末に記されて

第9章　永続性原理の探索と現代企業の基本課題——不拡大永続主義のすすめ　167

いる「正信念佛偈(しょうしんねんぶつげ)」を店員にももたせ，主従一同で朝夕に念仏を唱えたという（末永 (2011) p. 76）．また商人は利益を上げるほどに，地域での隠れた慈善事業に投資をする「陰徳善事」に心がけるという教えを重視し，多くの近江商人の残した「家訓」にそれが記されている（小倉 (2003) pp. 74-78）．様々な地方への商品卸や遠隔地への出店を行っていた近江商人たちが，そうした地で円滑に商売を行なう上で，その地域の人々の生活や経済に寄与する"功徳"の概念の重要性を一様に認識しえた精神そのものは，特に浄土真宗の説く「他力本願」（注："他力"とは'他者に依存する'の意ではなく，'阿弥陀仏に一方的にすがること'をいう）思想への帰依によってもたらされたものであろう．たとえば，親鸞やそれを受け継いだ蓮如などが一般庶民に向けて七五調で著した「三帖和讃」（名畑應順校注『親鸞和讃集』岩波文庫，1976年を参照）などによって積極的に地方伝道を行ったが，それが特に応仁の乱以降，戦国の要となった近江の地で，常に生命や財産の危機に晒されていた商人たちの精神的支柱に深く根ざすようになったのかもしれない．それが戦国時代の終了とともに，京・大阪や江戸などの諸都市に出掛けて商売を行うための必須の精神として，またそれによって成した財は"自力で獲得したのだ"という自惚れを諫め，世間のお客様の"お陰"でいまがあることを後代に知らしめるために，功徳を施すことの重要性や世間への感謝の念を忘れないようにと「家訓」に記すようになったのであろう．

このような近江商人のビジネス精神の根源にある浄土信仰との関係については，司馬遼太郎もその著『街道をゆく24　近江・奈良散歩』（朝日新聞社，1988年，pp. 11-12）において指摘しており，"世間よし"の概念がなぜ近江で成立したのかについて"なるほど"と納得させられる説明を行なっている．彼はまず近江を語る場合，「近江門徒という精神的な土壌をはずして論ずることはできない」といい，またそこは真宗寺院の門徒寺が多く，日常の生活においても真宗の絶対他力の教義が，近江人の言葉遣いや物腰を丁寧にしてきたという．たとえば，上方から出て東京弁になった言葉に「何々させて頂きます」というふしぎな語法があるとして，次のように述べる．

『この語法は，浄土真宗（真宗・門徒・本願寺）の教義上から出たもので，他宗には思想としても，言いまわしとしても無い．真宗においては，すべて阿弥陀如来—他力—によって生かしていただいている．三度の食事も，阿弥陀如来のお陰でおいしくいただき，家族もろとも息災に過ごさせていただき，ときにはお寺で本山からの説教師の説教を聞かせていただき，途中，用があって帰らせていただき，夜は九時に寝かせていただく．この語法は，絶対他力を想定してしか成立しない．それによって「お陰」が成立し，「お陰」という観念があればこそ，「地下鉄で虎ノ門までゆかせて頂きました」などと言う．相手の銭で乗ったわけではない．自分の足と銭で地下鉄に乗ったのに，「頂きました」などというのは，他力への信仰が存在するためである．……（中略）……近江商人のおもしろさは，彼らが同時に近江門徒であったことである．京・大阪や江戸へ出て商いをする場合も，得意先の玄関先でつい門徒語法が出た．「かしこまりました．それではあすの三時に届けさせていただきます」，というふうに．この語法は，とくに昭和になってから東京に浸透したように思える』．

まさにこの言い回しは，今日の我が国のビジネス社会では特に売り手が買い手の注文を了解するときの"謙虚さ"を表現するためになくてはならない常識的標準語として定着しているが，日本の商人社会の歴史的特質が現代にまで顔を出していて非常に興味深い．

また我が国のこうした商人道の理念基盤が，浄土真宗という宗教的な影響性を反映しながら，17世紀半ばの江戸時代に形成されてきたのと重なるように，同じ時期に西欧社会に成立する資本主義の精神の根源にもプロテスタントという宗教的な影響があったこと

17) は，偶然とはいえこれも非常に興味深いことであろう．ヴェーバー(Max Weber)によれば(M. ヴェーバー，大塚久雄訳(1989))，資本主義の本質とは，①合理的な精神，②勤勉な職業意識，③節約と実直を旨とする商人気質，といった点にあるといい，またかカトリシズムが「非現世的」でプロテスタンティズムが唯物主義的な「現世の楽しみ」を含んでいるという議論も仮説にすぎず，一方の非現世的，禁欲的で信仰に熱心というのと他方の資本主義的営利生活に携わるということとは対立するものではなく，相互に内面的な親和関係にある，と論じている．まさに日本の商人道のいわんとしている内容とも合致するところであり，近江商人たちの信仰深さのゆえんにも相通ずるものがあろう．

こうした議論はピューリタニズムの経済倫理と浄土真宗門徒の商業倫理との類似性を思わせるに十分なものがある．これは"商人"というものが，その本来的存立理由を生産物の生産行為そのものにではなく，単に生産価値と消費価値の差異性原理に基づく容易な橋渡し的行為に利益の源泉がある，ということへの後ろめたさからくる自らへの戒護感が背後にあるからなのであろうか．

しかもこうした商業倫理の根底に横たわっていた宗教自体の歴史的な発生経緯に目を向ければ，10世紀半ば頃から起こった浄土教が12世紀末から13世紀にかけて法然や親鸞などが一般庶民にわかりやすく専修念仏を布教して歩くに至り，それまで貴族層や比叡山などの学僧たちと強く結びついていた天台・真言といった密教的仏教から庶民層を対象とした浄土門へと，仏教におけるその宗教的支持基盤層を大きく転回させた．他方同様に，16世紀にドイツに端を発した宗教改革の主役であったマルティン・ルターやジャン・カルヴァンが，それまでカトリック教会側が独占的に所持していた聖書を一般庶民レベルのものとして布教を行ない，プロテスタンティズムを成立させるに至ったという点にも類似性を認めないわけにはいかないであろう．さらには，浄土真宗は加賀の一向一揆に代表されるように，15世紀末以降各地で戦国大名の権力と戦いを繰り返したが，16世紀末以降のフランスでもプロテスタント教徒が王の権威に反発して内乱状態を引き起こしたりしているのである．

いずれにせよ，宗教の存在そのものが今日よりもはるかに強く社会的常識性の根幹を成していた当時にあっては，洋の東西を問わず，人間社会における商業行為というものの社会的な立場の本質的な課題がそこにはあったのかもしれない．だからこそ，プロテスタント的事業理念や商人道に従う行為は，ヨーロッパ社会におけるカトリック支配の中で，また江戸期における士農工商の身分社会の中で，商人の得る利益を不浄で卑しいものとする一般常識を覆すためにも，商人自身が自らの利益の正当性を社会に広く認めさせる上での必要不可欠な努力だったのかもしれない．なお，ヴェーバーの議論に関しては，大塚久雄(1977)pp.111-205を参照のこと．また，大塚久雄(1966)p.145によればヴェーバー自身が日本の浄土真宗を十分に意識していたのではないかとの推察が行なわれており興味深い．

また，「陰徳善事」については，江戸中期の儒者であり，自らの主張の大衆化を図った貝原益軒(1630-1714)の『家道訓』の「巻一総論上」には，「家にいては陰徳を行なわねばならぬ．心に仁を保ち，身に善を行なって，その善を人に知られようとしないのを陰徳という．……人にほどこさないで，財をたくさん集めておくのは，後にかならず禍がおこって，財を失い，子孫に財をのこせないものである．……この理は違うことがない」と記されている．当時の商人たちがこれを読めば，寺への寄進や公共事業への資金援助など，積極的にその儲けを様々な形で社会的に寄付寄贈を行なわざるを得なかったであろうことは，十分に推測できるところである．このことについては，松田道雄編(1983)pp.282-283を参照のこと．

特にこの"世間よし"については，時代を超越して，企業というものの社会的存在価値の表明それ自体なのであり，ビジネスを行なう者の行為前提としての社会的不正の拒否と正義への思いが標榜されているのである．もちろん今日においては，この"世間"という概念の中には，企業組織が真剣に対応すべき自然環境への配慮や義務といった問題も含まれるであろう．

まさに現代においてこそ，こうしたビジネスに対する思想基盤が必要とされるのではないだろうか．そうであるとすれば，企業にとって最も重要となるのは，顧客はもちろんのこと，経営者も従業員もその取引関係者も含めたすべてが笑顔になれるような"真のビジネスの在り方"をいかに理解すべきか，ということへの努力なのではないだろうか．次節においては，多くの老舗企業のビジネス志向において，なぜ上記のような経営者の認識が一様に代々にわたって生じるのかについて，すなわちその事業行為における規範的精神の源流を探ってみることにしよう．

9 老舗企業における行為規範とは何か

長寿企業に共通してみられるのは，製造業や商業を営むにおいて必要不可欠の尊守事項として創業者が書きまとめたいわゆる「家訓」[18]と呼ばれるものが存在していることである．その内容は一様に老舗企業のビジネスの方向性を組織的規範として義務づけているのである．たいていの場合，創業者でなくても3代目あたりには確立さていたものが多く，そこには「自家」を代々にわたり承継していくために必要な経験的事項が記されているのである．その内容はまさに現代のマーケティング活動における顧客志向理念を徹底的に追求したものである．もちろん文書として明示的に記されておらず，それが代々「口伝」による場合であっても，その内容的核心において顧客奉仕の精神を徹底的に伝え遺してきたという点では，本質的に同じであると捉えてよい．家訓であれ口伝であれ，それらは前述

さらに，林周二(1999)pp. 267-294においては，特に現代企業人の倫理感覚との比較も論じながら，商人の資性と倫理の問題について非常に興味深い示唆を与えてくれる．
なお，「他力」の概念については，柳宗悦が浄土門は他力門固有の光景であるといい，「自力」の難行に堪えることのできない一般庶民にとっては絶大なる恩寵となるが，結局はそこに辿り着くための自力の必要性を認め，他力門に徹する果ての自他二門の邂逅という浄土門の帰着を見ている．これについては，柳宗悦(1986)を参照のこと．

18) たとえば和菓子の「虎屋」では「掟書き」と称しており，必ずしも「家訓」と称していない場合も多くみられる．また，様々な老舗の「家訓」について論じている書物は非常に多いが，ここでは，小倉榮一郎(2003)，山本眞功監修(2005)，長沢信也・染谷高士(2007)，平田雅彦(2010)を紹介しておく．

した「売り手よし,買い手よし,世間よし」という「三方よし」としての「商人道」を表象化した概念を基盤として彩られている.したがって,この家訓成立以降,100年200年,あるいはそれ以上にわたって現代までそれがビジネス行為の支柱として,また経営の指針として踏襲されてきたとすれば,それは代々の当主にとっては,家訓は一種"恐怖的な存在"あるいは"威圧装置"だったのかもしれず,それに沿った経営姿勢を義務として守ることを強制されざるを得ない倫理的規範書としての価値を担ってきたのかもしれない[19].

たとえば,そこに記されていない商行為や組織拡大の意図をもった当主は,もしそうした行為を家訓が禁じているのであれば,多大なる葛藤の末の勇気をもった決断を迫られたであろうことは容易に推測できるところである.何しろ,欧米流の戦略書に記載されているような特定の外部知識的経営戦略の熟慮の積み重ねの上に現在があるのではなく,単純に家訓に記された組織行動規範としての顧客奉仕の精神に基づく日々の商行為の結果として,世間からの信用を得てきた末の現在の姿であると認識すればするほど,無闇な自己利益の追求を目的とした市場拡大策や新規事業への投資などに対する意思決定は,きわめて葛藤大なる状態を引き起こすことになる.まして明日にも経営上の危機が確実に襲ってくるという切迫した状況になければなおさらのことであろう.

こうした意味からすれば,まさにこの家訓自体が組織にとっての「行為価値」として認識され,商人として従うべき「行動原理」として機能してきたといっても言い過ぎではないであろう.この原理下における経営スタイルは,明らかに知性によるものではなく,過去の家訓に記された経営理念を,当主とその教育に従う従業員とが意志をもって日常のビジネス行動として具現化してきた努力行為そのものであると捉えてよいであろう.それはきわめて主意主義的[20]であり,「三方よし」という商人道を「善的行為」とする限りにおいて,その時代その時代が要求する「買い手よし」や「世間よし」のために必要不可欠となる"革新の連続"への対応も必然的努力行為[21]として常識化され,その事業精神の中に深く刻み

---

19) たとえば,前節(注17)でも参照した貝原益軒の『家道訓』の「巻三総論下」には,先祖の立てた家法を遵守することの重要性とそれを蔑ろにすると"家"を潰してしまうとの記載がなされており,「陰徳善事」の場合と同様にこれを読めば必然的に家訓順守が疑うべきところのない常識として認識されたのも頷けるところである(松田道雄編(1983) pp. 277-328).

20) 企業体構成員の各々が特定の規範的準拠枠に従って,自発的な理解のもとに行動しているような状態.

21) 多くの家訓や口伝のほとんどに「何事にも工夫せよ」,「独創性を発揮せよ」といった表現がみられる.

込まれている．そうした組織的努力をこそ，世間の顧客が評価し，企業組織そのものを今日まで永続させてきたと考えてよいであろう．

このように，多くの老舗企業に「家訓」として，あるいは「口伝」として遺されてきた内容に共通しているのは，顧客への奉仕こそがビジネス行為の本質である，と認識することの強調であり，それを義務として遂行するための具体的な仕組みや接客の仕方，取引先との対応関係の在り方，従業員との関係の在り方等々を築いていくという活動を意志をもって行なっていく，ということである．これを今日まで営々脈々と継承し続けてきたのが「老舗」と呼ばれる企業なのである．この意味でもまさにそのことは，"主意主義的な経営の実践"といってもよいのではないだろうか．翻ってこのことは，家訓の存在自体が重要なのではないことを示唆する．実際，家訓があっても，そこに記されたビジネスの本質を忘れ，自社の利益目的だけを意図していたずらに拡張戦略や多角化戦略を行なった老舗は，結果として破綻している場合が多いのも事実である．

ところで，このような"行為善"として認識されるような主意主義的で社会的志向の強い考え方は，必ずしも我が国における商人道思想の中に特異にみられるものではない．本章冒頭の(注1)にも記したように，石田梅岩が1739年に商人とは何かについて『都鄙問答』を表したころ，同じようにドイツにおいても1785年にイマニュエル・カント(Immanuel Kant)が『道徳形而上学原論(*Grundlegung zur Metaphysik der Sitten*)』[22]を著し，善とは何か，義務とは何かといった倫理学の根本問題にアプローチをしていた．そこでは商人道において"世間"の概念の中での善的行為の義務としての重要性が論じられているのと同様の論理根拠が示されているのである．なぜ家訓を一途に守るような規範的精神のもとにおかれたビジネス行為が，その社会的存在としての永続性を実現し得てきたのかについて，その理由に結びつく説明原理を探る上で，このカントの考え方は大きな知見を与えてくれるのである．以下の節でそれを検討してみることにしよう．

10 カントの考え方にみる老舗企業の存立原理

『道徳形而上学原論』によれば，カントは「人間は何を為すべきなのか」と問いかけるところの人間の使命に関する哲学を「道徳哲学(Philosophia moralis)」

---

22) I. カント，篠田英雄訳(1960)『道徳形而上学原論』岩波書店．

と呼んだ[23]．なぜ嘘をつくべきではないのか，嘘をつかないと何か利益が得られるからなのか．「利益が得られるから嘘をつかない」というのは真の "善(das Gute)" としての行為であるのか，と問いかけるのである．人間はいかにして善の行為を獲得すべきであるのか．彼は「善は善として行なわれるべきで，それは人間の義務(Pflicht)であり，それは意志(Willkür)をもって行なわれる」という．この日本語でいうところの「～すべし(Sollen)」という言い方，すなわち "何々すべきである" という道徳的な命令文の方式を，カントは「命法(Imperativ)」と呼び，まったく無条件に「そうしなければならない」という言い方を「定言命法(Katescher Imperativ)」と呼んだ．まさに偶然ではあるが，こうした説明に適合するような組織運営方法を代々実践してきたのが，いまに残る老舗企業であるといってよい．

さて，カントの道徳的要求とは，現代の我々が日常的に経験する単なる "善意" という概念とはほど遠いほどの厳格性をもった考え方である．たとえば「"善意" でお年寄りの荷物をもってあげる」という行為が，自分のそれを見ている人々に，自分は優しい人間であることを示し，自らの社会的存在価値を高めたいといった目的のために行なわれるのであれば，そうした善意 "的" 行為をカントは "善" とは認めないのである．

このように彼は，自分の何かの "利益のために" 行なわれるような善的行為を善とは認めず，その行為を行なおうとする意志の奥底にある "動機(Triebfeder)" にこそ着目するのである．したがって，こうした行為はそれをしたからといって何の見返りも要求することなしに，純粋に「しなければならないからする」という義務行為でなければならないとする[24]．親が子供を教育するのは義務であろうし，それによる恩返しを意図して子供に教育を行なうわけではないのと同じように，まさに義務であるからこそ子供に教育を授けるのである．

---

23) ここでは以下，前述注記22で示された『道徳形而上学原論』を中心に，次のカント関連の文献も参考にしながら論じている．I. カント，篠田英雄訳(1950)『啓蒙とは何か』[Beantwortung der Frage: Was ist Aufklärung]．野田又夫編(1972)．I. カント，波多野・宮本・篠田訳(1979)『実践理性批判』[Kritik der praktischen Vernunft]．坂部恵(2001)．藤本一司(2010)．

24) カントは『道徳形而上学原論』の後の1788年に著した『実践理性批判』(注23訳書，p.52の冒頭第1部の2節の定理の項において「……その実践的規則を自分のための[欲望を実現するための]原理たらしめる条件であるとするならば，私は(第一に)―このような原理は，いかなる時にも経験的原理以外の何ものでもない，と言明する」と，何らかの利益目的を達成するための善行為を一般原則としての実践原理としては，より厳しく認めないことを明記している．

人間がこうした行為を行なう意志主体であり，「この意志が善でないと，きわめて悪性で有害なものになりかねない」とカントはいう．だからこそ「善意志は，それが遂行し或いは成就するところのものによって善なのではない．また期待する目的を達成するに役立つから善なのではない．善意志は実に意欲そのものによって，それ自体として善なのである」と述べるのである．しかもカントは「最高の善の概念は義務の概念に含まれている」という．

　しかし，ある行為が義務にかなっているかどうかの判別が難しい場合もある．「例えば，……」とカントはいう．「小売商人が，買物に不慣れな客に掛値をしないのは，確かに義務にかなった行為である．また取引の盛んなところでは，利口で抜け目ない商人でも，掛値をせずに誰に対しても安価で販売するから，子供でも大人同様に安心して買物ができるのである．それだから客は，商人から正直な扱いを受けるわけであるが，しかしそれだからといって商人が義務や正直の原則にもとづいてこのような行動をするとはとうてい考えられない．つまりは彼が自分の利益をおもんばかってのことにすぎないのである．このような行為は，義務に基づくものでもなければ，またその客に対して直接に心を傾けているために生じたものでもなくて，まったく私利をはかろうとする意図から為されたにすぎない」と述べるのである．

　さらにカントはこれと反対の例も述べる．「人が自分の生命を保存するのは義務である．それが生への愛着や死に対する恐怖からではなくて，まったく義務に基づく振舞であるとすれば，それでこそ彼の格律(Maximen)は[25]，道徳的価値内容をもつことになるのである」．したがって，現代でも少なからずみられる，自分の身を顧みず，危機に瀕した子や他者を助けようとする行為は，親として，人間としての義務であり，これがカントにとっては，先天的(a priori)になされるべき行為としての"善"なのである．

　こうして，カントは「道徳的価値をもつ行為は，義務に基づかなければならず，その義務とは，道徳的法則に対する尊敬の念に基づいて為すところの行為の必然性である」と述べるのである．さらには自ら"純粋道徳哲学"と標榜することで，「道徳の諸原理は，人間の本性に具わる様々な特性に基づくものではなくて，それ自体だけで先天的に存立せねばならない．そしてかかる道徳的原理から，およそすべての理性的存在者の本性に対して，したがってまた人間の本性に対しても，実践的規則が導かれ得る」と述べ，それゆえに「行為の道徳的価値は，その行為

---

[25] 行為を理由づける規則，原理の意として用いられている．英語本来の意味は「格言，金言」である．

から期待されるところの結果すら当てにする必要はない」とまで主張するのである．

このように，カントが要求するその"最高善(das höchste Gute)"としての道徳的行為について，「それをすれば利益になるから」とか，「それを行なえば信用が得られるから」とかいった"もし何々すれば何々だから何々すべし"といった条件つきの場合を彼は仮言命法(hypothetischer Imperativ)と呼び，それら一切を認めないのである．彼が認めるのはまさにまったく無条件的に行なわれるべき定言命法のみなのである．

すなわち，仮言命法とは，もしその条件が存在しなければ，その道徳的行為を行なうべき意味すら失われてしまうからであり，それは"普遍妥当性をもつべき道徳的価値をもった行為"とは認められないからなのである．ようするになすべき価値ある道徳的行為が，前提となる外部条件に規定されざるを得ないことから，それは他律的行為にすぎず，真の道徳的行為とは，あくまで自律的行為そのものでなければならないというのである．

道徳行為に関するこのようなカントの考え方と本質的には異ならないと思われるのが，我が国の商人道としての"諌めの言葉"の結集である「家訓」の内容である．たとえば，小倉榮一郎氏の研究によれば，近江商人の間には次のような社会との関係に関する精神的な認識の姿勢があったという[26]．近江日野の商人で，複式簿記の開発でも知られる中井源左衛門良祐は，法然上人を真似た一枚の起請文を草したという．そこでは彼は"始末"という言葉で倹約や勤勉の重要性を指摘し，それは物惜しみとしての"吝嗇"すなわち"けち"とは決定的に異なる理性的努力の成果として価値づけ，それによって得た営利的蓄財の正当性を主張しながらも[27]，一方で，運に恵まれた結果としての利益は人知れず社会に施すという陰徳善事を重視していた(この点については注17に詳しい)．そこではしたがって，寄付や善行を名誉や評判を高めるといった打算的な思考は"卑しいもの"として拒否され，"利"に対する高潔な精神が要求されていたという．さらには，八幡商人伴家の祖である蒿蹊(江戸中期の国学者，歌人)の『主従心得草』には「此の幸を得るためと，あてをしてするは陰徳にあらず，無心にてすれば，自然にめぐるなり」とまで記されているという．これはまさにカントの『道徳的形而上学言論』における定言命法の概念と一致しているのではないだろうか．

---

26) 小倉榮一郎(1990)pp.96-102．
27) この中井良祐(1716-1806)の言う「吝嗇」と「倹約」の違いについては，地球の裏側で同じ時代を生きたアダム・スミス(1723-1790)も彼の『道徳感情論(上)』において，まったく同様のことを述べている．これについてはアダム・スミス著，水田洋訳(2003) pp.364-365を参照のこと．

第 9 章　永続性原理の探索と現代企業の基本課題——不拡大永続主義のすすめ　175

11 家訓の存在価値とカントの定言命法的行為認識

　さて，老舗企業が有する家訓は，その多くが創業者もしくは中興の祖と呼ばれるような当主によって記されており，企業存続に関する組織の内外環境の認識の仕方や運営方法について，経験としてまとめられたものである．したがって，上記のカントの論理に従えば，当時においてはきわめて"他律的"な価値観によって記されたものであることは疑いのないところである．しかし代を経るに従って，家訓は時の当主にそれ自体が先天的に所与の存在として"自律的"な価値をもつものとして，その認識のされ方を徐々に変えさせていくことになる．そして代替わりのたびに，その組織の運営方法については，無条件的に自律的な基準として，また義務として家訓の内容に従うべきもの，あるいは企業道徳や倫理そのものとして「常識」として，代々の当主に認識される存在になったと考えられるのである．

　たとえば，筆者の「なぜ従業員を管理の対象ではなく，教育の対象として認識しているのか」あるいは「なぜ利益率を圧迫するような高品質の素材を用いるのか」等々の問に対して，現在の当主たちは一様に「えっ！」と驚いたような表情をしながら，「それって当たり前のことではないですか」とか，「最善の素材を用いて最善の技術をもって，最善の提供方法でお客様と取引させていただく，昔からそうしてきましたから……」という答えしか返ってこないのである[28]．

　多くの老舗企業の家訓に一様に表現されていることは，顧客のために，取引先のために，従業員のために，そして世間のために何をなすべきで，何をなすべきでないのか，自家の利益を優先的に考えず，常に関係他者の利益を優先的に考えること，そのために自家の世間（社会）的存在が許されていることを深く心に刻むこと，といった類のものである．まさに，50年，100年と代を経ることでその家訓は，自然に先天的行為原則（格律）として認識されるようになり，それが業務規範として何の疑問ももたれることなく義務化され常識化しているのである[29]．この事実は，老舗企業にまつわる様々な事実として，多数の文献にも記されているようなエピソードからも納得できるところである[30]．

12 老舗企業と不拡大永続主義的経営原理

　このようにみてくると，カントに従えば，家訓の存在自体がビジネスの永続性に繋がっているのではなく，家訓に記された行為原則を尊守するという意志の存在そのものと，それを自律的な業務規則として認識できるかどうかということが

問題であることに気がつく．そうであれば，企業経営を永続させるために最も重要となるのは，そうした家訓に記された商人道としての「三方よし」の精神を具体的な行動として実行する意志主体を築き上げることであり，そのための「教育」を次期経営者はもちろんのこと，従業員も含めて徹底的に行なうことである．

この教育がなされず，家訓に記された経営規範を無視した企業は，たとえばそれが1000年の長きにわたって承継され続けてきた企業であっても，社会的な存在価値を失ってしまう危険性がある．逆にいえば，このことは，たとえば家訓が存在しなくても，創業以来，商人道の精神が真摯に誠実に守られ，後継者や従業員を厳しく教育し続けてきた企業であれば，そしてそれを顧客や取引先が評価し，信頼し，安心して付き合えると確信されるのであれば，その結果として永続

---

28) 明治大学リバティアカデミーにおいて2006年より今日まで継続的に行なわれている老舗企業を講師に招いての老舗研究会での質疑応答より．

29) 老舗企業が認識しているこのような社会観としての義務意識の資本主義経済下における重要性について，司馬遼太郎は1990年の4月10日に英国ロンドン大学で行なわれた「歴史の中の『義務』の作用」と題された講演を行なっている（『月刊Asahi—Vol. 2 No. 6』所収：「春灯雑記／文明の電源」(1990) pp. 118-134）．そこにおいて彼は「英国における義務の観念と日本への影響」という主題で，dutyという英語に'義務'という訳語を日本人が与えた経緯を説明しながら，『……自分が自分で決めた——全体の中の自分の役割を考え——自発的に"自分はこうあるべきだ"として，自分に課した自分なりの拘束性，それがdutyであったろうと思います』といい，『うまい訳です．義という字義には"正しいことを，打算や本音を超えてやること"という意味が入っています』と述べる．そして講演の終盤において『……「そうすることが，私の義務ですから」と，ゆたかに，他者のための，あるいは公の利益のための自己犠牲の量を湛たたえて存在している精神像以外に，資本主義を維持する倫理像はないように思うのです．でなければ，資本主義は，巨大な凶器に化する恐れがあるとお思いになりませんか．……人間も企業も，常に得体が知れなければならない．それは新鮮な果汁のようにたっぷりした義務という倫理をもっているということであります』．確かに広辞苑等の辞書を引くまでもなく，本来的に漢字の"義"の意味の示すところが「利害をすてて条理に従う」ということからも，これはカントの認識していた義務概念と一致しており，それはまた老舗の当主たちの基本認識にも通じているところなのである．

30) これらのエピソードについては以下の文献や記事を参照のこと．相馬愛蔵(1938)．神田良・岩崎尚人(1996)．村松友視(1999)．神田・清水・北出・岩崎・西野・黒川(2000)．横澤利昌編著(2000)．鮫島敦(2004)．柳下要司郎(2005)．日本取締役協会編，弦間明・小林俊治監修(2006)．本間之英・篠田達(2006)．日本放送協会・日本放送出版協会編集，藤本義一・磯田道史(2006)．安田龍平・板垣利明編著(2006)．野村進(2006)．日本放送協会・日本放送出版協会編集，野村進(2007)．日本取締役協会編，弦間・荒蒔・小林・矢内監修(2006)．村山裕三(2008)．帝国データバンク資料館・産業調査部編(2009)．植西聰(2010)．島野容三談(2010年4月19日号) p. 52．中村義明談(2012年4月号) pp. 8-11．

的な事業展開が可能であったといってよいであろう．ようするに，企業を永続させるために必要不可欠な要因は，「三方よし」という商人道の精神を行為義務として尊重し，それに沿った経営手法を具現化していくという意志力の存在そのものに求められるのである[31]．

さてここまでの議論において，なぜ時代を超えてビジネスが継続されるのかという謎の一端を，売り手である企業の側の要件の中に見いだすことによって明らかにしてきた．しかし，ビジネス行為の継続というのは売り手側の要件だけで成立するものではなく，当然買い手の側の支持や評価も100年，200年と継続されなければならない．買い手の側には企業側のようにその永続性に関する使命感が強く存在するわけではないし，何よりも買い手は自身の様々な事情に基づいて自由にその企業との取引関係を清算できるのである．それにもかかわらず，なぜ買い手の側もその企業を支持し続けるのであろうか．次節ではこの問題について検討してみよう．

13 買い手側の永続的支持の論理と老舗企業の存立原理

たとえば，売り手と買い手の間の商品取引において，顧客の側は「最上の品質や性能という価値を妥当な価格で手に入れたい！」と望んでおり，当主である経営者は「最上の品質や性能という価値を理解してもらい，妥当な価格で提供した

---

[31] 人間が有するこの「意志」の存在こそが，物体はもちろんのこと，あるいは動物とすら異なる人間にだけ与えられた特質なのであろう．そうであればこれこそが，自然科学と社会科学における分析的方法論の本質的相違性の根源をなすところなのではないだろうか．すなわち，自然科学の分析対象は，それら自らの「意志」をもって動くことのない物理的対象が引き起こす何らかの要因による結果としての自然現象の謎に挑むものである．そこでは「意志」をもつ対象ではないからこそ「一般法則」が成立するのである．しかし社会科学の分野でその分析対象とするのは，自由な「意志」をもった人間が引き起こす社会的，組織的，個人的現象の謎であり，自然科学的な法則に支配されないそれである．したがって，自然科学の分析の出発点は現象そのものをつぶさに観察し記述するところから始めるべきであろうが，社会科学ではなぜ人間がそうした現象を引き起こすのかという人間自体にその分析の焦点をあてるところからはじめなければならない．
このことはすなわち，意識的に自由意志をもって人間が引き起こしてしまった結果としての現象自体に焦点をあてて分析してみたところで，そこからは何ら未来において人間が引き起こすであろう現象を的確に予測することは困難であろう．ようするに，人間は時々刻々と変化する人的関係やその知識経験量に基づいて物事に対する価値判断を変えながら，自らの動きを「意志」をもって自由に操作しうる存在であるがゆえに，その本質として自然科学的方法論に適う分析対象ではないということである．まさに社会科学と呼ばれる領域の分析対象の主役が人間である限りにおいて，その現象の分析視点の基盤はきわめて哲学的，倫理学的なところに据えられなければならないのではないだろうか．

い！」と望んでいるのであれば，そうしてなされた取引行為は，買い手側の希望と売り手側の思いが互いに了解し合った意思疎通の下で行なわれた交換として成立したものと考えられる．それは売りと買い手の双方で望んでいた価値の獲得を取引行為によって満たし合ったということであり，これは取りも直さず，売り手買い手間での価値認識が等しく合致した状況がそこに出現したということである．

さらに言葉を換えれば，そうした互いの認識のもとでの取引は，売り手の果すべき販売機能と買い手の果たすべき購買機能との間の価値の相互理解が，取引時のコミュニケーションの中で成立したことにほかならないのである．まさにそれは互いに等しい価値の交換のためのコミュニケーションであり，それは"等価コミュニケーション"と呼ぶにふさわしい現象であろう[32]．したがって，もし特定の売り手と特定の買い手の間でのそうした等価コミュニケーション行為が連続的になされるのであれば，そこでの了解の連続は互いの信頼感を育むことになる．それはその連続度が高まるほど信頼度も高まるということにほかならず，結果として売り手と買い手の間の永続的で安定的なコミュニケーション空間を構築するに至るであろうことは，容易に理解できるところである．

このことを従来のマーケティング概念で捉えるのであれば，それは特定の売り手が特定の買い手の抱える課題解決のために提案したコンセプト[33]が，その売り手のプロモーション活動を通じて買い手側に理解され受け入れられた結果としての売買取引の成立であり，さらに買い手側がそうして購買した財を消費した結果としての満足感が高ければ高いほど，しかもそこまでのプロセスが繰り返されるほど，その財の売り手に対する信頼感を引き出すに至り，その財は買い手側にとっての信用・信頼を意味する"ブランド"として評価され，認知されることになる，と説明づけることができる．

もちろん，こうした等価コミュニケーション概念として捉えられるような相互行為は，売り手買い手間だけで生じているわけではないであろう．このような売り手であり買い手であれば，当然，売り手側の企業の先代当主（親）と当代当主（子）の間でもビジネス上の理念や手法に関する継承の過程において生じていることであろうし，また同様に，買い手側である顧客の側においても，先代顧客（親）と当代顧客（子）の間での消費行為や購買行為に関する価値認識の継承過程において生じているものと思われる[34]．そうであれば，特定の売り手企業と特定の買い手顧客との間の永続的な取引関係の状態は，次のように説明できるであろう．

何百年も続く顧客との関係は，企業側の代替わりだけでなく，それは同時に顧客側も代替わりをしているはずである．当代の顧客は自らの子や孫に対して，い

かなる商品やサービス，あるいは店舗が消費するに足る価値があるのかについて，長年の消費経験に基づいてそれらのブランドを伝達し，さらに実際にそれを体験させ，その価値観を刷り込んでいるであろう．そのようにして価値を刷り込まれた子や孫は自らの時代環境において実際に親が得た消費価値を同じようにそこから確認できれば，今度はその子や孫が，親が支持したと同様にそのブランドを支持することになるであろう．それは商品やサービスの提供活動を通じて先代企業の当主が先代顧客に対して継続的に努力してきたコミュニケーションの成果は，それをそれぞれに引き継いだ当代企業の当主と当代顧客の間のコミュニケーションとして発展的に受け継がれてきた永続的な関係の創造過程であると考えられるのである．こうして企業の側の先代当主から当代当主への事業価値伝達行為としてのコミュニケーション努力，また先代顧客から当代顧客への消費価値伝達行為としてのコミュニケーション努力に加えて，先代当主と先代顧客のコミュニ

---

32) このような考え方は，N.ルーマン(Niklas Luhmann)のシステム理論における等価機能主義の概念からヒントを得ており，N.ルーマン，佐藤勉監訳(1993；[上])pp. 17-91を参照のこと．

33) ここでいう「コンセプト」とは「製品を使用・消費することによって消費者が得る意味・便益，問題解決そのもの」である．この製品コンセプト概念の本質については，上原征彦(1999)pp. 36-47，大友純(2001)pp. 221-223を参照のこと．

34) このような企業側と顧客側の各々において行なわれているビジネス価値や消費価値の先代から当代への"継承過程"とは，まさに我々が一般に「教育」という概念で捉えているところの行為にほかならない．E. F. シューマッハー(Ernst Friedrich Schumacher)はその著『スモール・イズ・ビューティフル』において，"教育こそが最大の資源である"として次のようにいう．
『長い歴史を通じ……(中略)……文明がおこり，栄え，その大半が没落しては消滅していった．ここでは衰亡の原因を論じることは避けるが，資源が一部不足したためだろうとはいえよう．……(中略)……過去と現在の経験は例外なく，基本的な資源を供給するのは自然ではなく人間であること，経済開発の決定要因は人間の精神であるということを教えている』と述べ，その精神は教育に依存するといい次のように続ける．『教育の役割として，まず何はさておき価値観，つまり，人生いかに生きるべきかについての観念を伝えなくてはならない．……(中略)……教育の核心は価値の伝達にある』と．
老舗企業と顧客との関係を維持する本質的部分にも，この先代から当代への価値伝達としての"教育の巧みさ"が存在しているのであろう．このシューマッハーの当該文献についてはSchumacher, E. F.(1973)．E. F. シューマッハー，小島・酒井訳(1986)pp. 100-132を参照のこと．
なお，余談ではあるが，本書がアメリカで最初に出版された1973年の時点で，38年後の2011年3月に起きた東日本大震災に伴って生じた福島第一原子力発電所の人災事故の本質的な問題点が，本書第二部第四章「Nuclear Energy － Salvation or Damnation?：原子力―救いか呪いか」(pp. 126-137；訳書 pp. 176-194)においてすでにほぼ的確に予見されていたことは驚嘆に値する．

ケーション関係の親密さの創造が，今度は当代当主と当代顧客の間のコミュニケーション関係の親密さへと受け継がれていく．この姿はそれぞれ4方向間での等価コミュニケーションの展開の成果として説明することができるであろう．

　このようにして企業の側と顧客の側の関係が，さらには従業員や取引先そして世間等々との代々にわたる永い関係は，これらビジネス取引の構成要素間相互の等価コミュニケーションを繰り返しながら，他の一般的な企業群の有り様が示す環境とはまったく異なる運命共同体的統一体としての社会システムを形成してきた結果として捉えられるのである[35]．この意味においても，そうした運命共同体的システムの内部で，その外部環境とは一線を画した状態のもとで互いの取引構成要素間において，一つのコミュニケーションが次のコミュニケーションを生み出すという自律的なコミュニケーション行為[36]としての展開がなされているのである．

　まさに"運命共同体"とは，そこにおける企業も顧客も取引先も従業員も，あるいは世間という社会システム体そのものも，各個人や家庭や企業組織内部のそれぞれの事情に応じて，その共同体に託すべき何がしかの未来に向けた規範的な期待を有しているはずであり，しかもそれぞれがそれに向けた自律的なコミュニケーション行為のもとで，互いに他方の構成体の自律性を信用しながら依存し合った機能システムを構成している結合作用体なのである．こうした関係体は互いの不断のコミュニケーション努力の連続性の上に築かれたものであり，互いの価値観の相互浸透(interpenetration)[37]状態からもたらされた結果として理解できるところの価値構造体そのものなのである．

　このように考えてくると，すでに"アフターセールス"概念として第7章7節でも述べたように，顧客との一度だけの取引関係は次の取引を保証するわけではないことからも，まさにそれを永続的な関係として接続していくための不断のコミュニケーションの顧客へ向けた再生産努力だけが，未来の"存在保証"になるといってよいのではないだろうか．そのためには人間と人間の関係としてのコミュニケーション活動への敬意がそこに払われて初めて，互いの信頼・信用関係が築かれるのだということを認識すべきであるし，それこそが「マーケティング・コミュニケーション」の真に含意するところなのではないだろうか．このような相互理解を目指すコンセプト提案に基づくコミュニケーションの連続的努力にこ

---

35)　企業の存立に不可欠な顧客や取引先や従業員等々といった関係者すべてが一つのお盆の上に乗った運命共同体であると認識して初めて，離脱自由の取引市場空間において互いに願う価値の実現が可能となることの示唆は，村松友視(1999)から得られたものである．

36) ルーマンはこの自律的コミュニケーションの概念を「オートポイエーシス」という概念を用いて説明している．オートポイエーシス（Autopoiesis）とは「自己創出」とか「自己製作」といった意味で，チリの2人の神経生理学者が生命体の組織特性を概念づけるために用いた人工語であり，ギリシャ語の autos（自己）と poiein（つくる）の合成語である．すなわち，ある生命体の構造はそれを形成する要素群が自らの相互作用と変換によって常に新たなネットワーク体としての構造を自己創出しているものと捉える考え方である．したがって，オートポイエーシスという概念で捉えたシステム構造体は，常に自己の存続を維持するためにその構成要素や構成部分を自ら生産することのできる生きた構造物なのであり，構成要素群の互いの関係性の中からそのシステム維持に必要な新たな構成要素が継続的に生み出されてくる状態であると考えてよい．

ルーマンはこの考え方を社会システムの中に持ち込み，その一般化を目指した．すなわち，システマティックな統一体を前提とした環境適応的再生産が組織的に行なわれるのは，それを構成する要素群の自律的なコミュニケーション行為によって自ら創発的秩序を構成することの未来的重要性を認識するゆえであると論じる．それは決して当該システムが環境からの刺激によって変貌を遂げるのではなく，そのシステム内部の要素自体の変貌の故に統一体としてのシステム変貌が生ずるのである．それを促す要因こそがシステム内の要素間でのコミュニケーションの連鎖であり，それが他のシステムとの差異を明確にするような動きとして繰り返されることによって新たな価値を持った統一的システム体として認識されることになる．

本来的に社会システムとはコミュニケーションの存在を前提として構築されるものであり，コミュニケーションから次のコミュニケーションが引き出される連続として新たな機能を構成していくという本質を備えている．それは事前のコミュニケーションの上に新たなコミュニケーションが覆いかぶさり，それも次のコミュニケーションによって置き換えられるので，その時点でのコミュニケーションは持続性がないという特質を有している．したがって瞬間瞬間のコミュニケーションの意識的な継続努力が不可欠となる．このような考え方は，社会的存在としての企業組織体の永続性の原理の解明のための論理としての適用可能性を示唆している．特に「家訓」にみられたような統一的組織体の永続のためのあるべき環境認識とその自律的で具体的な対応関係への努力は，今日まで培われてきた100年以上にわたるコミュニケーションの連続とそこから革新的成果を生み出し続けてきたという事実によっても，このオートポイエーシス的概念の適用の妥当性が主張できるであろう．

なお，ルーマンの考え方に関するここでの記述は，前記（注32）で示した文献以外に次の文献も参考にしながら考察したものである．N. ルーマン，佐藤勉監訳（1995;［下］）pp. 521-654，1982年に日本で行なわれた講演録である土方昭監修（1983），N. ルーマンの社会システム理論の特質について論じた G. クニール・A. ナセヒ，舘野・池田・野崎訳（1995），大学での講義録としてまとめられたディルク・ベッカー編，土方透監訳（2007; 2009），井庭崇編（2011）．

37) 相互浸透概念の定義等に関する詳細は N. ルーマン，佐藤勉監訳（1993;［上］）pp. 335-344 を参照のこと．

また，こうした老舗企業と顧客との間にみられるような関係は，ルーマンのいうオートポイエーシス構成体間の関連的システム体として構造的な"カップリング（Kopplung）"という概念でも説明することができる．これについても上記の pp. 345-349 を参照のこと．

そ，企業においても顧客においてもなぜ何代にもわたって同じ価値観を持続できるのかについての謎を解く鍵が潜んでいると思われるのである．

こうした取引関係は，まさに顧客の側もそうした企業の側が敬意を払うにふさわしい顧客としての資質を有していればこそ成立しているのであろう．このような取引空間における価値の創造はしたがって，売り手側と買い手側の真摯で誠実な取引対応から形成されたものということができ，それは互いの満足的取引に向けた一種の協働的作業の結果であるといってもよいであろう．顧客の側にとっては自由に参画しているはずの取引市場であるにもかかわらず，そうした特定の企業との永続的な相互作用的関係形成を構築してしまうのは，互いにおける等価コミュニケーション行為が紡ぎ出した市場型関係性の究極の姿であると認識できるのである．ここにおいて，こうした企業と顧客の間での連動的な取引価値空間の創造に向けた業務努力こそが，マーケティング活動の真の目的なのであると主張することができるのである．そこにこそ"市場型マーケティング空間"としての典型的な関係性の価値が構築されるものと考えられるのである[38]．

このことはまた前世紀末の上原教授の著書(1999)においてもすでに述べられているように，企業の経営資源上の特質に言及してみれば，老舗企業というものはその量的資源量がわずかであっても，質的には最高の資源を保有し続けることでそれをブランドイメージという情報資源として蓄積することでその存在価値を社会に認識させてきたのだと言い換えてもよい．そこにおいて教授が「企業固有の情報資源が特定の顧客にあたかも文化的公共財のごとく意識され，双方で固有の文化を共有するようになり，その意味で後発が打破し難い競争優位を作り出すことになる」[39]というのは，まさに上記の等価コミュニケーション概念に基づく価値構造体として示したところの理由によるのである．

14 永続性原理における普遍的価値の重視と その使命としての革新の連続

顧客への奉仕こそがビジネス行為の本質であると捉え，それを義務として遂行するための具体的な仕組みや接客の仕方，取引先や従業員との関係への配慮等々を構築する活動を意志をもって遂行する．それを今日まで脈々と受け継ぎながら

---

38) 市場型関係性としてのマーケティング空間の概念に関する詳細は，本書第Ⅰ部第1章および上原征彦(2002)pp.67-81の論稿を参照のこと．
39) 上原征彦(2002)pp.224-225．

100年以上も事業を続けてきたのが"老舗"という企業なのである。まさに主意主義的経営といってよい。欧米流の戦略理論等に流されることなく、自らの信ずるビジネスの在り方について信念をもって代々の当主から当主へと"教育的コミュニケーション"として継続してきた。こうした売り手側の姿勢に対して、時代を超えて顧客側が評価し、その存続を許してきたのであろう。

このことはいうまでもなく、顧客側の評価も時代を超えて、親から子へ、子から孫へと受け継がれてきたからにほかならない。すなわち前節で述べたように、顧客の側でも代々にわたって、そうした真の顧客奉仕を行なっている企業とはいかなるものであるかに関する価値評価の仕方自体を継承してきているのである。ようするに顧客(買い手)側においても、代々にわたって"教育的コミュニケーション"が継続されてきたのである。

家訓の存在が重要なのではない。そこに記された商人道という顧客奉仕の精神を忘れ、自らの利益的都合を前提に拡張型経営に走った企業の多くは、歴史的事実として、老舗といえども破綻せざるを得なかった。変化し続ける時代環境の中で、"買い手満足"という普遍的価値部分に焦点をあてたビジネス行為の推進は、必然的にその産出する価値の革新的連続を"使命"として認識せざるを得なかったと考えられるのである。

15 老舗企業の永続的存立原理としての7つの特質とマーケティングの本質

ここまでの議論から導き出されたことをまとめてみれば、我が国の老舗企業に共通する特質を以下の7つに整理することができるであろう。

① 顧客への奉仕こそが自らの産出する製品やサービスの目的であり、それ以外の目的を想定しない。
② そのために必要な従業員や事業継承者への教育を義務と捉え、主人から従業員までが"顧客奉仕のため"という行為認識を、自らの労働の価値そのものであると理解させるような努力を、"教育"という概念で辛抱強く行なっている。
③ すべてに正直で他者を欺くような行為を心底嫌うような意識と組織文化を醸成している。
④ 取引企業の人々も自社の従業員も"家族"であると捉えている。
⑤ 同業者に脅威を与えるような事業行為を控える。
⑥ 自らの事業に誇りをもち、また世間に対して恩返しをするという意識をも

っている.

⑦ 明日の顧客に酬いるためには，今日以上の品質や性能，そしてサービスの向上を目指し，そのための教育と技術開発(革新)への投資を怠らない.

この7つの要件はしたがって，これらを義務として意志をもって日々のビジネス行為において企業が遵守するのであれば，いたずらに市場シェアの拡大やビジネス規模の拡張を目的目標としなくても，顧客に支持され，さらには社会そのものからも支持され，それら顧客や社会から必要不可欠な企業としての存続を永続的に許されることになるであろう．このことは，経済学でもなく，経営学でもなく，顧客志向を標榜するマーケティング論としては，その固有の論理体系がよって立つ原理として認識されなければならないであろう．なぜなら，企業のマーケティング業務が日常の市場活動において顧客との関係を創造し，維持し，永続的な発展を促すことを目的とした行為であるとする限りにおいて，この目的達成のための行為原則の一端が，ここまで論じてきた老舗企業の行為現象の中に見いだされたからである[40].

さらにこのような考え方は次のような万国共通の事実によっても支持されるであろう．すなわち，武力によって奪ったものは武力によって奪い返される．権力によって奪ったものは権力によって奪い返される．資本によって奪ったものは資本によって奪い返される．規模の論理によって奪ったものは規模の論理によって奪い返される．低価格によって奪ったシェアはさらなる低価格によってそのシェアを奪い返される．まさにこれは人間の長い歴史が教えてくれた"真実"なのであるから．そしてだからこそ，人が創る社会という中で人が生きていくための一つの真実として老子は次のように人々を諭したのであろう．

「すぐれた武将はたけだけしくはない．すぐれた戦士は怒りをみせない．うまく敵に勝つものは敵と争わない．じょうずに人を使うものは人にへりくだっている．こういうのを「争わない徳」といい，こういうのを「人の力を利用する」といい，こういうのを天に匹敵するという．むかしからの最高の道理・法則である」[41]と．

---

40) このように，本章で展開された「不拡大永続主義」という主張が現実の企業のマーケティング活動にいかなる意味や意義を与え得るのかについては，明治大学リバティアカデミー・ビジネスプログラムにおける「老舗ビジネス&ブランド研究会」受講生の方々によって執筆された『不拡大永続主義のすすめ』(リバティアカデミーブックレット第25巻，2014年)を参照のこと．

41) 蜂屋邦夫訳注(2008)p.313, および金谷治(1997)p.208 より．

第9章 永続性原理の探索と現代企業の基本課題——不拡大永続主義のすすめ

〔第9章謝辞〕

　本章は明治大学リバティアカデミー・ビジネスプログラムにおいて，2006年秋から6年間にわたって継続してきた「老舗ビジネス＆ブランド研究会」という講座を通じて考察を続けてきた研究成果をまとめたものである．この間，講師としてお招きした老舗企業の方々のご講義の内容や，企業人である講座受講生の方々との活発な議論や意見交換に大いに触発されてきた．受講生の方々はもちろんのこと，日々お忙しいにもかかわらず講師を快くお引き受けいただいた多くの老舗企業の方々に心より御礼申し上げます．その中でも次の方々，(株)虎屋の青木直己氏，(株)にんべんの秋山洋一氏，(株)桔梗屋の中丸眞治氏，(株)龍角散の藤井隆太氏，西川産業(株)の藤田榮宏氏，(有)藪蕎麦の堀田康彦氏，(株)資生堂の守谷一誠氏，(株)中村屋の吉岡修一氏には心より深く感謝申し上げます．特に中丸氏，藤井氏，堀田氏，吉岡氏にはその他の講座でも何度かご講義をしていただきました．また，すでに老舗企業研究では多くのご著書を出され，その権威としても知られる明治学院大学の神田良教授には，この講座でのご講義を通じて貴重な研究成果をご教示していただきました．そして恩師の一人でもある明治大学の徳永豊名誉教授にはご講義だけでなく，ご自身の教え子でもある老舗企業の方々までご紹介いただき，そのマーケティング特質についてたくさんのお話を聞かせてくださいました．ここに厚く御礼申し上げます．ありがとうございました．

あとがき

　本書は上原と大友の恩師である学習院大学経済学部名誉教授故田島義博先生と明治大学商学部名誉教授故刀根武晴先生に捧げることを目的として書かれたものである．お二人とも，同じ時期に日本商業学会の会長（田島先生）と副会長（刀根先生）を歴任された斯学の権威であり，私たちは両先生から薫陶を受けたことをいまでも誇りとしている．

　大学卒業後に一度社会に出た上原と大友が現在のこの道に入るには，両先生のそれぞれに対する励ましがあったからにほかならない．上原は田島先生が設立した公益財団法人流通経済研究所の研究員として，大友は明治大学大学院商学研究科刀根研究室の博士前期課程大学院生としてこの道の第一歩を踏み出した．

　研究所において上原は，明治学院大学経済学部非常勤講師も同時に務めながら，主任研究員として種々の委託研究プロジェクトに携わる中で，田島先生からは多くのアイディアやご助言を賜り，また刀根先生にはたびたびそのプロジェクトの座長としてご協力をいただいた．そして大友は博士課程前期・後期を通じて同じ研究所の嘱託研究員として経済的な支援をいただきながら，多くの流通・マーケティング関連の調査研究の機会を与えていただいた．

　私たち二人はこうした仕事上のご支援だけでなく，もちろん人生の多くの局面で様々な形で両先生から助けていただいた．その中で研究者として，教員として，そして人間としてどのように社会と，同僚と，学生と，家族と接していけばよいのかについても多くのことを学ばせていただいた．

　本書では，少しでも現実のビジネス社会や企業の戦略的アイディアの創造に寄与できる研究成果となることを心がけたつもりである．それは商業・流通・マーケティングの領域の研究に対して，いつも両先生が私たちに論してくれた「ビジネス人が利用して成果に繋がらない理論は理論ではない」という教えを少しでも反映した内容にすることである．

　一方で，私たちは理論面でも新境地を開くべく数年にわたって議論を重ねてきた．もちろん二人の見解は細部において異なる面もあるが，新境地を開くための有意義なコラボレーションをしてきたと自負している．本書はこのコラボレーションによって生み出されたもので，第Ⅰ部を上原が，第Ⅱ部を大友が担当した．

　この内容に到るまでに，我々は企業人対象の授業や講座および種々の企業の研

修や経営指導などを通して，自らの考え方や理屈を披露しながら多くの企業の方々と交流を行なってきた．その方々がそれぞれのビジネスにおいて我々のそうした考え方を実践してくれ，検証を重ねることができたおかげで，本書に展開したような論理をまとめることができたといって過言ではない．その企業人の方々の期待に応えるべく，あらゆる業種のあらゆる企業の未来戦略のための創発的なアイディアに結びつくような提案をしたつもりである．そうした意味では本書でも論じた「協働化」の成果といってよいかもしれない．二人の恩師もまたそうした研究姿勢を大切にしておられたことから，不十分ながらもある程度は空の上から褒めてくださるのではないかと思っている．

そのお二人が常々「顧客指向を基本理念としたマーケティング論は，他者や社会にとっての価値創造を，人が企業組織という形態を借りて行なうために必要不可欠な知識体系なのだ」と語っておられた．本書の題名もそうしたことから決められたものである．そしてその含むところは，マーケティングという概念が市場活動のための戦略的指針として企業組織の最上位に据えられるべきものであり，社長から新入社員まで一人残らずその本質を理解せねばならない考え方であるということである．

我々が本書に関する研究から学んだことは，企業が行なうビジネスとは，特定の顧客との関係性を発展的永続的に貫き通すための努力そのものであるということ，そのために企業は顧客はもちろんのこと，従業員や取引先に対してさえ，「責任」「義務」「正義」といった社会的倫理性を貫く意志力をもって市場に臨むこと，そうすることによってしか，企業という組織が顧客や社会からその存続を許されることはないということであった．そのことをⅠ部，Ⅱ部を通してご理解いただければ幸いである．

両先生からみれば，多くのご批判を受ける箇所は多々あるのではないかと思われるが，本書が，両先生から頂戴した多大なご恩への少しでもお返しになることを願っている．

なお，本書の作成にあたり，丸善出版の小林秀一郎氏には出版作業等で貴重な貢献をしていただいた．ここに厚く謝意を表したい．

2014年3月

明治大学アカデミーコモンにて

上原征彦

大友　純

田島義博先生略年譜

〔学歴・学位・職歴〕
1931 年 1 月　熊本県に生まれる
1955 年 3 月　一橋大学社会学部卒業
1956 年 6 月～1963 年 4 月　社団法人日本能率協会勤務「市場と企業」誌編集長等
1961 年 2 月　シカゴ大学留学
1963 年 4 月　任意団体流通経済研究所を設立
1963 年 9 月～2001 年　学習院大学経済学部専任講師・助教授・教授を歴任
1966 年 10 月　財団法人流通経済研究所を設立
1973 年 9 月　ザールランド大学客員教授
1989 年 4 月　学習院大学経済学部長
2001 年 4 月　学習院大学名誉教授
2002 年 8 月　学校法人学習院院長
2006 年 3 月 28 日　没叙正五位，授旭日重光章

〔主な政府・団体委員等〕
旧通商産業省　・大規模小売店舗審議会会長・産業構造審議会流通部会長
旧農林水産省　・食品流通審議会会長
旧国税庁　・中央酒類審議会会長
日本商業学会会長　（1992 年 5 月～1996 年 6 月）
日本ダイレクトマーケティング学会会長
社団法人消費者関連専門家会議会長
その他政府委員，理事等歴任

〔主要著書〕
『日本の流通革命』日本能率協会(1962 年 10 月)
『流通機構の話』日本経済新聞社(1965 年 3 月)
『揺れる経営風土：流通革命への対応』鹿島研究所出版会(1966 年 6 月)
『市場開発』同文館(1967 年 4 月)
『現代のセールスマン』日本経済新聞社(1969 年 3 月)
『流通戦略革命』日本実業出版(1971 年 10 月)
『成長と膨張』産業能率短期大学(1977 年)
『商の春秋』日本経済新聞社(1990 年 3 月)
『歴史に学ぶ 流通の進化』日経事業出版センター(2004 年 4 月)
『「人間力」の育て方』扶養社(2005 年 6 月)
その他共著，編著，翻訳，監修多数

刀根武晴先生略年譜

〔学歴・学位・職歴〕
1932 年 11 月　福岡県に生まれる
1955 年 3 月　明治大学商学部商学科卒業
1960 年 3 月　明治大学大学院商学研究科博士課程単位取得退学
1960 年 4 月　明治大学商学部専任講師
1963 年 4 月　明治大学商学部専任助教授
1964 年 9 月　ウィスコンシン大学マディソン経済学大学大学院客員教授
1966 年 4 月　明治大学商学部専任助教授
1966 年 9 月　明治大学商学博士
1968 年 4 月　明治大学商学部専任教授
1981 年 6 月　明治大学商品陳列館長
1984 年 5 月　明治大学商学部商学科長
2002 年 3 月　定年により退職

〔学会関連等〕
日本商業学会　　　理事・常任理事・副会長(1980 年〜 1996 年)
日本経営診断学会　理事・常任理事(1975 年〜 2002 年)
日本物流学会　　　研究・教育担当理事
日本学術会議第 3 部会管理委員会委員　(1987 年〜 2002 年)

〔主要著書〕
『配給論の基本的研究』アジア書房(1963 年 4 月)
『生産財マーケティング研究』日本マーケティング協会(1965 年 10 月)
『流通経済論』同文舘(1969 年 4 月)
『サービス・マネジメント』日本能率協会(1973 年 10 月)
『マーケティング・マネジメント』白桃書房(1974 年 10 月)
『生産財の販売管理』経営通信学院(1977 年 3 月)
『インダストリアル・マーケティング論』マーケティング研究協会(1977 年 4 月)
『アフターセールス戦略』(監修・著)プレジデント社(1980 年 11 月)
『実践アフターセールスシステム』(監修・著)プレジデント社(1983 年 12 月)
『サービス・マネジメント』日本能率協会(1993 年 9 月)
『顧客サービス本質』日本能率協会(1994 年 9 月)
その他共著，分担執筆，論文等多数

参考文献一覧

- 相沢幸悦(2006)『品位ある資本主義』筑摩書房.
- 新井範子(2008)「市場参加型マーケティングの構図」井関・山川・新井・上原編著『創発するマーケティング』日経BP企画.
- 荒川祐吉(1978)『マーケティング・サイエンスの系譜』千倉書房.
- 井関利明(2008)「創発社会の到来とビジネス・パラダイムの転換」井関・山川・新井・上原編著『創発するマーケティング』日経BP企画.
- 井関利明・山田眞次郎(2013)『思考』学研パブリッシング.
- 伊藤雅敏(2001)『商いの道』PHP研究所.
- 井庭崇編(2011)『社会システム理論』慶應義塾大学出版会.
- 岩井克人(1992)『ヴェニスの商人の資本論』筑摩書房.
- 岩井克人(1997)『資本主義を語る』筑摩書房.
- 岩井克人(2006)『二十一世紀の資本主義論』筑摩書房.
- 岩井克人(2009)『会社はこれからどうなるのか』平凡社.
- 石井淳蔵(1999)『ブランド―価値の創造』岩波新書.
- 石井淳蔵・石原武政編著(1996)『マーケティング・ダイナミズム―生産と欲望の相克』白桃書房.
- 石田梅岩(足立栗園校訂)(1935)『都鄙問答』岩波書店.
- 石原武政(1982)『マーケティング競争の構造』千倉書房.
- 石原武政(2000)『商業組織の内部編成』千倉書房.
- 井上崇通・村松順一編著(2010)『サービス・ドミナント・ロジック―マーケティング研究への新たな視座』同文舘出版.
- 今井賢一(1984)『情報ネットワーク社会』岩波書店.
- 今泉文男・上原征彦・菊池宏之(2010)『中間流通のダイナミックス』創風社.
- 今田高俊(1986)『自己組織性―社会理論の復活』創文社.
- 植西聰(2010)『「商い」で成功した江戸商人「ビジネス」で苦しむ現代人』ナナ・コーポレート・コミュニケーション.
- 上原征彦(1984)「サービス概念とマーケティングへの若干の示唆」『マーケティングジャーナル』Vol. 4, No. 1.
- 上原征彦(1986)「サービス概念とマーケティング」『経営戦略とマーケティングの新展開』誠文堂新光社.
- 上原征彦(1999)『マーケティング戦略論』有斐閣.
- 上原征彦(2001)「情報化とマーケティングの進化」『経営情報学会誌』(Vol. 11, No. 3).
- 上原征彦(2002)「マーケティング空間とその基本特性」『経済研究』(明治学院大学)第

122・123 合併号.
- 上原征彦(2003)「ダイレクト化に向けてのマーケティングの進化」『ダイレクトマーケティングレビュー』Vol. 2.
- 上原征彦(2008)「ブランドと関係的契約と共同体」『マーケティングジャーナル』Vol. 28, No. 2.
- 上原征彦(2010)「情報化と中間流通の変化」今泉・上原・菊池『中間流通のダイナミックス』創風社.
- 上原征彦(2010)「CSR の制度化とその批判的検討」『流通情報』No. 482.
- 上原征彦(2013)「マーケティングの理論的固有性」『マーケティングジャーナル』Vol. 33, No. 1.
- 梅澤伸嘉(2001)『長期ナンバーワン商品の法則』ダイヤモンド社.
- 江上哲(2013)『ブランド戦略から学ぶマーケティング』ミネルヴァ書房.
- エバラ食品工業(株)社史編纂室(2000)『味な文化を創造する─エバラ食品40年史』
- 大越哲仁(2010)『使える理論の使い方の論理 Part Ⅱ─「欲望分析理論」による実践的エコ・マーケティング論』リバティアカデミーブックレット第11巻,明治大学リバティアカデミー.
- 大瀧雅之(2011)『平成不況の本質─雇用と金融から考える』岩波書店.
- 大塚久雄(1966)「ヴェーバーの「儒教とピュウリタニズム」をめぐって─アジアの文化とキリスト教」『社会科学の方法』岩波書店.
- 大塚久雄(1977)『社会科学における人間─第Ⅲ章「ヴェーバーの社会学における人間」』岩波書店.
- 大友純(1982)「流通構造分析に関する基本認識─流通政策的視点を前提として」『明治大学大学院紀要第20集(2)』明治大学大学院.
- 大友純(1997)「産業財マーケティング戦略に関する新視点」『経営学紀要』第7巻1号,亜細亜大学短期大学部学術研究所.
- 大友純(1999)「産業財広告の今日的捉え方」日経広告研究所報188号.
- 大友純(2001)「マーケティング・コミュニケーションの戦略課題とその本質」『明大商学論叢』第83巻第1号,明大商学研究所.
- 大友純(2002)「産業財製造業者における技術と広告の役割」『明大商学論叢』第84巻第1号(刀根武晴博士ご退任記念号).
- 大友純(2003)「マーケティングにおける欲望分析序説」『明大商学論叢』第85巻第4号.
- 大友純(2004)「マーケティング戦略研究における欲望分析の重要性」『明大商学論叢』第86巻第3号.
- 大友純(2010)「老舗に学ぶ─不拡大永続主義のすすめ」『企業診断』(同友館)Vol. 57.
- 加藤周一編著(1984)『富永仲基 石田梅岩[日本の名著第18巻]』中央公論社.
- 小倉榮一郎(1990)『近江商人の系譜』社会思想社.
- 小倉榮一郎(2003)『近江商人の理念』サンライズ出版.
- 金谷治(1997)『老子』講談社学術文庫.

- 神田良・岩崎尚人(1996)『老舗の教え』日本能率協会マネジメントセンター.
- 神田良・清水聡・北出芳久・岩崎尚人・西野正浩・黒川光博(2000)『企業不老長寿の秘訣』白桃書房.
- 北沢方邦(1968)『構造主義』講談社.
- 黒石晋(2009)『欲望するシステム』ミネルヴァ書房.
- 黒川光博(2005)『虎屋 和菓子と歩んだ五百年』新潮社.
- 國領二郎(1995)『オープンネットワーク経営』日本経済新聞社.
- 小堺規行(2006)『使える理論の使い方の論理―マーケティング理論の効果的実践のために』リバティアカデミーブックレット第3巻,明治大学リバティアカデミー.
- 小林哲(1999)「ブランド・ベース・マーケティング」『経営研究』(大阪市立大学)No.268.
- 小林昇・杉原四郎編(1986)『新版経済学史』有斐閣.
- 近藤隆雄(1999)『サービス・マーケティング』生産性出版.
- 近藤隆雄(2007)『サービス・マネジメント入門』生産性出版.
- 近藤隆雄(2013)『サービス・イノベーションの理論と方法』生産性出版.
- 佐伯啓思(1993)『「欲望」と資本主義―終わりなき拡張の論理』講談社.
- 佐伯啓思・三浦雅士(2009)『資本主義はニヒリズムか』新書館.
- 坂部恵(2001)『カント』講談社学術文庫.
- 佐久間政広(1997)「社会システムにおける自己準拠の問題」佐藤勉編著『コミュニケーションと社会システム―パーソンズ・ハーバーマス・ルーマン』恒星社厚生閣.
- 佐藤善信&マーク・E・パリー(2000)『ケース―ジェフ・ベゾスとアマゾン・ドット・コム』中内学園.
- 鮫島敦(2004)『老舗の訓(おしえ) 人づくり』日本放送出版協会.
- 澤内隆志編著(2002)『マーケティングの原理』中央経済社.
- 沢田藤司之(2007)『街のコンシェルジェ』筑摩書房.
- 柴田徳太郎(2009)『資本主義の暴走をいかに抑えるか』筑摩書房.
- 嶋口充輝(1997)『柔らかいマーケティングの論理』ダイヤモンド社.
- 清水晶(1966)『経営から見た現代の消費者』同文舘出版.
- 清水幾太郎編(1980)『世界の名著46 コント/スペンサー』中央公論社.
- 親鸞(金子大栄校訂)(1957)『教行信証』岩波文庫.
- 司馬遼太郎(1988)『街道をゆく24 近江・奈良散歩』朝日新聞社.
- 司馬遼太郎(1990)「歴史の中の『義務』の作用」『月刊 Asahi —Vol.2No.6』:「春灯雑記/文明の電源」.
- 島岡丘編(2002)『ワードパワー英英和辞典』["Oxford Wordpower Dictionary]増進会出版社.
- 島野容三(談)(2010)「「こころ躍る製品」こそすべて」『日経ビジネス(2010年4月19日号)』日本経済新聞社.
- 自由国民社編(1998)『世界の古典名著』自由国民社.
- 白石善章(2014)『市場の制度的進化』創成社.

- 末永國紀(2011)『近江商人三方よし経営に学ぶ』ミネルヴァ書房.
- 相馬愛藏著(1938)『一商人として』岩波書店.
- 祖父江孝男(2006)『文化人類学入門』中公新書(増補改訂28版).
- 大文字恭廣(2008)「グローバルスタンダード考」『経友』(東京大学)172号.
- 高橋一貢(2000)『ケース—楽天市場』
- 高橋洋児(1996)『市場システムを超えて』中公新書.
- 田島義博(1962)『日本の流通革命』日本能率協会.
- 田島義博(1977)『成長と膨張』産業能率短期大学.
- 田島義博(1992)「21世紀のためのマーケティング」田島義博編著『マーケティング』総合法令.
- 田中洋(1998)「企業戦略におけるブランド管理の地位」『マーケティングジャーナル』(日本マーケティング協会)No.69
- 田村正紀(1976)『現代の流通システムと消費者行動』日本経済新聞社.
- 田村正紀(1984)「商業部門の変動と形成」鈴木安昭・田村正紀『商業論』有斐閣.
- 帝国データバンク資料館・産業調査部編(2009)『百年続く企業の条件』朝日新聞出版.
- 東京商工会議所中央支部発行(2010)『老舗企業の生きる知恵—時代を超える強さの源泉』中央区老舗企業塾平成21年度活動報告書.
- 東京ワークショップ(1974)『マーケティング理論とシステムズ・アプローチ』白桃書房.
- 徳永豊(1963)「協働マーケティング活動におけるコミュニケーション」博報堂編『マーケティング・コミュニケーション』博報堂.
- 徳永豊(1966)『マーケティング戦略論』同文舘.
- 徳永豊・森博隆・井上崇通編著(1989)『例解マーケティングの管理と診断』同友館.
- 刀根武晴監修著(1980)『アフターセールス戦略』プレジデント社.
- 刀根武晴監修著(1983)『実践アフターセールスシステム』プレジデント社.
- 刀根武晴(1984)「アフターセールス戦略の課題と方向」『明大商学論叢』第66巻第5・6・7号(三上富三郎博士古希記念号), 明治大学商学研究所.
- 富永健一(1984)『現代の社会科学者』講談社.
- 長沢信也・染谷高士(2007)『老舗ブランド「虎屋」の伝統と革新』晃洋書店.
- 中 麻弥美(2008)「街のコンシェルジェの高齢者サポートと商店街の活性化」井関・山川・新井・上原編著『創発するマーケティング』日経BP企画.
- 中 麻弥美(2014)「クロネコヤマトの創発を探る」上原征彦編『創発する営業』丸善出版.
- 中村義明談(2012)「施主の未来をつくる」『りつめい;No.248(2012年4月号)』, 立命館大学校友会.
- 中田善啓(1992)『マーケティング戦略と競争』同文舘出版.
- 中西正雄編著(1984)『消費者行動分析のニュー・フロンティア』誠文堂新光社.
- 名畑應順校注(1976)『親鸞和讃集』岩波文庫.
- 日本取締役協会編, 弦間明・小林俊治監修(2006)『江戸に学ぶ企業倫理』生産性出版.

- 日本放送協会・日本放送出版協会編，藤本義一・磯田道史(2006)『NHK 知るを楽しむ 歴史に好奇心―お金で買えない商人道，拝見・武士の家計簿』日本放送出版協会.
- 日本放送協会・日本放送出版協会編，野村進(2007)『NHK 知るを楽しむ この人この世界―長寿企業は日本にあり』日本放送出版協会.
- 日本取締役協会編，弦間・荒蒔・小林・矢内監修(2006)『明治に学ぶ企業倫理』生産性出版.
- 丹羽清(2006)『技術経営論』東京大学出版会.
- 根本重之(2013)『「ディープな高齢社会」ニッポンで稼ぐ』日本経済新聞出版社.
- 野田又夫編(1972)『世界の名著 32 カント』中央公論社.
- 野村清(1983)『サービス産業の発想と戦略』電通.
- 野村進(2006)『千年働いてきました』角川書店.
- 芳賀康浩(1998)「非営利組織のマーケティングの領域と企業の社会貢献」『マーケティングジャーナル』(日本マーケティング協会) No. 70.
- 橋本昭一・上宮正一郎編(1998)『近代経済学の群像』有斐閣.
- 林周二(1962)『流通革命』中央公論社.
- 林周二(1999)『現代の商学』有斐閣.
- 蜂屋邦夫訳注(2008)『老子』岩波文庫.
- 土方昭監修(1983)『システム理論のパラダイム転換』御茶の水書房.
- 平田雅彦(2010)『ドラッカーに先駆けた江戸商人の思想』日経 BP 社.
- 藤本一司(2010)『カントの義務思想』北樹出版.
- 細田安兵衛(2009)『江戸っ子菓子屋のおつまみ噺』慶應義塾大学出版会.
- 本間之英・篠田達(2006)『老舗の底力』講談社.
- 真木悠介(1990)『現代社会の存立構造』筑摩書房.
- 松尾匡(2009)『商人道ノスヽメ』藤原書店.
- 松田道雄編(1983)『貝原益軒(日本の名著 14)』中央公論社.
- 松田正一(1973)『システムの話』日本経済新聞社.
- 松原隆一郎(2000)『消費資本主義のゆくえ』ちくま新書.
- 間々田孝夫(2000)『消費社会論』有斐閣.
- 見田宗介著(1996)『現代社会の理論―情報化・消費化社会の現在と未来』岩波書店.
- 薬袋貴久(2003)「企業はなぜソーシャルマーケティングに関わろうとするのか」『流通研究』(日本商業学会) Vol. 6, No. 2.
- 三村優美子(2001)『日本的流通システム』有斐閣.
- 村松友視(1999)『俵屋の不思議』世界文化社.
- 村山裕三(2008)『京都型ビジネス』日本放送出版協会.
- 明治大学リバティアカデミー(大友純)編(2014)『不拡大永続主義のすすめ』リバティアカデミーブックレット第 25 巻，明治大学リバティアカデミー.
- 安田龍平・板垣利明編著(2006)『老舗の強み』同友館.
- 柳下要司郎(2005)『老舗の教科書―養命酒はなぜ 400 年売れ続けるのか』大和書房.
- 柳宗悦(1986)『南無阿弥陀仏』岩波文庫.

- 山本眞功監修(2005)『商家の家訓』青春出版社.
- 横澤利昌編(2000)『老舗企業の研究』生産性出版.
- 和田充夫(1998)『関係性マーケティングの構図』有斐閣.
- 渡辺達朗(1997)『流通チャネル関係の動態分析』千倉書房.

- アダム・スミス(Adam Smith),大内・松川訳(1959)『諸国民の富』岩波書店.
- アダム・スミス(Adam Smith),水田洋訳(2003)『道徳感情論(上)』岩波書店.
- アリギ(Giovanni Arrighi),土佐弘之監訳(2009)『長い20世紀』作品社.
- ウィナー(Norbert Wiener),池原・彌永・室賀・戸田訳(2011)『サイバネティックス —動物と機械における制御と通信』岩波書店.
- ヴェーバー(Max Weber),大塚久雄訳(1989)『プロテスタンティズムの倫理と資本主義の精神』岩波書店(改訳版).
- オルダーソン(Wroe Alderson),石原・風呂・光澤・田村訳(1984)『マーケティング行動と経営者行為』千倉書房.
- オルダーソン(Wroe Alderson),池尾・小島・堀田・田村訳(1981)『動態的マーケティング行動』千倉書房.
- ガルブレイス(John Kenneth Galbraith),鈴木哲太郎訳(1985)『ゆたかな社会』岩波書店.
- カント(Immanuel Kant),篠田英雄訳(1950)『啓蒙とは何か』岩波文庫.
- カント(Immanuel Kant),篠田英雄訳(1960)『道徳形而上学言論』岩波書店.
- カント(Immanuel Kant),波多野・宮本・篠田訳(1979)『実践理性批判』岩波文庫.
- クニール & ナセヒ(George Kneer & Armin Nassehi),舘野・池田・野崎訳(1995)『ルーマン 社会システム理論』新泉社.
- クリステンセン(Clayton M. Christensen),玉田俊平太監修,伊豆原弓訳(2001)『イノベーションのジレンマ』翔泳社.
- クリステンセン(Clayton M. Christensen),玉田俊平太監修,櫻井祐子訳(2003)『イノベーションへの解』翔泳社.
- クリステンセン & アンソニー & ロス(Clayton M. Christensen, Scott D. Anthony & Erik A. Roth),宮本喜一訳(2005)『明日は誰のものか』ランダムハウス講談社.
- ケインズ(John Maynard Keynes),塩野谷九十訳(1941)『雇用・利子および貨幣の一般理論』東洋経済新報社.
- ケインズ(John Maynard Keynes),間宮陽介訳(2008)『雇用,利子および貨幣の一般理論(上)』岩波書店.
- ケインズ(John Maynard Keynes),山形浩生訳(2012)『雇用,利子,お金の一般理論』講談社.
- コトラー(Philip Kotler),和田・上原訳(1983)『マーケティング原理』ダイヤモンド社.
- コント゠スポンヴィル(André Comte-Sponville),小須田・カンタン訳(2006)『資本主義に徳はあるか』紀伊國屋書店.

- サイモン(Herbert A. Simon), 高宮晋監修, 稲葉・吉原訳(1977)『システムの科学』ダイヤモンド社.
- サラニエ(Bernard Salanie), 細江・三浦・堀訳(2000)『契約の経済学』勁草書房.
- シューマッハー(Ernst Friedrich Schumacher), 小島・酒井訳(1986)『スモール・イズ・ビューティフル』講談社.
- シュムペーター(Joseph Alois Schumpeter), 中山・東畑訳(1995)『資本主義・社会主義・民主主義』東洋経済新報社.
- スティグリッツ(Joseph E. Stiglitz), 藪下他訳(1994)『入門経済学』東洋経済新報社.
- スティグリッツ(Joseph E. Stiglitz), 藪下・秋山・金子・木立・清野訳(1995)『スティグリッツ ミクロ経済学』東洋経済新報社.
- ゼノス(N. Xenos), 北村和夫・北村三子訳(1995)『稀少性と欲望の近代』新曜社.
- ドゥロネ&ギャドレ(Jean-Claude Delaunay & Jean Gadrey), 渡辺雅男訳(2000)『サービス経済学説史—300年にわたる論争』桜井書店.
- ドラッカー(P. F. Drucker), 上田惇生訳(1993)『ポスト資本主義社会』ダイヤモンド社.
- ハーヴェイ(David Harvey), 森田・中村訳(2011)『〈資本論〉入門』作品社.
- パーソンズ&スメルサー(Talcott Parsons & Neil J. Smelser), 富永健一訳(1958)『経済と社会 I』岩波書店.
- バーリー&ミーンズ(Adolf A. Berle Jr. & Gardiner C. Means), 北島忠男訳(1958)『近代株式会社と私有財産』文雅堂書店.
- バックリン(Louis P. Bucklin), 田村正紀訳(1977)『流通経路構造論』千倉書房.
- ハンソン(Ward Hanson), 上原征彦監訳, 長谷川真美訳(2001)『インターネットマーケティングの原理と戦略』日本経済新聞社.
- ピアジェ(Jean Piaget), 滝沢・佐々木訳(1970)『構造主義』白水社.
- ピアジェ(Jean Piaget), 芳賀・佐藤功・佐藤貴美子訳(1980)『現代科学論』福村出版.
- ブイヨン(Jean Bouillon)編, 北沢他訳(1968)『構造主義とは何か』みすず書房.
- ベッカー(Drik Baecker), 土方透監訳(2007; 2009)『システム理論入門—ニクラス・ルーマン講義録〈1〉,〈2〉』新泉社.
- ベンサム(Jeremy Bentham), 山下重一訳(1967)「道徳および立法の諸原理序説」『世界の名著38 ベンサム／J. S. ミル』中央公論社.
- ボードリヤール(Jean Baudrillard), 今村・塚原訳(1979)『消費社会の神話と構造』紀伊國屋書店.
- ホッブス(Thomas Hobbes), 水田・田中訳(1974)「リヴァイアサン(国家論)」『世界の大思想9—ホッブス』河出書房新社.
- ホワイトヘッド(Alfred Whitehead), 市井三郎訳(1996)『象徴作用他』河出書房新社.
- マギー(Bryan Magee), 中川純男監訳(1999)『知の歴史』BL出版.
- マーシャル(Alfred Marshalla), 馬場敬之助訳(1965)『経済学原理』東洋経済新報社.
- マルクス(Karl H. Marx), エンゲルス(Friedrich Engels)編, 向坂逸郎訳(1969)『資本論』第1分冊第1巻, 岩波書店.

- マルサス(Thomas Robert Malthus),玉野井芳郎訳(1950)『経済学における諸定義』岩波書店.
- ミル(John Stuart Mill),伊原吉之助訳(1967)「功利主義論」『世界の名著38 ベンサム／J. S. ミル』中央公論社.
- ミルグラム＆ロバーツ(Paul Milgrom & John Roberts),奥野・伊藤・今井・西村・八木訳(1997)『組織の経済学』NTT出版.
- ユーウェン, S. & ユーウェン, E. (Stuart Ewen & Elizabeth Ewen),小沢瑞穂訳(1988)『欲望と消費』晶文社.
- リーチ(Edmund Leach),青木・宮坂訳(1981)『文化とコミュニケーション』紀伊國屋書店.
- ルーマン(Niklas Luhmann),佐藤勉監訳(1993; 1995)『社会システム理論[上]，[下]』恒星社厚生閣.
- レイゾン(Timothy Raison)編,鈴木他訳(1972)『社会科学の先駆者たち』社会思想社.
- レヴィ＝ストロース(Claude Lévi=Strauss),荒川・生松・川田他訳(1972)『構造人類学』みすず書房.
- 『Newsweek(日本版)』2002年10月2日号.

- Alderson, W.(1955), *Needs, Wants and Creative Marketing*, Modern Marketing Thought(first ed.) (1966), Alderson Associates.
- Alderson, W.(1957), *Marleeting Behaution and Executive Action*, Richard D. Irwin.
- Alderson, W.(1965), *Dynamic Manheting Behavion*, Richard D. Irwin.
- Bartels, R.(1976), *The History of Marketing Thought*(2nd ed.), Grid.
- Coace, R. H.(1937), "The Nature of the Firm", *Economica*, November.
- Hanson, W.(2000), *Principles of Internet Marketing*, South-Western College Publishing.
- Keynes, J. M.(1960), *The General Theory of Employment, Interest, and Money*, Macmilan.
- Kotler, P.(1980[1]), *Principle of Marketing,* Prentice-Hall.
- Kotler, P.(1980[2]), *Marketing Management*(4th ed.), Prentice-Hall.
- Leach, E.(1971), *Culture and Communication*, Cambridge University Press.
- Macneil, I.(2000), "Relational Contract Theory: Challenge and Queries", *Northwestern University Law Review*.
- Milgrom, P. & J. Roberts(1992), *Economics, Organization & Management*, Prentice-Hall.
- Narver, J. C. & R. Savitt(1971), *The marketing economy*, Holt, Rinehart and Winston.
- Panzer, J. C. & R. D. Willing (1981), "Economics of Scope", *American Economics Review*, May.
- Salanie, B.(1997), *The Economics of Contracts*, MIT Press.

- Schumacher, E. F.(1973), *Small is Beautiful*, Harper & Row, Publishers.
- Sheth, J. N. & A. Parvatiyar(eds.)(1994), *Relationship Marketing: Theory, Methods and Application*, Research Conference Proceedings, Center for Relationship Marketing(Emory University).
- Strong, E. K.(1925), *Psychology of Selling and Advertising*, McGraw-Hill.
- Vargo, S. L. & R. F. Lush(2008), "Service and Dominant Logic: Continuing the Evolution", *Journal of the Academy of Marketing Science*, Vol. 36, No. 1.
- Von Neumann, J. & O. Morgenstern(1944), *Theory of Games and Economics Behavior*, Princeton University Press.
- Whitehead, A. N.(1927), *Symbolism, Its Meaning and Effect*, Fordham University.
- Williamson, O. E.(1975), *Markets and Hierarchies,* Foresman.

事項索引

■あ

アスクル　77
アップル　101
アフターセールス　122, 180
アマゾン・ドット・コム　67, 71, 77, 78

イオン　65
異種混合　30
意志力の存在　177
一般文化　55
移転価値　62
伊藤忠商事　174
イトーヨーカドー　65
隠喩　50

ウィン・ウィンの関係　9
ウォークマン　114
ウォルマート　60, 71, 77
売り手売り手間関係　120
売り手と買い手との縦の関係　50
運命共同体　180

営利活動　22
エバラ食品工業　58

黄金の味　58
オリエンタルランド　101
オリジナリティの創造とその訴求　49, 55
オールド　57
卸売主導型流通　66
卸売と小売との結合　60
卸売と小売の関係についての論理　67
卸売と小売の結合　70, 75
卸売と小売の分化　68
卸売による小売の統合　69
オロナミンC　57

■か

買い手同士の横の関係　50
外部不経済　22

買い物の失敗　103, 111
革新の連続　164, 170, 182
革命のプロセス　63
家訓　169
仮言命法　174
価値　29
価値創造　29, 30, 31
価値創造のための機能分担　13
価値創造プロセス　62
価値増幅　125
金づくり　27, 28
「金づくり」型経済　28
株主　157
カプリング　30, 31
カーボンフットプリント　61
仮需の増幅　12
カロリーメイト　57
関係依存型取引　45
関係性　3, 30
関係性資産　32
関係性の概念　9
関係性マーケティング　5, 33
関係性マーケティングの具体的記述　34
「関係性を築く」手法　34
関係的契約　5, 8
関係特定的投資　32
願望　96, 104
願望概念　112
願望達成意欲　99
願望達成手段　125
換喩　50

機会主義的行為　7
記号　50, 52
既存システム　64
機能分担関係のデザイン　16
義務　172
逆選択　26
吸引名声力　55
旧システム　64
教育的コミュニケーション　183

業種別卸売業者　65
業種別専業小売店　65
業種別流通　66
業態別流通　66
協働型マーケティング　40, 42, 43, 71, 146
協働型マーケティングの具体的記述　43
協働作業　42
共同製品開発　42
共同体　9, 49, 53
金銭価値　7

口伝　169
クロネコヤマト　78
グローバル流通企業　60

経営資源を生かしたCSR　23
経済学　3
経済合理性　106
契約　8
契約の経済理論　4
契約の不完備性　52
ゲゼルシャフト　7, 53
欠乏感　95
ゲマインシャフト　9, 53
ゲマインシャフト的規制力　10
限定合理性　49
現物に触れる魅力　73

コアコンピタンス　24
行為　64
公共財　19, 22
公共財としてのコミュニケーション投資　19, 38
広告　20
高水準消費　89
構造　64, 141
後退新技術　114
後天的欲望　93
購買目的　112
「顧客づくり」型経済　28
顧客価値　15
顧客固定力　55
顧客志向　152
顧客づくり　27
顧客の欲求　46
顧客の欲求に沿って儲ける　46
国際チェーンオペレーション　60
国分　65
個性化　82, 103

固定客　4, 75
戸配システムの構築　72
個別対応　36, 38, 40
個別対応と社会対応との相互作用　40
個別文化　54
コミュニケーション技法の差別優位　77
コンテクスト　50

■さ

差異性原理　155
再編成過程　64
差益型利潤獲得行為　45
サービス財と物財との関係　16
サプライチェーン　60, 62
産業革命　11, 45, 66
産業革命期　66
サントリー烏龍茶　57
三方よし　166, 170, 176

CSR　18, 23
CSR展開の必然的根拠　24
CSRの制度化　18, 26
仕入れルート　65
自給自足経済　45
時・空を超えた情報伝達の即時化　37
シジシージャパン　76
市場　31
市場型関係性　10, 30, 32, 46
市場型関係性概念　30
市場型マーケティング空間　182
市場操作能力　102
自浄能力　27
市場の概念　6
市場の失敗　22
市場破壊　140
市場崩壊　132
市場メカニズム　3, 7, 46
システム　129, 142
システム財　144
実際に現れる市場　6
実需基盤としての関係性資産　31
実需基盤の構築　11
実需創造の基盤　32
質的需給マッチング　3
品選び欲求の充足　73
品揃えの完成　78
老舗　165
老舗企業　149, 163, 183

社会貢献　18
社会的価値システム　134, 140, 148
社会的結合　9
社会的必要財　100
社会倫理　18
収益源　108
集客型流通　78
集合体　7, 53
集列体　7
手段財　148
準拠集団　49, 53
使用価値　130
条件適合的　73, 74
象徴作用　50
商人　45
商人型美徳　46
消費行為における消費概念　123
消費者　32
消費社会　82
消費者志向　86
消費者認知　100
消費生活　87, 88
商品価値　158
情報化　36, 47, 66, 67, 71
情報化時代　67
情報化にかかわる史的発展段階　66
情報化のマーケティングへの影響　37
情報縮約機能　68
情報処理　44
情報の非対称性下　108
情報の保全・再現の効率化と合成力の拡大　37
情報不完全　22
情報不完全性　49
少量多品種型品揃え　61
初代マーケティングの台頭　70
新規顧客　4
新規システム　64
新市場・ニューカテゴリーの創造　56
新システム　64
新製品開発　140
真の購買目的　119
信頼財　22
人力化時代　66

垂直的な再編・統合　63
水平的な再編・統合　63

生活サービス　35

生活主体　44
セイコーマート　60
生産行為における消費概念　123
生産と流通のフュージョン化　75
製品計画型マーケティング　33
製品コンセプトの創造　100
「製品・サービスを売る」手法　34
製品の概念化　14
製品力　133
政府の失敗　22, 23
接客型流通　78
セブンイレブン　62
セールスプロモーション　20
ゼロ・サムの発生　7
潜在価値　7
潜在的価値　7
「選択の自由」を前提とした操作　41
選択の場　31
先天的欲望　93

操作型マーケティング　40, 43
操作型マーケティングの弾力性　41, 42
創造の場　31
相対取引　7
即自的な共同態　10
組織　30
組織された行動システム　107
村落共同体　45

■た

第1次流通再編成　65
第2次流通再編成　65
ダイエー　65
対自的な共同態　10
対自的なゲマインシャフト　54
ダイレクトマーケティング　70, 72, 75, 79
ダイレクトマーケティングの台頭　71
宅配業者　72
宅配してもらうための費用　73
多属性態度モデル　98, 118
多品目小売業態　65
多様化　82, 103
探索努力　44
単店経営　66
単発的契約　5

チェーンオペレーション　60, 65, 70
知覚符号化理論　48

中間流通　71
調達時間　73
調達物流　77

冷たくて儲けて温かく使う　46

低価格政策　83, 103
提供財　101
定言命法　172
テスコ　60
展示会　20
店頭陳列　20
伝統的共同体　9, 10
店舗　20

等価コミュニケーション　178, 182
投機　154
東京ディズニーリゾート　85, 101
道徳的価値　173
東都のれん会　163
動力化時代　66
虎屋　101, 147, 169
取り揃え　78
取引コスト理論　30
トレーサビリティ　61

■な

内部組織の経済学　30

ニコニコ動画　147
ニーズ　90, 95
日本アクセス　65
日本マクドナルド　83
ニューカテゴリー　76
ニューサプライチェーン　76
認識価値　110

ネットオークション　47
ネット社会　147
ネット世界　67, 72
ネット店舗　71
ネット店舗固有の費用対便益　73
ネット店舗とリアル店舗の共存　73
ネット店舗の有利性　72
ネットワーク　62

■は

場　128, 156

バランスシート　106
ハーレイ　57
バロー　60
範囲の経済　38, 42, 71

非営利活動　21, 22
非営利活動としての社会貢献　21
非競合性　19
ビジネス主体　44
必要財　103
必要性　86
非排除性　19

ファンケル　61
フェイスブック　135
不完全情報下　108
不完備契約　4
2つのマーケティングの共存と相互作用　43
不要財　101
プラス　77
プラットフォーム　62, 76
ブランド　20, 32, 48, 49, 108, 178
ブランド研究　48
ブランド資産　32
ブランド・スイッチング　122
ブランドのオリジナリティ　56
ブランドの象徴作用　51, 53
ブランドの知覚・解釈の多義化とその交流　51
ブランド力　49, 55
ブランド力の源泉　49, 57
ブランドを絆とする共同体　54
プリウス　57
ブルウィップ効果　62
プロセスの制度化　26
プロモーション型マーケティング　33
文化　29, 136

ペアの自己言及　6

ポカリスエット　57
ホワイトライオン　57

■ま

マーケティング　3, 89, 91, 144, 148
マーケティング型美徳　47
マーケティング・コミュニケーション　180
マーケティングの展開　46
マーケティング・リサーチ　113, 126

マスカスタマイズ 71
街のコンシェルジェ 35

ミクシィ 135
三菱食品 65
民人 45

メリット 57

儲けの玄人 45
目的財 148
モーダルシフト 72
モノからの情報の分離 36
モラルハザード 26
問題解決機能 99

焼肉のたれ 58
藪蕎麦 163

有効需要の概念 155
豊かな社会 102, 113
ユーチューブ 147
ユニクロ 61, 83

欲望 86, 90, 93, 95

吉野家 83

■ら

LINE 135

リアル世界 67, 72
リアル店舗 71
リアル店舗固有の費用対便益 73
リアル店舗の差別化方向 74
利潤を得ない社会貢献 21
利潤を得る社会貢献 21
流通革命論 63
流通における垂直的再編成と水平的再編成 75
量的需給マッチング 3
量販チェーン 65

類型としての顔 36
累積経験量 4

連携・統合 79

ロジスティクス戦略 77
ロジスティクス戦略の差別優位 77
ロジスティクス体系の構築 72
ロングセラーブランド 56

■や

人名索引

■ A〜Z

Bartels, R. 153
Coace, R. H. 30
Leach, E. 50
Lush, R. F. 13
Macneil, I. 5
Milgrom, P. 8, 24
Morgenstern, O. 27
Parvatiyar, A. 5
Roberts, J. 8, 24
Salanie, B. 4, 52
Sheth, J. N. 5
Strong, E. K. 87
Vargo, S. L. 13
Von Neumann, J. 27
Whitehead, A. N. 51
Willamson, O. E. 30

■ あ

相沢幸悦 156
アシュビー, W. R. 143
アダム・スミス 113, 174
荒川祐吉 11
アリギ, G. 155

石井淳蔵 48
石田梅岩 152
石原武政 73, 87, 114
井関利明 19
井上崇通 13
今井賢一 147
今田高俊 51
岩井克人 154

ウィナー, N. 142
ヴェーバー, M. 168
上原征彦 2, 3, 13, 16, 19, 32, 43, 70, 73, 77, 131, 133, 136, 147, 153, 179, 182
梅澤伸嘉 55, 57

大越哲仁 127
大瀧雅之 157
大塚久雄 168
大友純 46, 89, 90, 93, 100, 109, 114, 121, 137, 142, 159, 179
小倉榮一郎 166, 169, 174
オルダーソン, W. 78, 86, 91, 97, 100, 107, 129

■ か

貝原益軒 168, 170
ガーシュニー, J. 131
ガルブレイス, J. K. 87
カント, I. 171, 172

北沢方邦 141

クリステンセン, C. M. 140
黒石晋 46

ケインズ, J. M. 156

薨蹊 174
國領二郎 83
小堺規行 127
コトラー, P. 92
小林哲 48
近藤隆雄 16, 131
コント=スポンヴィル, A. 156

■ さ

サイモン, H. A. 143
佐伯啓思 156
坂部恵 172
佐久間政広 6
佐藤善信 71
サビット, R. 91
沢田藤司之 35

柴田徳太郎 156
司馬遼太郎 1, 167, 176
嶋口充輝 5

清水晶　87
シャノン, C.　142
シューマッハー, E. F.　179
シュムペーター, J. A.　156
白石善章　6
親鸞　166

末永國紀　166
スティグリッツ, J. E.　109, 159
ストロング, E. K.　93
スペンサー, H.　129
スミス, A.　86
スメルサー, N. J.　143, 157

祖父江孝男　54
染谷高士　169

■た

高橋一貢　72
高橋洋児　156
田島義博　19, 63, 76
田中洋　48
田村正紀　118
丹波清　30

徳永豊　146, 153
刀根武晴　122
富永健一　129
ドラッカー, P. F.　155

■な

中井源左衛門良祐　174
中井良祐　174
長沢信也　169
中田善啓　32
中西正雄　118
中麻弥美　35, 79
ナーバー, J. C.　91

野村清　16, 131

■は

ハーヴェイ, D.　156
芳賀康浩　19
パーソンズ, T.　142
バックリン, L. P.　83
林周二　45, 63, 169
バーリー, A. A.　157

パリー, M. E.　71
パレート, V.　129
ハンソン, W.　147

ピアジェ, J. P.　141
平田雅彦　169

藤本一司　172

ベンサム, J.　113

ホッブス, T.　113
ボードリヤール, J.　86, 111

■ま

真木悠介　10
マーシャル, A.　107
松尾匡　166
松田正一　143
松田道雄　168
松原隆一郎　156
マルクス, K. H.　89, 130, 135
マルサス, T. R.　125

三浦雅士　156
見田宗介　156
薬袋貴久　19, 21
三村優美子　79
ミル, J. S.　113
ミーンズ, G. C.　157

村松順一　13

森村国夫　58

■や

柳宗悦　169
山田眞次郎　19
山本眞功　169

■ら

ルーマン, N.　144, 179, 181

レヴィ=ストロース, C.　141

■わ

和田充夫　5

【著者略歴】
上原征彦(うえはら・ゆきひこ)
明治大学専門職大学院グローバル・ビジネス研究科教授．東京大学経済学部卒．日本勧業銀行，(公財)流通経済研究所，明治学院大学経済学部教授を経て現職．また(公財)流通経済研究所理事長，(政府)産業構造審議会流通小委員会委員長も務める．主な著書に『経営戦略とマーケティングの新展開』誠文堂新光社，『マーケティング戦略論』有斐閣，『創発する営業』丸善出版などがある．

大友　純(おおとも・じゅん)
明治大学商学部教授．明治大学大学院商学研究科博士後期課程退学．明治大学の生涯教育機関であるリバティアカデミーを中心に，企業人対象の講座や研修指導等を多数手がけている．主な共著書に『マーケティングの管理と診断』同友館，『マーケティングの原理』中央経済社などがある．

価値づくりマーケティング
需要創造のための実践知

平成 26 年 4 月 30 日　発　行

著作者	上　原　征　彦
	大　友　　　純
発行者	池　田　和　博
発行所	丸善出版株式会社

〒101-0051　東京都千代田区神田神保町二丁目17番
編　集：電話(03)3512-3264／FAX(03)3512-3272
営　業：電話(03)3512-3256／FAX(03)3512-3270
http://pub.maruzen.co.jp/

© Yukihiko Uehara, Jun Otomo, 2014

組版印刷・株式会社 三秀舎／製本・株式会社 松岳社

ISBN 978-4-621-08824-1 C3036　　　　Printed in Japan

JCOPY 〈(社)出版者著作権管理機構 委託出版物〉
本書の無断複写は著作権法上での例外を除き禁じられています．複写される場合は，そのつど事前に，(社)出版者著作権管理機構(電話03-3513-6969，FAX 03-3513-6979，e-mail: info@jcopy.or.jp)の許諾を得てください．